现代政治经济学

前·沿·译·丛

Sufficient Reason

Volitional Pragmatism and the Meaning of Economic Institutions

充分理由

能动的实用主义和经济制度的含义

Daniel W. Bromley

[美] 丹尼尔·W. 布罗姆利——著

简练 杨希 钟宁桦——译 姚洋——校

上海人民出版社

中文版前言

用自己的母语来理解一本外国的哲学著作是极度困难的，其原因有二：

其一，如同维特根斯坦(Ludwig Wittgenstein)提醒过我们的，作为反映(生活)的工具，语言在不断的演化。人类生活的核心，就是观察，并就观察所得到的信息进行加工，然后再加以适应。人类与他自己的语言共同演化。不仅如此，维特根斯坦还认为，我们的语言在我们世界终止的地方终止，而我们的世界也在我们语言终止的地方终止。我们对于那些与自己不发生关系的事物，并没有对应的语言。因此，与我们无关的事物，也不可能拥有用来描述它们自己的语言。语言，是以人类事务为目的而服务的，能够用于日常事物，是对语言的巨大奖励。当然，语言也可以是十分美丽或有启发性的，中国的古诗就是一个典型的例子，但相比之下，人们每天的日常生活与语言的使用联系更多。因此，一本哲学著作就不可避免地要我们把本来十分平实的语言去用于解说一个带着深刻反思性的、本原性的问题，而语言却一般并不随着这种研究问题的目的而对应有所演化。

其二，由上面一点随之而来的是，许多人对于语言(甚至对于他们的母语)显得没有耐心。因为语言对大部分人来说，只是反映、复制现实而已——它只是一个工具——因此，当我们遇上必须要停下来并思考我们所用的工具的时候，我们就会变得很沮丧。一个木匠只想要一个用起来感觉还不错的锤子，能够相当省力地把钉子钉上。木匠并不希望花太多的时间去思考他的锤子，或者其他的什么工具本身。他希望只是把工具拿起来，用于某个具体的任务，用完了再放到一边。而本书却要求读者对句子(语言)做仔细的思考——而其中的很大一部分句子阅读起来是相当费力的——原因很简单，因为大部分人只是希望轻松地阅读，而不是去真正反思他们所阅读内容的深刻含义。

当一部哲学著作从一种文字翻译到另一种文字的时候——即便这一工作是由一个出色的翻译家完成的——上面那一问题无疑就更加突出了。考虑到这一点，我为读者即将面临的艰难阅读任务表示同情。为了给读者减轻一些负担，请允许我提供少许帮助。我引用一句中国的名言作为开头："不管黑猫白猫，抓住老鼠就是好猫。"这个短短的句子把我们的注意力集中到人类事物的目的上。如果你是甘肃省的一个农民的话，养猫的目的是为了抓老鼠；而若你是一个居住在上海的豪华高层公寓里的高级白领，你可能是希望你的猫更漂亮，或者在客人面前更乖巧。那么，什么是养猫这一行为背后的目的呢？目的取决于养猫的人是谁。因此，阅读《充分理由》一书的第一个提示就是：要明白，目的对所有人类行为的核心重要性。对目的的探求总是能对观察到的现象的理由有提示意义。我告诫我的学生："永远不要停止问'为什么'。"我们必须问，事情为什么是它所看起来的那个样子，而这就带来了第二个提示。

第二个提示是，实用主义在认识论上是遵循"溯因法"。溯因为"为什么"这个问题提供了答案，而"为什么"这个问题必须时刻记在我们的脑中。因此，第二个提示就是要明白演绎法(deduction)、溯因法(abduction)和归纳法(induction)之间的深刻区别。请特别注意这三种确立信念的方法在逻辑结构之间的区别。

第三个提示是，我们必须摈弃这样一种想法，受过教育的人群——比如科学家们——总有正确的(或最好的)答案。经济学作为一个学科存在的时间相对较短，然而在它获得年轻的科学称号之后的短短几十年间，它已经显露出一种与它的认识方法所不相称的、无法支持的过分信心和自我肯定性。经济学之所以变得如此自信，部分原因是它把自己局限在有趣的经济问题中的一小部分——在这一部分中它似乎有提供答案的工具。而对那些它没有清晰意见的经济问题，主流经济学的标准回答是：它们是“非经济学的”。也许它们属于历史学或者社会学关注的范畴？而实用主义的实质则是，我们必须对（人类）行动的多种不同理由保持开放的态度。这也就意味着我们要放弃那种认为任何人的动机都是单一的这种信念。我们需要去询问他们的目的和兴趣所在，而不仅仅是断言他们的目的和兴趣。

第四个提示是，西方经济学只是看待物质供给问题的一种角度而已。这也许是最难以接受的一个提示。中国在贫困中挣扎已如此之久，只是在最近才选择并建立了市场经济体制，就突然发现了祖辈所无法想象的繁荣。这一急速的转型将不可避免地产生这样一种观念，即认为市场经济是人类历史上最伟大的创造。不少人把这种转型成果看作是如魔术般的神奇，因此也很容易想象市场也具有魔法般的神奇效力。请千万不要被过去20年的历史所愚弄。经济激励的引入的确改变了中国人的生活，但这不意味着“市场”就是对中国面临的每一个问题的包治百病的万能答案。

第五个提示是关于市场中的经济制度的。也许，体会到市场需要有一套完善的法律结构体系相配合会很令人惊讶。也的确存在一种倾向，把市场看成是法律和规制这套体系的对立面。你应该以恰好相反的想法来阅读《充分理由》一书。一个可运行的市场经济，需要一套精细设计和不断完善的法律体系。

最后一个提示是人类对事物的理解（也就是一些人所称的知识）是一种社会性的努力，也就是说，知识的形成过程是一个众人民主参与的过程。实用主义者坚持认为，我们“思考”“我们自认为自己想要什么”的过程，就是“思考出”“我们看起来可能也许会拥有（得到）什么”的过程。人类行动的目标（或终点）并不是预先给定的（所谓“事前的”），相反，它们是被人们“思考出来的”。

总结一下，我的提示包括：(1)把注意力集中在人类行动的目的上；(2)使用溯因法去推理；(3)警惕自大的学科霸权；(4)保持头脑清醒，记住经济学不是万能魔杖；(5)认识到市场是嵌入在一个精致而有责任意识的法律体系内的；(6)确定信念的过程(认识过程)是一个达到人们共同分享的理解共识的主动性过程。

我希望，这些提示能够使得本书中译本的读者在阅读确实艰涩的内容时，会相对容易一些。无论做什么探究工作，其成功的秘诀在于，摈弃那种先入为主的“不相信”的偏见。我估计，那些已经学了一些“西方”经济学的学生将是最抵制本书观点的人。正如我在书中所提到的，当这些学生读完2到3本研究生水平的微观经济学或博弈论书籍，从而装备上经济学最艰深的盔甲，大有一扫人类经济事物之解释的气势时，他们的信念——实质很幼稚然而却无比自信的信念，也许会增加他们对本书的抵触情绪。如果这种态度确实是非常普遍的话，我的建议是，先把这本书放到一边，10年以后当从标准教科书里学来的所有魔术般的演绎推理法得到的解决方案都被发现不足以应付现实之时，再把它拾起来。就像一瓶波尔多优质葡萄酒，我保证它将随着岁月的流逝而历久弥香的。与陈酒略有不同的是，这里陈酿的效应并不是作用在“酒”(本书)上，而是读者——“这瓶酒”的消费者——自身在时光流逝中的生活体验达到了本书作者想要的效果。

最后我建议读者可以多了解一些胡适博士的生平。胡适博士在哥伦比亚大学时，曾求学于伟大的实用主义学者杜威门下。在这里，我和本书的译校者、我的好朋友、北京大学中国经济研究中心的姚洋教授一起猜度着，也许中国的实用主义可以上溯到胡适博士吧。

丹尼尔·W.布罗姆利

于威斯康星州麦迪逊市

2006年11月

英文版前言

眼下的这本书沿袭着我1989年出版的《经济利益与制度：公共政策的理论基础》(*Economic Interests and Institutions*: *The Conceptual Foundations of Public Policy*)一书的逻辑。至今那本书仍不断地得到一些同行的肯定和赞许，但它不是一部完全成功的作品。制度经济学家认为它囿于正统的方法，而正统经济学家（无论人们如何理解"正统"二字）认为它过分局限于制度的视角。当时，我的目的是想阐明经济制度的概念（以及内容），并告诉读者如何可能用标准的福利经济学理论来评估制度以及制度变迁。然而，我坚持认为对于制度和制度变迁，恰当的评估不应该建立在效率这个循环论证的概念上，而应该建立在更为宽泛的概念上。认识到经济一直处在调整的过程中，立法机构和法院不断修改法律条文以满足新的制度安排的需要，因而，我认为合适的理解制度的方法是将其视为经济的法律基础。这一视角与康芒斯(John R. Commons)的思想、尤其是体现在他的著作《资本主义的法律基础》(*Legal Foundations of Capitalism*, 1924)中的思想是一致的，我建立的制度变迁模型便是基于康芒斯的"前瞻意志"(prospective volition)和"合理的价值判断"(reasonable valuing)的思想之上的。

在前一本书中我提出，促使大部分制度变迁发生的主要原因可以被认为是重新配置经济机会。当然，新的技术能够推动制度的变迁，不断变化的相对价格一定也会带来制度的变化。然而，我否认传统的二分法，即认为制度变迁或者有利于效率的提高，或者就是纯粹的收入再分配。我认为社会上发生的许多制度变迁都带着明确的目的——那就是重新配置经济机会，如禁止使用童工的法律，保护环境的法律，规定儿童必须在校读书直到一定年龄的法律，禁止性别、种族、宗教歧视的法律，保障工作场所安全的法律等等。我强调，将这些制度变迁归结为普通的效率上的原因在逻辑上是不自洽的。理由很简单：福利经济学告诉我们，任何有助于提高效率的制度一定要有竞争性市场相伴随。因此，我们该问的问题不仅包括工作规则（working rules）及权利（entitlements）或制度的由来，而且包括新的结构产生的原因——这个问题从一般的效率的角度是无法解释的。另一方面，将制度上的重新安排看成仅仅是把收入再分配到那些受到新规则保护的人们手上，这种理解看来也是不正确的。

多数读者或许能够接受“重新配置经济机会”这一观点。然而，他们可能会疑惑于制度变迁何时是出于这一目的，而何时只是为寻租创造了机会。我该如何区分这两者呢？又该如何指导人们辨析出在其他情况下发生的制度变迁的不同之处呢？换而言之，我们如何能确信我们看到的制度变迁是属于某一种类型的？自从前一本书出版以来，我一直在思考这些问题的答案。直到某一天的早晨，我意识到这个问题本身就是错的，它错了，因为它使用了将制度武断地分成两类的二分法，即制度要么提高效率，要么进行收入再分配。这个问题是错的，还因为它暗含了人们一定能通过某种方式确认“真实”世界的假设。更为根本的是，我提出的“二分法”本身在逻辑上是不一致的。这点是我在阅读一些书籍的过程中在某一时刻突然领悟到的。这些书籍的作者包括理查德・罗蒂（Richard Rorty）、汉斯・乔阿斯（Hans Joas）、罗伯特・布兰德姆（Robert Brandom）、尼采（Friedrich Nietzsche）、理查德・伯恩斯坦（Richard Bernstein）、斯坦利・菲什（Stanley Fish）、威拉德・范・奥曼・奎因（Willard Van Orman Quine）、约瑟夫・拉兹（Joseph Raz）、皮埃尔・布迪厄（Pierre Bourdieu）、维特根斯坦、查尔斯・桑德斯·皮尔斯(Charles Sanders Peirce)、威廉·詹姆斯(William James)以及约翰·杜威(John Dewey)。在慢慢理解了这些著作以后,我意识到早在1989年(或许更久以前)我就是个实用主义者,但当时自己却未察觉。在前一本书中,我做了很多正确的尝试,却没能构造出一套术语和概念体系,没能为自己理解制度的视角提供充分理由(sufficient reason)。

1989年出版的书中另一个值得关注的地方是它对于方法论的探讨,书中我质疑了一个被广泛接受的假设:经济学是一门与价值观无关的科学。我试图停止关于实证经济学与规范经济学的令人乏味的讨论,因为我认为,客观性并不存在于科学之中,只存在于科学家的信念之中。设想一下,一名科学家是否可能凭借现今最好的方法来论述一个观点,并使这个领域内所有同样出色的科学家都同意他?如果能,那么我们说科学家们可能是"客观的"。在方法论的问题上,同样,我做了正确的尝试但没能使用正确的术语与概念,也没能为我的观点提供充分理由。

现在,我已经重新思考了早年关于经济制度以及制度变迁的思想。接下来要做的,就是基于实用主义的思想展开论述了。

致　谢

写这本书的念头源于1998年6月在挪威奥斯陆召开的一次会议，那次会议由挪威管理学院(the Norwegian School of Management)主办，我们一行约二十人应邀赴会。会议是为了纪念凡勃伦(Thorstein Veblen)的经典论文《为什么经济学不是一门演化的科学?》(Why is Economics not an Evolutionary Science?)在《经济学季刊》(*Quarterly Journal of Economics*)上发表一百周年。会上我第一次提出了关于制度变迁的目的因(final cause)以及“充分理由”(sufficient reason)的初步设想，其中“充分理由”这个词来源于凡勃伦1909年发表在《政治经济学杂志》(*Journal of Political Economy*)上的论文《边际效用的局限》(The Limitations of Marginal Utility)。会议非常令人愉快，会上的讨论激发了我的灵感，并促使我将这些初步的想法做更为详尽的阐释，后来便有了这本书中发展出来的主题思想。我要感谢我长期以来的好友，同时也是经常合作的伙伴阿瑞尔德·凡顿(Arild Vatn)，是他给了我参加这次会议的机会，并花费许多时间和我一起讨论经济学、制度以及经济学在为公共政策提供建议中遇到的挑战。

从那之后到本书成形的六年中，我应邀到很多大学做了讲座并从中受益颇多。在绝大多数的讲座中，我以不同的方式阐述了本书中提出的核心概念。我由衷地感谢那些聆听我的讲座、质疑并努力思考我提出的概念和想法的人们。有时,我的听众对我的观点饶有兴趣但有些疑惑,除了极少数的几次以外,听众们都愿意接受我的观点,即从能动实用主义(volitional pragmatism*)的角度来理解制度和制度变迁,他们的评论帮助我更好地论述了本书中的思想。在少数几次的演讲中,有听众自信并坚定地对我说,你错了——这一结论适合于评价一道加法或减法题的答案,但不适合评价一种构设关于人类行为和经济制度的理论的新方法——他们提醒我存在于某些经济学家身上的"过分粘着的特质":这些经济学家对于自己的所知过于肯定。然而,具有讽刺意味的是,那些极其坚信自己观点的人往往也是那些迫不及待地指责他人不是基于"理性的分析",而是基于习惯来预测人们的选择和行为的人。听众还提醒我,说我对凡勃伦的思想太感兴趣,而这种兴趣已经形成了根深蒂固的思维习惯。这正如同尼采给予我们的警告:不是谎言,而是坚定的信念构成了我们探求真理的最大的阻碍。对此,法国哲学家查尔斯·赫努叶(Charles Renouvier)做了更为精妙的表述:"确切地说,世上没有确定的事,只有对于这些事确信无疑的人。"(Renouvier, 1859, p. 390)

在过去的三年到四年中,我用这本书的初稿在威斯康星大学麦迪逊分校教授研究生制度经济学。我要感谢这些课上的学生,他们促使我整理我的观点和论述,使其更易接受并且保持前后一致。

---

* volition 及其形容词格 volitional 是布罗姆利在本书中非常重要的词。从字面上理解,volition 的意思是"意志"、"意愿"、"选择"、"偏好"等。布罗姆利用这个词来表达他在本书中的核心思想,即制度变迁是行为主体基于对未来的认知的有意识的集体行动,因此,多数情况下本书将 volition 译为"意志",将 volitional 译为"能动的"。但是,在不同的语境中,布罗姆利给予这个词的含义略有不同。对此,本书也会相应地给出不同的译法。——译者注

最后,我尤其要提及三个人。一个是我长期的助手玛丽·约翰逊(Mary Johnson),她一直将我的日程安排得井井有条且生气勃勃,并始终保持着愉悦祥和的神态。另一个是我在芬兰土尔库大学(the University of Turku)的好友朱哈·荷丹巴(Juha Hiedanpää),他参加了1999年夏天我在瑞典乌普萨拉(Uppsala)开设的制度经济学课程,他发现我的实用主义的观念刚刚形成,便慷慨地为我提供了一份极长的(并一直在加长的)阅读书目,这些书丰富并深化了我对于许多哲学文献的理解。我非常感谢他的特殊帮助。

我的妻子乔伊斯·伊丽莎白(Joyce Elizabeth)利用清晨散步的时间和我进行了无数个小时见地深刻的交谈,这是我们每天共同享受的最美好的时光。每天日出之前,我们漫步一小时,在春雨、夏暑、冬雪中,我们谈论了许多话题,在这些交谈中乔伊斯帮我写出了一本更好的书,更重要的是,在这些交谈中她帮助我找到了一种更加惬意的生活。

目录

序　言

人们或许认为人类最基本的需求是食物、水以及保持温暖。然而，这个假设可能是错的。人类最基本的需求是他们的信念(what to believe)。信念先于吃饭、喝水(以及保持温暖)，理由很简单：即便是吃饭、喝水这些看似基本的行为也要求人们具有关于生存的概念以及由此产生的对于未来的感知。人们赋予未来以价值，这使得生存成为一种信念，而不是一种生理活动。没有关于未来的信念，没有赋予未来的价值，吃饭就不是一个意图明显而且必须的行为。吃饭以生存的愿望为前提。

未来驱使着现时的行为，而信念预言了所有的活动。我该吃什么？我该喝什么？我如何能保持温暖？或许从中你进一步认为信念是一种个人活动，然而这个假设可能也是错的。

作为社会个体，我们倾向于——事实上，我们被规定着——要遵从社会的信念。确切地说，社会化的本质就是信念的稳定化。稳定了的信念规定了什么是正常的、什么是自然的、什么是正确的、什么是公正的，除此别无其他。

从这个简短的序开始，你将理解各种社会安排的基础——制度，正是制度让我们成为社会性的动物。

第一章　前瞻意志

虽然知识的内容是已经发生的事件，是人们认为已经完成、因此被固化和确定的，但是，对知识的解读是将来时或者具有前瞻性的，因为知识提供了理解事物的途径，或是给出了现在仍在发生以及将要发生的事情的意义。

——约翰·杜威：《民主与教育》(1916)

充分理由

在1967年9月2日的午夜，瑞典政府实施了一项意义深远的制度变革：更改了机动车应该靠着道路哪一边行驶的规定。我们可能会料想，周日，即9月3日，瑞典的司机需要做相当大的调整，而其后的一个月内瑞典的路上很可能发生很多有趣的事情。为什么瑞典政府要实施这一引起混乱的制度变革呢？只要都走同一边，人们靠着马路的哪一边驾驶又有什么关系呢？改变所有公路上的路标要花多少钱呢？是什么可能的收益促使了这一更改？这些收益该如何度量，以便和确知的——或许是很大的一笔——成本作比较呢？在采取这项大规模的制度变迁前是否做过一个成本-收益分析？若没有这类研究，我们如何能够确定经济效率和社会福利不会受到损失？没有这些证据，我们又如何能够知晓1967年瑞典的行为是否是理性的呢？一些寻租的路标生产者一定会设法控制各州的机构，以获得生产数以百万计的新路标的合同。或许瑞典的政治家和城市的管理者想象着，如果他们调整本国的行车制度与邻国一致，未来将比现在更好？

1973年，在雷切尔·卡森(Rachel Carson)发表《寂静的春天》(*Silent Spring*)后大约10年，美国规定，除了紧急情况之外，禁止使用DDT(二氯二苯三氯乙)这种杀虫剂。自二战结束以来，DDT一直被用来抑制蚊子的生长以防止诸如疟疾、黄热病以及斑疹伤寒症等疾病。但卡森在书中用事实证明了DDT可能通过食物链进入人体并造成生殖问题。许多人将白头鹫(美国的象征物)数量的急剧减少归因于DDT的使用，而就这一问题的争论显然是推动《濒危物种法》(Endangered Species Act)最终通过的重要原因。除了美国之外，其他许多国家也禁止或是严格控制DDT的使用。那么，在禁用DDT前，是否做过一个细致的成本-收益分析来证明全社会将会从中获益？如果没有，我们如何能够确信全社会更偏向于禁用这一有效的化学试剂呢？如果在缺乏成本-收益分析的情况下，美国政府仍非常武断地强制实施一些法律，那么美国经济如何能在与世界其他各国的较量中保持竞争力？或许是其他的一些因素在起作用？禁用DDT是否是基于这样一种判断，即在一个帕累托经济学家*看来，无论其中的收益和成本是多少，人们的健康——以及保持自然环境不受损害——都更为重要而且绝对紧迫呢？

1819年，英国社会改革者罗伯特·欧文(Robert Owen)成功地说服议会通过一项法律，禁止棉厂雇用9岁以下的儿童，并规定所有16岁以下的童工日工作时间不得超过12个小时。在1825年和1831年，这项法律被扩充为：所有18岁以下的雇工日工作时间不得超过12个小时，并且直到21岁以前，棉厂不能强迫他们在夜间工作。这些规定遭到了棉厂雇主们的强烈反对，他们说服议会拒绝对棉厂是否符合法

---

* 帕累托(1848—1923)是意大利数学和经济学家，在现代经济学中，以他的名字命名的“帕累托改进”是福利经济学中的一个重要概念，指的是所有人的境况都得到改善或至少保持不变的社会改进。这个概念还可以推广到一个较弱的概念，即“弱帕累托改进”，指的是通过潜在的再分配可以让所有人的境况都改善的社会改进。帕累托经济学家指的是那些计算社会收益和成本并追求“弱帕累托改进”的经济学家。——译者注

律实施检查和监督。到1844年，在工厂主的压力下，入厂工作的最小年龄被推回至8岁。从1847年到1853年，一系列的法案最终做出规定，妇女和儿童日工作时间为12个小时（从上午6点到下午6点），其中包括90分钟吃饭的时间。1875年，《桑登教育法》（Lord Sandon's Education Act）出台，要求所有儿童必须在校就读直到12周岁（Checkland, 1964）。一个敬业的福利经济学家该如何审视这些变化呢？这些是不是“低效制度”的案例呢？这些制度变化是否会降低英国经济增长的速度呢？这些社会改革是否有一个完整的福利分析证明它们的收益超过了成本？如果没有，我们如何能确认，当妇女和儿童可以在（或者被迫在）工厂中工作的时间突然受到限制时，效率和社会福利是否会受到损失？政策以一种如此武断的方式干预市场，这种事情是如何发生的？难道这不是又一个将工厂主的收入（福利）再分配给工人的低效政策的案例吗？

2004年11月，英国政府宣布带着猎犬猎杀狐狸的行为是违法的——而长久以来，狩猎狐狸被视为典型的象征着英格兰和威尔士乡村贵族身份的娱乐活动。在之前至少20年的时间里，这个问题一直处在激烈的讨论之中，人们就它对农村经济的影响展开了很多的争论。有些人宣称，近8 000人会失业——其中包括马具商、铁匠、马夫以及酒馆和旅店的雇员。除此之外，还有人断言，狐狸很快会在英国的乡村泛滥成灾，并会严重影响所有动物的生活。我们该如何解释这一打破英格兰悠久传统的剧烈变化？难道没有什么是神圣的吗？有没有请福利经济学家来对狩猎狐狸的经济价值做个评估，或者在允许打猎和不允许打猎的情况下，分别就狐狸给经济带来的影响做个估计？有没有做过研究，来确定其他人愿意支付多少钱来观赏穿着精美的骑手驾着华丽的皇室良种马穿越翠绿的山林、奋力追逐他们的猎犬以及恼人的狐狸的场景？我们又该如何对待另外一些人的“被动使用价值”呢？他们从未打算去打猎，然而，一旦得知在某个周日的某处，大英帝国仍然存在着，他们便可能从幻想中获得巨大的价值（或效用）——即便这个帝国在现实中已经不复存在。

1872年,在美国的西部开辟了黄石公园。它是第一个专门设立用来保护野生动物和自然资源的公园,覆盖了怀俄明州和蒙大拿州近9 000平方公里的土地。在这之后,加利福尼亚州的优胜美地国家公园和亚利桑那的大峡谷国家公园很快加入了国家公园的体系。随着关于特定生态区域和环境的新想法的出现,这个体系慢慢地扩张。然而,就我所知,至今尚无适当的福利经济学分析让我们确信从建立国家公园体系中获得的私人和社会收益超过私人和社会成本。那么我们如何能够确定效率没有因此受损,而美国的社会福利也没有随之遭到永久的损失。我们能否得出结论:美国政府强征那么多土地的行为把美国的经济推到了低效增长的轨道上,而且永远不能恢复。

有些人认为,前瞻性的经济分析能为经济政策的设计提供必要且有价值的建议,而以上的例子突出了摆在这些人面前的显而易见的问题。当帕累托经济学家们因为公共行为缺乏福利分析而悲伤时,他们是否认为当工业革命如日中天的时候,旨在限制妇女和儿童工作时间的立法是"低效的"。当帕累托经济学家们坚持认为实施重要的公共行为之前必须有一个福利分析时,他们是否认为美国建立国家公园体系是一个错误,因为没有福利分析来确认它是否有效(Arrow *et al.*, 1996)。当发展经济学家们在为某些国家缺乏有效的制度而悲伤时,他们是否想说挪威和瑞典在某些方面是低效的,因为他们的制度结构与美国不相似。是否我们已经有能力说印度主要的问题是它的制度没有更像德国,而给予索马里的答案是它必须更像荷兰。如果经济增长的方法如此明显,那么美国的发展经济学家只需说"变得和我们一样"就足够了。事实上,在过去两年里,华盛顿共识——它被概括为美国对于自由贸易和资本市场开放的态度,以及世界银行和国际货币基金组织的政策——似乎没有包含多少其他的内容(Stiglitz, 2002; Taylor, 1997)。20世纪末发生的东南亚金融危机本该被人们预期到的,因为之前国外资本大量流入,汇集到一个缺乏必要的制度基础的区域。这些缺乏的制度基础经常被人们视为“管制”(regulations)而不予考虑,而它们为脆弱国家提供了必要的“上层建筑和制度的脚手架”,以确保它们不会被大规模资本迅速的流入流出所冲垮。

这些制度变迁的例子说明民主的民族国家能够为新的政策(新的制度)找到充分的理由,这丝毫不让人感到奇怪——而且,即便没有帕累托经济学家们做出的货币上的估计,这些理由仍然能够成立。那么,最优性和社会福利是否因此就受损了呢?

理由和原因的差别

公共政策涉及关于集体行动的理由的争论,而人们往往发现,这些理由必然存在于未来的境况中。标准的帕累托经济福利分析方法倾向于基于人们效用最大化的决策法则来评估公共政策选择。然而,似乎值得注意的是,这种评估公共政策的方法是失败的,而它的失败加剧了人们日益感到的对于制度变迁的需求。公共政策问题或集体行动问题的产生,正是由于原子式的个人最大化行为所产生的加总结果和社会应有的结果是不一致的。如果将这种业已发现会产生不能接受的结果的方法视作集体行动借以纠正现有问题的真实法则,这不是很奇怪吗?

除了使用一种有缺陷的描述性法则来评估集体行动之外,传统的经济学政策分析方法在其他一些方面也是失效的。在考虑个人选择的时候,通常认为我们必须对未来个体身处的可选状态作出评估。约翰打开了电灯的开关,因为他希望照亮前院。这种对于未来状态的期望(一个特定的结果)是选择的理由,而打开电灯的开关是前院被照亮的原因。打开开关仅仅是一个过程中必要却不令人感兴趣的一步,这个过程起于选择的理由,伴随着一个作为原因的事件,并以一个期望的结果为终。一个淘金者起早贪黑努力挖掘,是因为他希望发现金子,这是他努力工作的理由。注意,我们不需要引入效用的概念,说由于行为者的选择,他们的效用提高了。认识到他们的行为有充分的理由,这就够了。我们的任务是理解这些理由。经济学家很有可能会坚持说行为者的效用因此提高了，但是这种对行为理由的装饰是不必要的。对于我们解释一个特殊的行为而言，说它增加了行为者的效用既不充分也不必要。当然，个人显然设想（或渴望）生活得更好，不然他们不会实施这些思考中的行为。但是淘金者内心相关的想法是，如果他能在一个特定的地方挖掘，他发现金子的可能性会大很多；而他的确让自己确信他是在最有效的地方挖掘——不然的话，我们或许要在其他地方看到他了。

我们看到，人们期望发生的未来状态既解释了他们的行为，也为他们的行为提供了充分的理由，无论这种状态是一个被照亮了的、舒适的前院，还是一个装满价值连城的天然金块的皮革袋。两个个体——打开门廊电灯的约翰和淘金者——都是带着脑海中清晰的未来在行动。注意，他们的理由是从未来推及到现在，而不是来自其他地方。这一选择问题的概念化要求我们理解：想象中未来的目的驱使着现在的选择。这样来理解选择问题使用了“目的因”这个概念。“所谓某当前过程的‘目的因’，指的是这样一个未来的事件，它是当前过程发生的目的所在。……事物是由他们服务的目的来解释的。”(Russell, 1945, p. 67)

那个淘金者起早贪黑辛勤地挖掘（一个现时发生的过程），是期望着未来的一个事件（发现金子）。对于未来找到金子的愿望解释了现在的挖掘行为。约翰的前院在未来会看上去更迷人——这个未来就从他打开开关的那一刻开始——解释了约翰当前打开开关的行为。我们看到未来可能的结果促使并因此解释了人们的选择。人们预想着未来，而不是过去或现在而行动；是改变未来我们可能状态的愿望驱使着我们，而不是过去或者当前的境况；或者说，我们行动可能是由于意识到如果我们现在不行动，未来会比现在更糟糕。

寻求新的公共政策的第一步不是人们发现现时和未来的结果在经济上是低效的，而是现时的安排和结果引出了这样的问题，即为什么某些特定的情形会存在。为什么医疗体系如此糟糕？为什么高速公路不安全？为什么河流会被污染？这些对于现状的挑战使得人们开始考虑或许能让社会中的个体过得更好的制度安排。或许新公布的关于DDT功效的信息导致了一些人提出这样的问题：现存的允许DDT作为一种杀虫剂的制度安排能否带来一个好的未来呢？人们可能会说："如果像证据所显示的那样，DDT真的会导致特定的环境问题，那么我们还想继续这条路吗？"注意，相关的问题不是效率是否会受损，也不是要确定我们是否面对一个真实的"市场失灵"问题。真正的问题是，我们是否希望那种特定的未来出现。

当罗伯特·欧文这样的改革者向英国议会施加压力要改变棉厂中的工作状况时，毫无疑问，辩论的焦点正集中在对那些每天辛苦地工作12—16个小时的孩子们的生活预期上。我们料想棉厂主一定会从经济上提出反对改变现行法规的论据。如果眼前的辩论能起到指导法规的作用的话，他们会宣称，新的禁止使用童工的制度会使得产品更为昂贵（即这一制度变迁会导致通货膨胀）。我们或许也能设想棉厂主会抱怨道，这一改变不利于他们与外国企业竞争，那些企业所在国家的制度安排"对商业是友好的"。最后，棉厂主们很可能表达出对于新的制度会降低一些家庭收入的担忧，因为他们的孩子再也不能做劳力了。通过将原问题中社会选择的因素转化成纯经济学的术语，我们马上看到这场争论被限制在效率方面。对此，改革者只能说，历史发展到了今天，让孩子们仍待在棉厂里而不是在学校读书是不文明的。制度变化的反对者会愿意将辩论集中到静态的关于一个经济情况的计算上，并使得它能够成为他们反对于经济没什么作用的新制度的理由。然而，我们需要做很多来改变未来的境况——让孩子们在学校里而不是在棉厂里。需要提醒的是，制度变迁考虑的是特定的制度安排会使哪些人的利益提高，哪些人的利益受损。这些选择本质上就具有分配的性质。这便是为何我将它们称为配给交易（rationing transactions）的原因。

请注意，仅仅因为制度变迁有经济上的含义，是不足以将其视为一个完全的经济问题的，也不能把它仅仅当作经济问题来评估。一些经济学家很容易被这样的想法所迷惑：因为正如我们定义的那样，经济学是一门关于选择的科学，所以它就是唯一的一门选择的科学。从这种想法出发，我们却得到非常不合逻辑的推论，即如果没有一两个经济学家的批准的话，就没有理性的选择了。考虑到许多当代经济学家运用了显示偏好的循环逻辑来“解释”与偏好一致的选择，显而易见的是，对于所谓的“理性”选择的实质内容，我们说不出任何有价值的话。虽然在分析个体行为者这一领域中存在如上的问题，许多福利经济学家仍迫不及待地坚持将标准理性的观念用于对集体行动的分析——对于某项行动而言，所有的收益和成本的净值必须为正（或者至少非负），以确保社会整体偏好它（Arrow *et al.*, 1996）。当一个政治过程导致了一项制度变迁却没有前述的结果时，帕累托经济学家们便会非常肯定地说，某些论辩者又一次操纵了政治家们，并导致降低社会福利的低效的法规。这个奇怪的结论当然是实证主义与结果主义（positivism and consequentialist）福利制度分析的必然结论，然而它的可疑出处看来并没有排除它对政策的批评，虽然政治家提出那些政策时带着极大的自信（Palmer, Oates and Portney, 1995）。

当然，制度变迁并非总是像我们中的有些人希望的那样发生。有些制度变迁看似无法解释，而所有的制度变迁都会产生得益者和受损者。为何得益者会倾向于某个特定的制度变迁这个问题并不神秘，同样也不难理解为何我们不期望受损者会感到高兴。但核心的问题是要理解某个特定政策实施的理由，以及如何看待制度变迁中的收益和损失。不让农民使用DDT，那他们必须找到另一种能够控制农作物里害虫的方法。但是这件事在长期经济中的重要性是什么呢？那些为公共健康和白头鹫担心的人们能够从新的法规中获得安慰。但农民的经济利益与生态系统重要部分遭到破坏在逻辑上是相称的吗？某个产业的技术在刹那间遭到破坏，这件事情与不能挽回的白头鹫绝种在重要性上是一样的吗？控制杀虫剂的政策在开始时显然会不可避免地代价高昂——我们基于如下的知识得到这个结论：给定一个选择空间，作为聪明的当家人，农民会使用最为经济且有效的合法杀虫剂，然而，对于社会是否选择禁止 DDT 而言，这个事实不构成充分条件（它甚至是不相关的）。意识到农民可以选择许多控制害虫的方法，而所有的方法都能够基于成本-效率以某种方式排列，这个结论便是顺理成章的。禁除一种方法只不过使得其他方法在经济上成为可行——并且现在使用它们是“有效的”。

如果帕累托经济学家们要固守一般均衡分析，那么通过政治手段禁用 DDT 和由市场驱动的某个让 DDT 突然不再是最便宜的控制害虫的方法的结果是一致的。设想如果市场上再也得不到一些基本的配料了会怎么样？为什么由市场驱动的排除 DDT 作为一种可行的技术——由于缺少相关原料而导致的价格上升——被视为合法的，而禁用一种致命的产品却会被视为不合适的“干预”市场的行为。为什么一定要确定人们对白头鹫的支付意愿，并将它与农民转向使用一种新的害虫控制方法要支付的所谓“成本”作比较是必须的呢？白头鹫的死亡只有一个可能的原因——DDT。当然，可能科学发现在未来的某一天证明 DDT 是无罪的，到那时我们很容易能预言对 DDT 的禁令会被撤销。杀除农作物害虫的方法很多，而其中只有一种（DDT）在此时此刻是最便宜的（最有效的）。但是，当它使得社会必须承受白头鹫（可能还有其他生物）数量下降的成本时，在所有的选择中是“最好的”便不构成选择这种方法的充分理由。

我们看到，对于基于市场的结果的偏好和对集体行动（公共政策）结果的排斥源于这样一个观点，即市场驱动的变迁是由奇妙的看不见的手带来的，而禁用 DDT 的集体行动是伤害一个群体（农民）以帮助另一个群体（那些在乎白头鹫的人）这一故意目的的结果。请注意人们对于魔力的向往。通过所谓能够达到最佳社会价值的能力，市场给出了最优的技术路径，这一路径然后产生了最优的控制害虫的方法。注意，“最优”一词仅仅是指农民为控制害虫所支付的费用最便宜的另一种表述。但是，通过在一类账目中使用了最便宜的方法，农民显然以伤害白头鹫的方式将成本转移给了他人。因为不存在白头鹫的市场，这个局面立刻被称之为市场失灵。现在，让帕累托经济学家们来判断吧：让农民在杀除农作物害虫的时候同时停止杀害白头鹫是否是最优的。如果开始这一新的事业（禁用 DDT）不是（经济学意义上）有效的话，那么看来就不存在市场失灵，而白头鹫就该死——至少从经济的角度看来。一些福利经济学家倾向于说：如果政治家们决定要禁用 DDT，那么一定是因为政治原因而不是因为经济上理性的原因。在这里我们看到，当集体行动与基于市场环境所做的处方式计算所得到的最优结果不同时，“市场”便成为用来诅咒集体行动的基础。

自由和市场之间的这种人为设想的冲突是哈耶克（Hayek）在讨论强制时提出来的。他指出，我们应当把强制视为由于他人意志的结果对个人做事能力的一种限制。“如果强制是通过‘物理环境’（Viner, 1961, p. 231）施加到个体身上的话，那么我们就不应该将它视为对个体可以做什么的限制”，因为个体的“物理环境”很容易被看成是他们在市场中的地位，那些偏好市场的人自然会说，任何由于集体行动而导致的对现状的改变构成了强制，除非它获得了人们的一致同意。雅各布·瓦伊纳（Jacob Viner）在评论哈耶克的时候，注意到哈耶克逻辑中一个非常严重的错误：

> 自由因此被定义为摆脱被他人意志支配的自由，而不是拥有权利、能力和机会去做任何特定的事的自由，或者做任何事的自由。……为了让他（哈耶克）明确区分以对他人施加有意的限制为特征的“强制”和由“物理环境”带来的限制，哈耶克非常强调区分 A 有意对 B 的影响和 A 在不经意间对 B 的影响。（Viner, 1961, p. 231）

注意到如果个体 A 成功地行使其意志，对个体 B 施加一些限制，那么这便构成了 A 对 B 的强制。然而，如果制度安排的现状是这样的：A以某种形式行动，这些行动会损害B的利益——但对于B的痛苦，A忘记了或是予以漠视——那么在哈耶克的眼里，这不构成强制。这使得那些为市场和制度现状辩护的人得出推论：当个体B决定要减轻这个令人不快的处境带来的痛苦时，B的意志的显示与B必须寻求的用以减轻痛苦的官方的批准（通常以政府行动的方式实现）相结合，就构成了对A的强制，因为可怜的A只不过是在做他惯常做的事情。注意到如果B有意来改变A的行为，但却没依赖于政府而是尝试和A就他的干涉行为讨价还价并且没有成功时，那么福利经济学家会重申现状是有效的，B也就不可能有好运了。所谓的市场自由因此胜过集体行动的专制。这不是逻辑，而是成见。

作为对最小政府和自由市场的辩护，哈耶克关于强制的选择性概念服务于他的规范分析的目的。事实上，这种关于意志和意愿的观念在标准的外部性的分析中很普遍。我们知道，外部性是一些他人直接行为的无意识的副产品：钢厂炼钢，但是作为无意识的副产品它污染了空气。降低污染的集体行动经常被视为对于污染厂家的强制。许多福利经济学家提出一个方法，允许污染者和受害者之间讨价还价。如果受害者不能够向污染者支付足够的费用以使其停止污染，那么根据标准的观点，污染继续而受害者或是离开或是默默忍受都是社会最优的。但外部性是无意识地施加于他人的成本这个假设是可信的吗？当钢厂做计划时，雇主/经理人显然是知道制造钢铁的配方的，并且知道炼钢需要燃烧一定数量的煤而从燃烧中释放出的烟雾必定要排放到某处。这个生产过程如何能被草率地视作“无意识的”而不予以考虑是非常奇怪的（Schmid，1978，p. 41）。而如果那些突然受到A的行动损害的人（个体B）决定通过法律而不是向A支付费用来减轻损害，便说他们的努力是强制的行为，这看起来也很荒唐。我们为什么必须坚持认为为了摆脱A施加的令人讨厌的成本，B一定得向A支付费用呢？

我们看到，制度变迁通常乍一看来像是对所谓市场的自然过程的干涉。然而这个判断依赖于错误的前提，即指导理性计算的现行的价格体系是符合逻辑并被社会认可的。事实上，在任何特定的时刻，一个经济系统中存在的不过是千百个先前的集体和个体行动的机械的、从而偶然的整合，它们一起创造了一组有序的关系，从而今天的价格得以出现，今天的个体选择得以发生。如果一个人相信价格事实上是从市场中来的，那么这显示出他非常可能会相信牛奶事实上是从塑料瓶中来的。为什么这个现行的并且非常武断的价格和成本体系会带有一些关于公共政策规范分析上的意义，仍然是件没有被证实的事情。它唯一可信的论断，是我们生活在一个“市场经济”中，因此它暗示着我们可以推测市场过程的结果是仁慈的。但这不是证明市场结果自动变成神圣之物的理由——它仅仅是一种辩解主义（validationism）的伎俩而已。制度架构的原状（status quo ante）几乎是不存在的。想象原状是自然的是犯了自然主义的谬论；想象原状能实现一些有用的且超凡的目标——譬如改善社会福利——是犯了目的论的谬论。原状只有一个可取的特征——它保护了那些在其中生活得非常舒服的人，但损害了那些处于不利地位的人。事实上，拥护自由市场只是为那些在原有制度中生活得很舒服的人服务的战斗口号。这就像那些拥有令人愉快的经济资产的人坚持认为政府的首要目的是——当然他们指的是应该是——保护财产权。提出这个论断的人根本没顾及穷人和不幸的人。

目的因

我们知道，传统的分析制度变迁的方法是和结果主义的福利主义相关联的，它基于人们关注的制度变化的效率性质来作出判断，这些变化既是关于配给的——即改变或重新配置未来经济安排中的所得和所失，同时又是由这些配给所驱动的。帕累托经济学家们错误地想象经济效率这个循环概念能够正确地告知这个过程，他们还错误地将对制度变迁的评估建立在机械原因的原则上。机械原因是指基于现在评价未来的过程。但显然，这不是人们决定他们的选择和行动的样子，而且和民主社会制定公共政策的过程相左。公共政策可以被正确地模型化为考虑现在的行为以及它们对未来的含义。对于公共政策来说，有意义的问题是：遵守现在的制度结构是否能在未来将我们带到我们希望去的地方？如果答案不是令人满意的，那么人们就会要求采取一项新的制度安排。我们能够通过目的因——一项新的制度安排所要达到的目的——这个概念来理解这个过程。注意，未来希望得到的结果构成了行动的原因，而行动的结果是调整制度安排。可能（以及合意）的结果解释了成为制度变迁原因的集体行动（并构成了这些集体行动的理由），而这些制度变迁很可能带来合意的结果。因此，我们可以说，看似可能的结果为新的制度安排提供了构成充分理由的证据。

目的因让我们能够理解 DDT 被禁用不是因为突然间这个做法符合了经济效率的标准（机械原因），而是因为环境在与农业利益（一种事后的理性化）的较量中获得了更多的“力量”。DDT 被禁用是因为一种新的集体承诺业已形成，即白头鹫，或者其他动物，值得让农业中的害虫控制蒙受损失——“值得”不是在福利经济学意义上的，而是指创造一个未来，或总而言之，拥有后会更好。实用主义者会认为，和一个没有白头鹫的未来相比，从集体的角度我们能够为一个有白头鹫的未来找到更好的理由。相似的论述可以用来解释 19 世纪英国劳动法规的变化，解释禁止携带猎犬猎杀狐狸的法律，解释瑞典更改马路上驾车方向的做法，以及解释美国国家公园建立的原因。目的因启发我们，生活在贫困中的儿童能在学校中得到早餐（或者可能是午餐）不是因为他们不能从家中得到，也不是因为这样做是社会最优的。学校为贫困儿童提供早餐是因为显而易见他们会更开心、更健康，并且如果他们不感到饥饿的话会更好地学习。如果我们确实相信人们基于现实来思考未来，那么很容易会让学校中的孩子们继续挨饿且注意力不集中，毕竟，向他们提供食物得从大家的钱包中出钱，而且收益流的现值是非常不确定的。然而，因为公共政策迫使我们从未来的角度来思考现实，向学校中的孩子提供食物看来就是理所应当的。我们这样做不是基于功利主义，而是基于在未来获得更好的结果——在这个例子中，就是孩子们得到改善的教育前景。

目的因能让我们理解规定儿童在校学习而不能在工厂中工作的法规不是基于逻辑提出的，对它的指责也不能基于是否会提高或损失经济效率。禁止致命的化学品这个举措不能从效率的角度来评价。而从效率的角度也不存在有意义的方法来评估更改瑞典的司机行车方向这一制度变迁。事实上，1994 年就芬兰、挪威和瑞典是否加入欧盟的公投——一项意义重大的制度变迁——显然没有采取只将“理性”作为唯一正确标准的福利经济学分析。当然，领导人提出了很多问题，并且许多讨论都是在我们认为的一般成本-收益的框架下进行的。然而，去计算“可行”或者“不可行”两种决定的净现值的想法是荒唐的。三个国家的居民在长达几个月的辩论后进行了投票，他们投票是基于他们关于哪种未来将会是最好的感觉。每个人在考虑这个投票的决定时，都在寻找最好的理由，由这些理由，他们能够确定对于加入或是不加入欧盟的未来的信念。他们的决定过程不可能是其他方式。

带着目的因这个想法，将公共政策——民主国家中引致制度变迁的过程——视为一次实用推理（practical inference）的练习是有益的（Von Wright，1983）。实用推理的三段论有两类推断。第一类我称之为能动推断（volitional premise）。一个能动推断是对需求的一次陈述，或是关于行动目的的一次陈述。使用目的因的语言，我们可以把能动推断理解为一个未来的合意结果，为了实现这个结果，现在必须施行一项特定的公共政策。如果日渐形成的期望是要解决大气臭氧层的问题，那么就需要采取一些特定的行动；如果日渐形成的期望是要解决波罗的海的污染，那么现在就需要采取一些特定的行动；如果日渐形成的期望是要让一个国家的青年准备好承担公民的责任，那么现在也需要采取一些特定的行动。在这里，我们看到前瞻意志的含义——付诸行动的意愿，面向未来，思量着未来可能和应该以哪种方式展开。如果在上述例子中什么都没有发生，那么我们就可以想象，现行的制度安排能够实现期望中的未来和可能的结果。如果人们认为那些可能出现的结果并不是他们想要的，那么，现行的制度安排——它们确定了人们选择范畴（或行动的场域，fields of action）的相关参数——就可以被看成是实现不同可能的未来的工具——如果谨慎处之的话，这些未来也可以是合意的。这把我们带到了认知推断（epistemic premise）。

认知推断利用科学和传统的信念（有些人更愿意称之为科学和传统的知识）提供对必要行动的可靠指导，以使能动推断得以实现。如果大气臭氧层必须得到保护，那么，认知推断就会提出必须停止日常氯氟化合物的使用；如果波罗的海必须免于进一步富氧化，那么，认知推断就会提出必须减少一定数量的袋装氮和磷制品；如果要确保孩子们长大后能成为负责任的公民，那么认知推断就必须规定他们呆在学校里直到一定的年龄并学会一些特定的生活技能。注意，评估能够从这些未来状况中得到的货币收益不是必要的，在决策过程中它甚至不是可靠的；这不是说达到合意结果的不同方法的成本是无关的，而是说，福利经济学为了证明这些结果的合理性而做的收益评估对理性选择而言既不是必要的，也不是充分的。

值得再一次强调的是，新的公共政策起始于考虑特定未来（能动推断）的结果。认知推断——其形式是：如果 Y，则 X——连接了可能的结果（Y）和达到这个结果所必须的行动（X）。请注意，认知推断既是预言也是规定：它规定了为了实现合意结果（Y）所必须做的事情（X）；并且它还预言，如果采取特定的行动（X），合意结果（Y）就能够实现。

我们把实用推理三段论的结论称为一个实用要件（practical necessity）。也就是说，这个结论表明，为了达到能动推断所指定的目的（Y），现实中必须使用认知推断所指定的方法（X）。实用推理的结论的必要性是从三段论的本质得到的。注意，能动推断显然不是下面这样的形式：

如果 Y 的收益超过了～Y（“非 Y”）的收益，那么 Y 就是合意的。

福利经济学家可能想将其表述为：当且仅当 $\sum V_Y$（美元）>

$\sum V_{\sim Y}$(美元)。能动推断也不是这样的形式：

如果 Y 的收益超过了 X 的成本，那么 Y 就是合意的。

事实上，能动推断说的是，什么是必须做的。在民主国家中，什么是必须(或者应该)做的是由司法和政府议会的分支机构规定的，而这最终构成了政府的分支机构存在的理由。在议会的演讲中——以及法庭的考量中——关于 Y 和非 Y 相对的价值产生了。虽然没有基于价格[从而没有了对 $\sum V_Y$(美元) 的货币评估]而做出选择的前景可能让帕累托经济学家觉得很不舒服，然而，价格确实是不必要的(Vatn and Bromley, 1994)。民主构架以及民主过程正是为了那些目的而存在的。

在这样一些讨论中，通常都会用货币收益和成本的折现值来考虑未来的结果。这样做必须对未来的个人的利益——也就是生活的前景——进行折现。它出现在标准的福利经济学分析中，即用内部时间偏好率来考虑未来。内部时间偏好是和当期活着的行为人如何将消费延期到未来——或是明年，或是更远的将来——相关的。相反，外部时间偏好率是当期活着的行为人将未来个人效用折现的比率，它适用于跨期选择的决策，但这个比率并不反映在行为人面对的任何价格中，因此对我们而言是不能获得的。由于这个原因，在制定公共政策时，外部时间偏好率并不是一个可以告知未来的选择变量(Bazelon and Smetters, 1999)。注意，被延期的不是我们的消费，因为重要的并不是我们在未来的消费(因为我们将不会在这里消费了)。生活于当期的我们在做跨期选择时，将我们当期的消费(投资)决策与身处未来的个人消费决策相比较，因而跨期决策涉及个人之间福祉的比较。长期的跨期选择是涉及个人间比较的选择，那种认为在其中获利的人能够补偿在其中受损的人的观点在逻辑上是不自洽的。在标准的故事中，我们不去治理严重的环境问题，但认为可以通过创造更多的财富去补偿生活在一个退化的环境中的未来的人，这样的想法就构成了标准公共政策分析方法中的谬误。

有趣但自相矛盾的是，根据一些福利经济学家的标准思维方式，政治过程考虑了未来。个人可以通过考虑他们身处的制度结构以及由此确定的可以接受的选择集合来预期未来。但是个人不能够改变制度结果——只有集体行动可以改变个人选择的集合。在思考制度结构及其可能的形式时，唯一重要的就是未来。

我们看到，在对环境政策的福利分析中，成本是今天负担的——比如减少碳类物的使用所带来的成本，而收益是属于尚未出生的未来的人们的，收益的折现值决定了从当期来考虑未来所做的选择。活着的人就像是配置让未来的人继承的环境资产的仲裁者，并且在标准的对环境问题的分析中，我们是基于自己的利益来做出决定，而不是基于未来的人的利益。这样的方法如何能够说成是在长期中最大化社会福利不是一件自明的事情。标准的方法仅仅保证对于那些现在活着的并做决策的人而言，在未来各个时点上，所有未来可能的净收益流的折现值都被最大化了。这是根据未来如何为现在服务而做出的决定。当未来被折现后，生活在现时的我们可以被未来服务得非常好，因为对于那些需要我们承担很多调整成本然而收益却是由未来的人们获得的公共政策，其折现后的价值会阻碍它的实施。

这个问题通常被限定在寻找合适的折现率的框架内，然而它只是问题的一部分。所有的集体选择都不可避免地涉及这个问题：对于未来我们有什么权利？福利经济学家不能回答这个问题。作为替代的是，伦理上的选择可以从罗尔斯无知之幕（veil of ignorance）的角度来考虑——关于全球气候变化，不知道将会活在今天还是100年后的风险中立的行为人会做什么样的决定（或任何政策）呢？用一个超公平博弈的语言来说，跨期政策应该是那些“无嫉妒”的政策，即没有人会在得知他们将生活在何时之后，试图与生活在任何时点上的人交换位置。注意，相关的问题不是活在现时的人希望留给未来的人怎样的一个气候禀赋，问题真正涉及的是如何能基于所有现在和未来人的利益来解决时间之矢的专制。“无嫉妒”的制度解决了这个问题。

这把我们带回到前瞻性意志的概念——人的意志在行动，基于未来思考现在。这也就是，要使未来比现在和过去更好，人应该采取什么行动？这种视角从未来回看现在，并寻找行动的理由。这种思考政策问题的视角要求目的因的概念。目的因让我们能够理解，降低污染的新政策的出台，不是因为突然间降低污染在经济上变得有效了，而是因为关于未来应该如何构建有了一项新的集体约定。禁用氯氟化合物不是因为法律的制定者发现禁止使用氯氟化合物的净收益现值是正的，而是因为对恢复大气臭氧层的一项集体承诺。芬兰和瑞典加入欧盟并不是因为一项呈交给它们的公民的福利分析表明这样做的折现值是个正数；它们之所以加入欧盟，是因为它们的公民预期并比较了进入和不进入欧盟情况下的未来，结论是进入很可能比不进入更好。挪威的公民做出了相反的选择。

结语

市场——或是类似于市场的福利计算——对于社会选择而言是合适的分析方法，这个观点长久以来吸引了很多经济学家。那些保守主义（conservative*）经济学家使用对他们有利的经济学概念提出他们所偏好的政治信条。因为原状总是被定义为“市场作用”的逻辑上和必然的结果，保守主义经济学家会尊崇这个神秘的过程，并因此反对任何纠正“市场失灵”的主张——“市场失灵”有很多，诸如工厂中的歧视、环境污染、高失业率、医疗保健体系的缺陷等。对于保守主义经济学家们而

---

* 此处的“conservative”和下面的“liberal”是在美国的语境下使用的概念。“conservative”经济学家的含义接近国内所说的“新自由主义”经济学家，指那些认为市场是配置经济资源唯一合理途径的经济学家；“liberal”经济学家指那些承认市场配置资源的功能，但同时认为市场存在缺陷，因此政府有必要进行干预的经济学家。这和国内对自由主义的理解不同。布罗姆利在这里认为，两种经济学家都把效率看作是评价制度的至上标准，因此都存在不足。——译者注

言,“市场”是一个有用的象征符号,代表着继续将政府“干预”屏蔽于市场之外这一观念。那些自由主义(liberal)经济学家承认政府的作用,但是坚持必须检查政府的行为,并严格地遵守他们想象中的客观效率标准。自由主义经济学家的这个双重标准提供了看似严格和客观的自由主义的外套——至少,他们宁愿相信如此。在某种意义上说,保守主义经济学家更为诚实。然而,即使是这些经济学家,也不过是因时而异地在庞杂的经济学语言中选择他们认为合适的那一部分,以得到他们所需要的服务于自我的真理。但无论他们的政治信条是什么,许多经济学家都迫不及待地宣扬标准经济学教条中他们自认为的神奇的科学严谨性,或者更确切地,隐藏在这种科学严谨性之后。这种方式否认了更为诚实的经济学——致力于找到特定公共政策的理由的经济学——所能够提出的关于公共政策的有价值的洞见。

虽然实用推理的三段论是有启发性的,但注意到它避开了如何形成能动推断和认知推断这个问题。确切地说,我们是如何知道我们想要什么呢?我们又是如何能够确信我们知道如何得到我们想要的东西呢?个体能够通过不同的方式相信他们认为是正确的东西,现在的问题是要将我们的注意力转移到这些不同的方式上去。遵循皮尔斯的观点,我们必须理解,思考的唯一作用就是产生信念。我们必须探索人们如何运用结构化的思想来实现产生信念这个确切的目标。而这便是在本书余下的篇幅中我们必须完成的任务。

第二章　手头的任务

有一种不安在知识界和文化界传播，它几乎影响了每一个学科和我们生活的每一个方面。这种不安可以用客观主义和相对主义之间的矛盾来描述，但许多其他的对比中也隐含了相同的潜在的焦虑：理性与非理性、客观与主观、现实主义与反现实主义。

——理查德·J. 伯恩斯坦：《超越客观主义与相对主义》(1983)

挑战生范结果主义*

我在这里的主要目的是提供一个认识论的视角和途径——一个关于行动的理论，它与普遍存在的生范冲动完全相反，这种冲动是理查德·伯恩斯坦(Richard J. Bernstein)所指的客观主义、理性和现实主义的必然结果。在这些现代主义者确信的信念的反面，我们发现了相对主义、非理性和反现实主义这些贬义的观念。毋庸置疑的是，只有现代思维才有第一个三部曲(客观主义、理性和现实主义)，而第二个三部曲(相对主义、非理性和反现实主义)被认为包含了所有令人不快的且模棱两可的近代思想和实践。事实上，这些词汇传递的只能是令人生厌的特质，谁会立志成为一名相对主义者，变得非理性，或是成为一名反

---

* 生范结果主义，原文为“prescriptive consequentialism”。“prescriptive”的原意是“规定的”、“规范性的”。布罗姆利在这里使用此词来描述那种总是要寻找规律的冲动。中文没有现成的词和这个意思相对应，因此译者造一个词“生范的”翻译“prescriptive”。布罗姆利还使用“prescriptive economics”，本书相应地将其译作“生范经济学”。对于名词“prescription”，当它指称具体事物的时候，本书采用通常的译法，把它翻译成“对策”或“政策建议”；当它指称抽象事物的时候，本书把它翻译成“生范”。——译者注

现实主义者呢？现代主义赞美坚定的生范信念。以多种结果主义——关于效率、最优性、社会偏好的政策以及潜在的帕累托改善的断言——为特征的生范经济学是被客观主义、理性和现实主义所渗透的现代主义工程的必然组成部分。在此，我质疑现代主义三段论的核心信念。下面便是实用主义对现存的结果主义及其许多假设和命题的挑战。

在谈到普遍的生范冲动时，理查德 · J. 伯恩斯坦写道：

> 我用“客观主义”来表示这样的基本信念，即存在或必定存在一些持久的、非历史的模板或结构，依靠它们我们能够最终决定理性、知识、真理、事实、良知或公正的本质。一个客观主义者宣称，存在(或必定存在)这样一个模板，而且哲学家的首要任务就是发现它是什么，并用最有力的、可能成立的理由来支撑他或她的观点。客观主义与基础主义(foundationalism)以及寻找阿基米德支点高度相关。客观主义者主张，除非能够为哲学、知识或语言建立一个严格的基础，否则我们就不可能避免激进的怀疑论。
>
> “相对主义者”不仅否认客观主义者的实证性观点，而且走得更远。在它的最强的含义上，相对主义是这样的基本信念，当我们致力于考察那些哲学家们认为是最根本的概念时——无论是理性、真理、本体、公正、善良还是习俗，我们都被迫承认，在对于这些概念最根本的分析中，我们一定是将它们理解成相对于特定的概念体系、理论框架、范式、生活形式、社会，或是文化的概念。因为相对主义者相信这些概念体系存在(或是可能存在)不可化简的多重性，他或她就置疑这些概念具有确定且单一的意义的观点。(Bernstein，1983，p. 8)

在此，我们能够清楚地理解摆在我们面前的挑战的本质。客观主义指引着还原主义的推理，而相对主义否认存在一个普遍的(还原主义的)阿基米德支点。在西方，宗教曾经牢牢地抓住阿基米德支点，而其后柏拉图主义哲学欣喜地控制了对它的保护。哲学家成了愉快且急切的养父母，他们以巨大的奉献（和一些聪明）来努力将它抚养成人，让它最终能够开始从事真正困难的工作。实用主义者否认阿基米德支点的存在。

因此，我们面对的挑战是要清楚地阐释一个关于人类行动、经济制度和制度变迁的实用主义理论，同时避免在社会科学中如此显要的标准现代主义认识论所具有的破坏性缺点。

实用主义的途径

想象一根绳子。想象好几股线缠在一起，想象由于许多股线的缠合而使得绳子的力量增强，每一股线具有了承担繁重和有价值的工作的能力。正是缠合产生了远远超过单根分离的线可以承受的力。我在这里构造的这根绳子能够完成非常苛求的工作，就是要求我们理解人类的行动及其背后所隐含的经济制度，这些制度确定人类的选择域——个人和集体行动的场域。尤其是这项必要的任务的核心目标，是帮助我们理解为何经济制度会变迁、演化以及它们是如何变迁和演化的。一些经济学家过去曾经试图建立关于制度变迁的理论，而有些经济学家正在尝试这样做。这些尝试集中在将制度变迁内生于经济过程和经济学模型中。这个努力的方向是被误导的，因为内生性仅仅是不需要做任何选择的另一种表述。并且，如果有朝一日出现了一种制度变迁的理论，在其中制度不再是被选择的客体，而只是相对价格（以及效率这个循环概念）的必然和机械的结果的话，那么这项可疑的成果必定会剥夺经济制度这个概念的内在统一性以及它与经济理论和经济实践的任何关联。内生性会将制度变迁简化到仅仅是一个机械的过程。

我们需要的不是机械主义。相反，我们迫切需要的是一个基于前瞻意志的关于制度和制度变迁的理论，前瞻意志意味着人们会放眼未来并决定未来应该如何展开，然后行动。人们对在未来获得特定结果的期望，构成了他们今天从事特定事情的理由，无论是在个体行动，还是在民主实体（立法机构、议会、管理机构、法庭）——这些实体正是为了讨论和实施制度变迁而创立——中的集体行动，盖莫如此。当我们理解了这些理由后，我们就能理解为什么制度会发生变迁了。

这根特殊的绳子由五股线组成。

经济制度

我们绳子的第一股线是关于经济制度的概念。要得到清晰的概念，我们得首先承认，在任何经济体系中，经济制度构成并确定了法律基础。杰出的美国制度经济学家约翰 · R. 康芒斯将制度理解为规定了：

> ……个人必须做或者必须不做的事，……在没有其他个人的干涉下他们可以做的事，……在集体力量的帮助下他们能够做的事，……以及在他们的信念中他们不能够期望集体的力量做的事……(Commons, 1924, p. 6)

注意，这里的法律内容以及赋权——*必须*、*必须不*、*可以*、（在集体力量的帮助下）*能够*以及*不能够*（期望集体的力量来帮助我们做）。这段引自康芒斯的话概括了我在此使用的经济制度概念的全部实质。同时注意，和各类法律制度相比，那些落在光谱末端的“非正式”制度——它们为大部分个人和集体行动提供重要的边界和参数的规范、习惯、标准的惯例、风俗、传统以及习俗，在这里将受到较少的关注。

公共政策

在定义了什么是经济制度以后，现在让我们来阐释绳子的第二股线。在任何经济系统中，制度变迁是公共政策存在的理由。我认为，公共政策是约束、解放和扩展个体行动的集体行动。在这样的定义下，我们能够理解，所有公共政策的目标正是为了改变经济制度，而它们的结果便是新的（不同的）经济制度。更加具体一点，新的经济制度重新定义了谁必须或一定不能进行某些特定的行动；在没有其他人干涉的情况下，谁可以采取某些特定的行动；在集体行动的明确帮助下，谁能够采取某些特定的行动；以及谁不能够在他们的信念中期望集体力量来采取特定的行动。

溯因法

我们绳子的第三股线是关于一个古老的，然而却被忽略的建立信念的方法。亚里士多德以及其后的哲学家称之为诊断法。我跟随查尔斯·桑德斯·皮尔斯（Charles Sanders Peirce），称之为假设法，或溯因法。许多科学家猜想归纳法和演绎法构成（并穷尽）了我们建立信念的方法。然而，对那些非常想发现特定事件的理由的人而言，溯因法却提供了有价值的洞见和前景。一个溯因法的推理是这样的形式：

> 人们观察到了预料之外的事情，C；
> 然而，如果 A 正确，C 就是理所应当的；
> 因此，有理由怀疑 A 正确。

也就是说，溯因法起因于我们遇到特定的情景或事件，并且发现自己需要对它做出解释（Hands，2001，p. 223；Hoover，1994，p. 301）。换言之，人们的行动从开始起就是活生生的，起于怀疑或是惊奇。皮尔斯谈到了“由怀疑导致的不安”：为什么我院子里的树死了？为什么我感到头昏目眩？为什么那架飞机坠落了？为什么我的汽车会发出劈啪声？为什么太空船会在进入地球大气层时碎裂？溯因法让我们能够利用已知的关系和特定的假设来构建命题（可检验的假说），并对那些事件做出解释。如果在一个寒冷的早晨，你的车不能启动了，溯因法是你的机械师用来寻找原因的过程；如果你发烧了，溯因法是你的医生用来思考你发烧原因的过程；如果你是一个法医，你观察尸体以寻找死亡的原因；如果你是一个工程师并且努力地在解释太空船损毁的原因，那么溯因法就是你解释的方法。溯因法的基本目的是产生关于特定事件的信念。引用查尔斯·桑德斯·皮尔斯的话："……思考行动由于怀疑所导致的不安而令人兴奋，它在获得信念之后就停止了；因此产生信念是思考的唯一目的。"(Peirce, 1957, p. 36)

人类行动

我们绳子的第四股线是关于人类行动的一个理论。在此，皮尔斯再一次提供了一个重要的洞见：信念是我们准备好了去行动的基础。我会将这个观点和康芒斯的能动经济学以及沙克尔(G. L. S. Shackle)工作中创造性的想象结合在一起，来置疑——并超越——标准经济学的途径，这个途径将行动的目的视为固定的，并坚持认为个体仅仅需要为达到预设的目标而在不同的手段中做出选择。在这个问题上我当然不是孤立的。许多学者认为，理性选择理论正是在这点上偏离了正轨——道理很简单，经济学中使用的选择概念在逻辑上是不连贯的，或者正如阿马蒂亚·森(Amartya Sen)观察到的，经济学关于选择的概念将选择变成了单纯的文字游戏(Sen, 1977)。注意，如果目标给定的话，那么所有剩下的事只是让个人计算达到这些目标的最有效手段，这不是选择，仅仅是计算而已。那些只能计算的个人不是在可行的行动中进行选择——他们是在计算如何找到"最好的"手段。注意，一旦完成了计算，这种方法就让个人无需再做其他选择。只要个人没有"理性地"选择通过计算所显示那些理性的选择，他便没有做出选择(Lawson, 1997)。正是在这点上，沙克尔进入了我们的视野：

> 正统经济学不是研究选择的，而是研究在某种必要性的驱使下如何采取行动的。……在这种理论中选择是空洞的，正统经济

> 学应该放弃使用这个词。……要逃脱必要性，……就要创造目标，而这是可能的，因为只要它们是可欲的，并且向拒绝和采纳都敞开大门，则目标就不可避免地一定是想象或预期中的体验，而不是外部发生的事件。选择不可避免地是在思想中进行的，而思想……不是给定的。(Shackle，1961，p. 272—273)

我认为，前瞻意志的概念确定了个人选择和行动的主题。如果个人在选择的过程中必须既要处理目标，也要处理手段，那么参与集体行动的群体也必然如此。事实上，最近的研究指出了理性选择理论具有讽刺性的一面——它对于之后建立一个实用主义的行动理论有着重要的含义，这就是，在没有多少选择的情况下，理性选择理论是最有用的。具体地：

> （我们）相信，当个人行动受到严格限制的时候，理性选择的解释是最可能成立的。……当缺乏很强的环境约束时，我们相信理性选择是一个预言能力有限的弱理论。……用理性选择来解释政党行为会比用它来解释投票人的行为有力得多。造成这种解释力上非对称性的基本原因是，消费者和投票人所面对的环境的竞争性比企业和政党所面对的要低得多。我们完全能够理解我们的观点中最具讽刺意味之处：在选择很有限的情况下，理性选择的理论是最有力的。(Satz and Ferejohn，1994，p. 72)

康芒斯将个人和运行实体(going concern)的日常规则联系在一起——企业、村庄、家庭和民族国家。在任何这些运行实体中，有些个人处在制定新的日常规则(制度)的重要位置。这些人被称为董事、雇主、经理、老板、主管、酋长、丈夫(在一些社会中)、妻子(在另一些社会中)、丈夫和妻子(在多数社会中)、领导、法官、立法者以及行政法规制定者。个人今天做的选择植根于能动的个体昨天的行动——并且在一定程度上是其结果。这些现存的日常规则为今天的选择提供了框架，并由此它们将昨天的“经济价值”传递给了今天必须做出选择的个人。对于凡勃伦而言，这个想法概括了累积性原由的实质。康芒斯称之为一个“人为选择的过程”，因为它允许运行实体演化，而不需要精心设计的“自然选择”机制——神秘的自发秩序——出人意料地来解决难题。对于康芒斯而言，人类体系的演化是“人为地”由人类的能动性，即我所说的前瞻意志创造的。这份工作有几天带薪休假？这类工作通常的工资是多少？收入的多少比例要用于缴税？在这块归我所有的土地上，我可以建造什么样的房子？

我们看到，社会（运行实体）赋予一些人决定“经济价值”的权利，根据他们所做的在先的集体决策，个人选择的参数已经被确定了。约翰·杜威认为，我们“总是生活在生命的中点”上，正如你在电影播放中间而不是在电影开头到达剧院一样。并且，对于诸如带薪假期、现行工资、税收以及在一片土地上可以建什么房屋这些问题，我们或许能确信，随着时间的推移，它们的答案会跟随关于什么看上去更好的新观念而演化。我们能够理解：

> 康芒斯理论的一个核心要素是他重新解释了经济价值的起源。那些价值不再是从自然力量中自发产生的，如同主流经济学理论中机械的均衡论所预见的那样。康芒斯辨识出了在一个特定“运行实体”（经济）中获得经济价值的一般形式，它在根基上是累积的能动性的创造物，而创造者是那些能够持续地对决定运行实体日常规则的内容掌握权力的人。(Ramstad, 1990, p. 87)

“运行实体日常规则的内容”正是首先催生个人行动的框架，并且，那些必须首先行动的人创造了“理性的”（可行且各方同意的）解决新问题的方法。显然，集体行动也是如此（因为集体行动只是在特定实体中个体行动的整合，这些实体包括诸如董事会、法庭或立法机关这样的运行实体)。如果我们记着经济制度是人造物的话,并且,如果我们理解了为什么人们会认为制度需要变迁的话,我们或许就能理解个人和群体(包括正式的制定法律的机构)在构建新信念时采用的溯因式的推理,并且将新信念和现行制度安排联系在一起。如果人们突然发现现行制度安排对于实现合意的未来而言是不合适的话,那么这种联系就必然发生了。在很短的时间内,许多国家开始禁止在公共建筑内吸烟,这是怎么发生的呢?在几年之内,人们将喷雾剂和南极上空的臭氧层空洞相联系,而事实上喷雾剂现在已经被排除在消费品之列了,这是怎么发生的呢?使用童工——曾经被认为是正常的事——现在被视为骇人听闻的劣行,这是怎么发生的呢?产业工人的每周工作时间曾经达到60小时,而现在,所有行业都在40小时左右,并且正在缩短到34至35小时,这是怎么发生的呢?奴隶制——以及后来的种族隔离——曾经是非常普遍的,而现在被视为道德上的暴行,这是怎么发生的呢?现在,所有发达国家都要求佩带汽车安全带,这又是怎么发生的呢?这些制度变迁的发生是因为人有了新的信念;换言之,他们开始想象这个世界——他们的世界——在新的制度下会成为一个更美好的地方。

我将给出一个关于行动的理论的总体框架,这个理论将澄清这样一个过程,即现行的结果如何被发现是不可接受的,而那些看来会带来一个更美好未来的新结果是如何产生的。当我们理解了制度的本质和目的以及不同的制度是不同的结果的理由时,我们就离构建一个关于制度和制度变迁的理论更近了。

安顿的信念

我们绳子的最后一股线是关于个人和集体决定安顿的信念的过程。安顿的信念(settled belief)是指:在考虑可能的行动时,个人和群体到达了某一点,在这点上他们最终会诚实地宣称:"现在,这似乎更好。"当我们对自己(或对我们在议会、立法机关、行政机构或是法庭的同事)说我们做了一个决定的时候,这意味着我们安顿的考量给了我们一个具有内在一致性的新信念。而信念，正如上文所提到的，是指我们准备好了去行动的基础。事实上，我们现在已经找到了改变特定的制度安排的充分理由，就是为了改变未来特定的经济结果。

在此，实用主义通过共识信念（或预设论断）以及价值信念（或价值论断）提供了概念上的指引。预设论断（warranted assertions）随着安顿的信念而产生，而安顿的信念来自于被认为是具有特定认识论上的约定的一群人，这些约定包括如何去学习、思考、研究以及之后如何陈述某件事情。我们用科学学科来描述具有特定认识论约定的一群人。无论是航天员、社会学家、经济学家、历史学家、遗传学家或是鱼类研究者，这些与知识相关的群体的目的是告诉其他人，对于特定的一些问题我们应该有怎样的信念，而目的是要得出共识信念（warranted belief）。个人和集体的行动会经常参考特定的学科的论断。通常，参考“专家”意见的目的，是为了了解科学对此问题的论断。基因工程是否构成了一个对于自然生长的植物和动物的威胁？我的室外婚礼是否会因下雨而取消？为什么我觉得昏昏欲睡？第一次世界大战的起因是什么？我能预期明年的通胀率增加吗？在很大程度上，与知识相关的群体提供了基于共识信念而做出的预设论断。

然而，不是所有的来自知识界（一门科学学科）的论断都是带有预设的性质。具体地说，只有那些在一个学科中得到普遍赞同的论断才有权利被视为预设论断。正如上文所述，共识信念的目的是帮助像我们这样的人确定我们应该相信的事。但我们不只是被动的容器，任由共识信念往里面倾倒，而后我们马上根据它来行事。作为有辨识能力的个体（智人），我们有义务思考从科学“专家”那里得到的论断，并且决定是否将其视为我们自己的先验信念，或是改变它。价值信念（valuable belief）是一个可以向一位意欲采取某项行动且专注而聪明的个体证明其正确性的预设论断。一个价值信念是我们准备好了去行动的基础。我相信气象学家告诉我的关于 8 月 27 日下雨的概率吗？我相信遗传学家告诉我们的关于转基因玉米的论述吗？这个关于第一次世界大战的解释是否有说服力并且可能成立呢？

有时，专家们提出的共识信念（或预设论断）看似有趣，但未必有说服力，这并不奇怪。有些共识信念可能和我们毫不相关。不是所有的共识信念都是价值信念。在现实中，当我们作为智性的个体听到一个特定学科的共识信念时，我们没有任何特别的义务停止我们现在所做的事情去马上采纳那个信念；我们有权要求能够证明我们抛弃现在的信念是正确的理由。如果由专家提供的理由是不完善的，他们便没有给我们价值信念。实用主义者坚持认为，相信什么是我们自己的选择，而不是他们的。

能动的实用主义

从知识论的角度来看，在此我尝试让经济学研究远离有缺陷的逻辑实证主义的教条，在 20 世纪 30 年代莱昂内尔·罗宾斯（Lionel Robins）强有力的影响下，它成了逻辑实证主义教条的牺牲品。具有讽刺意味的是，哲学家们放弃了关于时间的实证主义，而大部分经济学家却仍然服从于实证主义可疑的吸引力。在很大程度上，我在这里尝试让关于特定政策环境下什么是最好的经济学处方符合民主政治的原则。在这个意义上，这项工作是一项有希望的工程。具体来说，我将基于以下的预期发展一个重构的经济学的主要框架，这个预期是，生范经济学在实证主义和结果主义的福利主义的错误假设下失败了，如果能将它从有缺陷的状态中拯救出来，经济学家或许能够再一次对公共政策说出一些有价值而且有用的话。我称我的途径为能动的实用主义。

第一部分

关于经济制度

第三章　理解制度

很多经济学家对制度重新产生了兴趣，这可以被理解成一种与日俱增的信念：充分理解经济表现要求至少超越纯粹的新古典理论的贫乏逻辑。

——理查德·R. 纳尔逊和巴文·N. 桑帕特：《将制度理解为调整经济表现的因素》(2001)

解放与限制

制度是运行实体——家庭、氏族、村庄、企业和民族国家——的规则，它们合法化并引导人们的行为以及人们之间的相互作用。制度定义并详细说明一个运行实体中的成员的机会集合，或行动的场域。换言之，通过制度，集体可以有效地控制个人的行动。关于制度的研究让我们直接接触到了社会制定的规范、工作条例以及法律的赋权，它们限定并影响个体行动的范围。经济学的传统是要以价格、偏好以及效用最大化来解释行为。然而，效用仅仅是一个指数，而不是行动的理由。效用是一种愿望，但只有先为愿望找到理由，我们才能用它来解释行动。理解人类的行动不是要理解愿望(或偏好)，而要理解理由。人类会放眼未来，为自己的选择和行动构造看似合理的理由。将这种分析运用到公共政策领域，同样，人们会放眼未来，思考清楚特定制度的理由，然后才行动——这些理由调整了个人以及由个人组成的群体的行动场域。要理解特定制度的理由，必须对这些制度的本质有着清晰的了解。换言之，我们在这里关心的是规则和设定规则的理由。

理解市场经济制度的基础向我们提出了一个新的概念上的挑战。当代经济学被定义为研究自利的个人如何在可选集中进行选择，从而最大化效用（或“福利”）。在这样一个选择理论看来，制度是施加在个人最大化运算法则之上的约束。一个常见的定义强调“制度是一个社会的游戏规则，或更正式地，制度是人为设计的对人类交互作用的约束”（North，1990，p. 3）。在稍后的内容中，我会对这个将制度视为约束的概念提出挑战。为了说明这一挑战的总体思路，请注意如果制度被视为约束，那么经济学家就得解释为什么这些约束存在于市场经济之中。我们是否假设，制度不过是由有害的“寻租”行为以及可恶的政治企业家们不正当的再分配倾向所带来的不可避免的产物呢？以这样的眼光，我们很容易得到印象，觉得自由市场和自发的个人行为是自然的人类现象，而那些“人为设计的约束”在自发市场和自发个人行为之上施加了限制，阻碍了假设的“自由”市场所具有的慈善属性。

通过将制度理解为同时是对个人和集体行动的解放和限制，我们对制度的理解就会更为清晰。将禁用童工仅仅视为施加于企业上的一个约束，这看上去奇怪吗？儿童没有因这样一个法规而获得解放吗？是否能将禁用 DDT 仅仅视为是一种约束呢？那些关心受到化学合成物危害的白头鹫（以及其他动物）的人，没有因为禁用这些合成物而获得解放吗？是否可以将城市发展边界仅仅视为对于城市边缘房屋和店铺无情地侵占绿地的行为的一种约束呢？那些珍惜乡村娱乐活动的人没有因此而获得解放吗？我们看到，在这些例子中，新的制度仅仅是修改了原子化的效用最大化个人的选择集或行动场域。将制度仅仅视为约束先是反映了对于原有状况毫无根据的留恋，而后又通过将现状称为“市场”而将其具体化。如果我们活在一个市场经济中，那么原状——通过被称之为“市场”——就在任何关于合意或必需的政策变迁的讨论中享有了特权。我们看到，自由市场很容易变成仅仅是保护原有制度设置的另一种说法，其目的是保护那些在现状中受益的人。

我们看到，要获得一个关于制度的清晰理解，需要将它既视为对个人的限制，又视为对个人的解放。事实上，思考制度的合适方法是，它们为一个运行实体（家庭、氏族、村庄、公司、民族国家）的成员定义了选择的集合或行动的场域。将制度视为对社会和经济关系的恰当建构而不是简单的对这些关系的约束，我们就可以将分析的重点转移到一个经济体系的本质方面上。这种新的视角强调将制度视为一个经济的结构性参数，而不仅仅是施加在某个叫做“市场”的在先的并据说是自然的实体上的约束。毕竟，世上不存在市场这样的东西，而只存在交易的场所，它们是前人的创造物。任何市场都是一个社会建构，而这个建构的参数所发生的变化——即新的制度安排——也是人类的创造物。

认识到制度为社会中的个人（或群体）定义了行动的场域，如果我们能从这点开始，那么我们就有希望能够解释在特定时间制度的存在，并有希望能够构建解释模型来理解导致制度变化的力量。但还需要我们做更多。我们必须拓宽经济学的视域，超越自莱昂内尔·罗宾斯（Lionel Robbins，1932）以来占主导地位的狭隘定义，即经济学关注稀缺资源的配置以满足冲突的目标，而对目标的考虑不在经济分析或经济学家的专业评论的范围之内。当然，有好的与坏的目标，正如有好的和坏的理由一样。一个孩子们上街拣垃圾的国家和一个同样贫穷但孩子们在上学的国家是相等的吗？允许，或者甚至鼓励儿童色情文学的制度安排和鼓励青年音乐家的制度安排难道没有差异吗？当经济学家们坚持认为，对于不同目标的优劣的“科学”属性没有什么好说的时候，他们犯了两个错误。

首先，这种不情愿意味着我们没有专业能力或义务来指出孩子拣垃圾而不在校读书这件事中严重的经济和社会含义。这些含义一定不能因为下面这个不足为道且荒唐的说法而被化解掉：或许孩子们在地毯厂工作（或者拣拾路边的垃圾）比他们呆在学校里更“有效”。第二个错误是宣称我们必须将自己限制在客观的“科学”中，这样的宣称欺骗了听众（和说话人自己），让他们相信，当经济学家确实只在谈论方法而不谈论目的的时候，这些言论真正是客观且与价值无涉的。这是一个虚构的谎言。对于目标保持沉默的标准义务给人留下的印象是，许多经济学家想象妓女与教师这两个行当在经济和社会意义上没有任何差异。经济学怎么会把在这样的问题上保持沉默视为“科学”严谨的本质呢？答案可以从逻辑实证主义的错误前提以及它的信徒的观念中找到——他们相信，只要有足够的努力，客观真理就会通过利己的个人主义模型显示出来。

与这种营养不良的经济观念相反，制度研究强调必须把经济学视为研究个人和群体是如何为了良序的生活而组织起来的。只有在这个更宽泛的定义下，经济学家才能够仔细地研究规定个人和集体行动选择集的制度。并且，在这个更宽泛的经济学定义下，经济学家最终才可能参与到关于好与坏的目标以及某个行为好与坏的理由的讨论中去，并使讨论富有建设性和实际意义。这样做需要一种关于人类行动的新理论，我将在后面的章节中发展这个理论。不过现在，让我们回到制度的主题上来。

对个体行动的集体控制

对于经济制度的研究在此涉及人类思想和行动的三个基本领域——伦理、经济和法律。

> 1. 伦理是关于行为的准则，这些准则起于不可避免的利益冲突，由稀缺性而变得必要，并由以集体唾弃为特征的道德制裁来执行。
>
> 2. 经济也是关于行为的准则，这些准则起于不可避免的利益的冲突，由稀缺性变得必要，并由带来财务损益的集体制裁来执行。
>
> 3. 法律亦是关于行为的准则，并且这些准则起于不可避免的利益冲突，由稀缺性而变得必要，并由有组织的（有国家保障的）集

体暴力制裁来执行。(Commons, 1931)

我们应该理解,康芒斯的“暴力”一词是指现代国家控制了诸如逮捕、监禁——甚至在极少情况下,死刑——等强制性行动的垄断权。换而言之,惩罚和复仇逐渐从由个人和家庭来组织的事情转变成了集体的权利。用奥利弗·威廉姆森(Oliver Williamson)的话来说,交易越来越不再是属于“私人秩序”的范围,而是由政府官员行使的国家集体权利来执行。

因为在多数情况下,我们对于经济制度的兴趣在于日常规则和产权关系(我在很大程度上忽略了习俗和传统的作用领域),因此容易理解我们为什么把重点放在了伦理、经济和法律上。经济制度代表了伦理和法律在普遍存在的经济行为中的应用,这些普遍存在的经济行为规定了我们的日常生活。更为具体地说,现存的经济制度代表着一些人的道德判断,在我们之前,他们处在决定采用哪一种制度安排的位置上。我们能够理解,现行的制度是一面镜子,映射了先前的稀缺性、先前的目标、先前的价值、先前的经济议程以及先前的政治过程。一旦制度准备就绪,个人和群体就开始他们的经济行动,这些行动对于他们自己和他人有着经济(和非经济)的含义。制度经济学的研究坚持认为,经济学家要结合所有三种制裁形式——道德、法律和经济的——来解释制度。

我们看到,任何经济体系都是由集体确定并表述的规则和权利体系所定义和参数化的,这些规则和权利体系表明个人必须或必须不做的事(责任),在没有他人的干预时个人可以做的事(特权),在集体力量帮助下个人可以做的事(权利),以及个人不能期望集体力量为他们的利益所做的事(无权利)。伦理构成了这些制度认知的基础(理由),法律领域提供了关于制度的详细说明和最终的执行,经济领域提供了个体在一个被制度(规则结构)参数化了的空间中行动的场域,这些行动同时也受预期财务损益的左右。

这把我们带到了显而易见的问题上：制度从何而来？它又如何（并为何）持续？一个简短的回答是，经济制度来自于民族国家的权力体系先前所做出的选择和行动。在政治领域，持续存在着对现行制度安排的重新评估，而推动重新评估的是这样一种日渐形成的感觉，即现行制度安排不再能适应新的环境，或者说，在现行制度安排的参数下，当前的行为似乎不再能带来理想的结果。这时，制度变迁似乎就成为必要的了。当思考历史上相同时刻不同国家施行的制度安排时，我们就能够看到这些先前活动的最终结果会有何不同了。有些国家对于新父亲漠不关心，而在挪威，他们被要求在孩子刚生下来的时候带薪休假一个月。母亲则有更加慷慨的假期，并能确保假期结束后，她们仍得到先前的工作。北欧别的国家也有相似的规定，但在美国却很少听说。在欧洲大部分国家，工人每年能得到 4 至 5 周的假期，外加通常的国定节假日。在另外一些国家，工人每年只有 2 至 3 周的假期。为什么——是什么理由——导致了这些制度差异的存在？它们之所以存在，正是因为民族国家的民主过程是基于并遵循着不同的社会优先次序。在上面的例子里，是因为不同国家的公民和领导对于本国生活中家庭与工作的作用有着不同的认识。

这些认识与在先的安排推动了制定法律的过程，当新的认识和安排出现时，新的制度就可能出现，这毫不奇怪。我们说经济制度是对限制、解放和扩展个体行动的集体行动的宣示。当我在这里说集体的行动的时候，我是指新的经济制度（不是规范和习俗，而是新的日常规则以及新的权利体系）是政府过程和结构的产物。换言之，经济制度是由我们称之为政府的国家代理者所给定的形式和内容（以及执行过程）。在此，政府包括村庄、氏族和其他运行实体中的权力结构。换言之，政府的观念不仅仅指那些工业社会里的权力结构（以及权力的代理者）。由“政府”一词指代的每一种权威体系都代表了集体权威，它存在于一位领导人、一个议会、某种法律体系或是它们的组合之中。

我们在此暂停一下，回想经济学的传统是将“集体行动”视为个人为了自己的利益宁愿舍弃市场交易中的个人行动而联合起来做的事情。大量的关于俱乐部和其他集体行动的文献，将讨论集中于个人的贡献水平、搭便车以及帮助群体实现集体目标的动机上。事实上，经济学中博弈论之所以流行，就是为了将个人参与联合（互相依赖的）行动中的行为模型化，这些行动有着不同的收益和成本，并取决于其他人采取的行动。

这里的集体行动的概念和传统的理解有着重要的不同。如果我们想理解民主市场社会中经济制度的含义的话，就得把定义（确定与再确定）个人选择领域的政府结构放在首位。其中，极其重要的是立法机构和议会的作用。我们知道，这些实体是民主社会中制定法律的机构；我们也知道，法律代表所有社会的基本制度（日常规则、产权关系等）。我们还没有完全理解的是，民主社会中立法机构和议会的活动构成了集体行动的实质内容。制定法律的过程是集体性的，原因正在于民主社会创造了立法机构和议会，而除了起草（以及再起草）我们称之为国家的这个运行实体的制度基础之外，它们就没有其他的目的了。我们可以将这些制度安排视为集体消费品，因为一个或多个个人的使用并不会减少它们为其他人服务的能力。虽然“公共”这个形容词经常导致误会，有些经济学家仍称之为公共品。将它们称作集体消费品或许更好——它们是非竞争性的，并且一旦一个人获得这种消费品，所有人都能够得到（即它们是非排他性的）。苏联要建立“好的制度”的努力，正是一个恰当的例子。如果存在一个由集体决定的法律体系来确定个体行动的场域，市场经济就会运行得更好。当不存在由集体设定并且执行的制度机构时——正如某种程度上前苏联现在的样子——经济交易就必须由“私人来组织（实施）”。

一个民族国家的成员同意——以明确或者暗含的方式——遵守由这个国家法律制定机构颁布的规则，这并不意味着他们在原则上一致同意了立法机构的所有规定。但是，这却意味着对相关立法机构管理的实体中的成员行为的一般性默许。我们可以说，在本质上立法是重新定义个体行动的集体行动。在宪政民主体制中，司法机构的作用是确保法律与作为指导的宪法原则相一致。司法机构当然构成在一个社会仲裁个体（或群体）间关系的基本要素；并且，司法机构本身的行动——包括单个法官的判决——也是构成集体行动的基本要素。这些司法判决是集体性的，理由是以其在社会中所承担的职务（官方的职位）的神圣性而言，法官既向这个政体中的成员宣示规则，也代表他们的利益。

基于民主社会中对集体行动的定义，我们看到，国家——通过其组织和过程——必然是所有交易的参与者。我说“必然是”，因为正是国家决定了哪些交易是允许的。引起幻觉的毒品、奴隶制以及敲诈在多数社会中是不被允许的交易。国家成员通过他们制定法律的实体宣称，不能允许这些交易的存在。一旦集体认为某个交易是可以接受的，之后的问题便是让国家批准交易合同以及交易的其他方面。毕竟，如果合同发生争执，除了去法庭，愤怒的各方还能去哪儿呢？国家不可避免地要参与任意一个交易。作为任意交易中的一员，国家时刻准备着为所有公民的利益而做出判决。通过同意作为私人交易的执行者，国家宣布，它关心参与合同的个人的福利；并且，它发出了一个信号，即它认为由一时冲动而导致的合同破裂有着很高的社会和经济成本。

通过成为所有交易的参与者，国家确定了个人的重要方面，并且释放并扩展了个人的权力。官方的分类确定了我们是谁以及我们能够做什么。*丈夫*和*妻子*这对词组是法律概念，因为国家设定了个人能够获得这些称呼的最低年龄（甚至性别）。成人的年龄必定是集体决定的，而这经常引起争议。在越战期间，美国的年轻人，尽管他们达到了征兵以及“为他们的国家而牺牲”（当时他们被鼓励参与此事）的年龄（18岁），却不能购买含酒精饮料（多数州都规定必须达到 21 岁）。事实上，在所有现代社会中，个人必须达到一个特定的年龄后才能持有驾驶执照。*工人*和*主管*这对词组具有法律上的含义，并且昭示了两者在命令和服从之间的多种关系。在公司中，“所有者”这个概念意味着很大范围的机会——因为在所有有关必要的生产要素的合同中，所有者都是核心。所有者是所有利润的剩余索取者——在负利润时是剩余风险的承担者。我们看到，个人的法律人格（legal personality）是由议会和法庭的集体行动决定的。除了限制和解放个体行动外，制度扩展了个体行动的领域。获得做某件事的权利——公民权、合同权或是财产权——意味着获得了要求国家保护你的特定权利的能力。我们再一次看到，国家以重要的社会和经济方式（所有者、工人）定义了个人，但是，它同样也赋予了这样的人对于国家机器——政府代理机构——的不同寻常的权力。获得一份权利是获得命令政府代理机构帮助你的能力。如果深夜我在后院发现一个小偷，我有权命令治安官尽快赶来。如果对于我的请求，治安官坚持说他很乐意在喝完咖啡后再过来，那么我有合理的根据向有关机构要求给予他纪律处分；我不能在治安官享受咖啡的时候被迫等待。我们看到，权利扩展了个人施于国家代理人之上的权力。

我们也应该能够理解在一国的领土内，国家重新分配各种有利资源、机会以及收入和财富。在一国的边界内，总是发生着调整特定制度安排的争斗。新的最低工资应该是多少？社会保障体系是否应该改变？如果是的话，该如何改变？医疗保险应该如何组织并筹措资金？是否应该给妇女带薪产假？如果应该给，那应该要有多少天全薪的假期？是否该给父亲产假？如果应该给，他和母亲的产假应该有何不同？这些议题确定了我们称之为民族国家的活动领域。毕竟，瑞典的公民们不太可能有机会就上述问题和澳大利亚的居民展开一场严肃的并且有法律约束力的讨论。

理解了制度是如何在民主社会中使交易产生并控制之，即我所说的配给交易（rationing transaction），看来现在引入市场经济中的第二类交易是有用的——买卖交易（bargaining transaction）。买卖交易发生在合法并且对等的心甘情愿的买者和卖者之间，是法律允许的关于未来净收益流的所有权的交换。买者获得了对一个新的收益（收入）流的所有权（不仅仅是占有权），而国家是唯一赋予这些交易对象、交易背景、交易环境"所有权"概念的实体。卖者(通常)收到了货币,这些货币可以投资于购买一个新的收入流,或者用于其他能够产生新的收益流的项目。康芒斯提醒我们,在一项买卖交易中,通常有四群人——成功的买者、成功的卖者、失望的买者和失望的卖者。在买卖交易中,两个支配性的观念是劝说和强制。当谈判的"力量"几乎相等时,劝说就会支配交易;另一方面,当一方享有高于另一方的经济和政治优势时——虽然在法律面前他们是平等的,我们会看到,强制而不是劝说成为决定买卖交易的相关因素。在一个市场经济中,对于大部分的个人而言,如果想吃饭,就需要出卖自己的劳动力,我们因此不能称那些参与买卖交易的个人是完全自由的谈判参与者。无论一些市场辩护士希望我们相信什么,选择不同市场(买卖)交易的能力并不意味着一个人的自由——所有这些交易都可能带来较差的结果(Sen, 1993)。真正的自由源于不必参与任何买卖交易(Macpherson, 1973)。如果除非参与一些买卖交易(进入劳动力市场),否则你就没饭吃,那么你并没有真正地摆脱强制。

虽然流行的关于市场经济的观念是将其视为一个普遍的提供买卖交易的场所,但事实上,市场经济是一个充满命令和服从的场所(Simon, 1991)。这把我们带到了市场经济中的第三类交易——管理交易(managerial transaction)。管理交易不涉及买卖交易中的财富转移,而是涉及财富的创造。买卖交易的参与双方通常在法律面前是平等的,管理交易与之不同,它必然包括上级和下级的交易者。另一个不同之处是,买卖交易有四类交易者,而管理交易只有两类交易者。主人(老板、领班)宣布命令,而仆人(工人和其他下属)必须忍受约束的痛苦。我们看到,管理交易中的支配性概念是命令和服从。当然,会有关于合理的与不合理的要求以及自愿的与非自愿的服从的争议。注意,在一个民主的市场经济中,关于"合理的"要求与"非自愿"的服从的定义必须经由制定法律的实体确认。我们还应该注意,一个曾经在 19 世纪的管理交易中被视为合理的要求,可能与在 21 世纪初被视为合理的要求有着很大的不同。什么是“合理的”，这本身就是解放、限制和扩展个体行动的集体行动的产物。集体行动的过程确定了社会可以接受的买卖交易和管理交易的领域，“合理的”这个概念将要且正在被不断地讨论，并由民主社会中的立法和司法实体重新定义。如前所述，在确定我们不断变化着的对于可接受的经济行为领域的观念中，制度经济学承认伦理和法律起着基本的作用。因此，我们说，经济总是处在“将是”的过程中。

我们现在可以回过头来，对先前提到的配给交易做更为清楚的阐释。配给交易之所以被视为交易，正是因为在一个民主国家中，受其影响的不同群体参与了关于合理的日常规则（制度）的交流和协商，而日常规则确定买卖交易和管理交易中可接受的和不可接受的参数。这些协商发生在立法机构（议会）和法庭中，它们必然包括争论与辩护。只有当立法机构和/或司法实体作出决定时，我们才碰到了命令与服从的问题。这些交易被视为配给是因为它们的本质就是配置——或改变——未来不同个人和群体间的收益和成本流。在配给交易中，“上级”不是一个个人（老板、主管），而是一个“集体”（立法机构/议会、法庭）。同样，“下级”不是雇员而是处在不同地位、有着不同能力的我们中间的所有人。如前所述，这意味着配给交易中的支配性观念是争论和辩护。当我说新的公共政策是一项新的释放、约束、扩展个人行动的集体行动时，正是配给交易包含（体现）了这一观念。立法机构和法庭以它们的行动重新设定了有利和不利的经济资源，任何法律和判决都是对一些人有利，而对另一些人不利的。人们处于有利或不利地位，是因为新的经济制度重新配置了——改变了——有利的和有害的环境设置的运行方式。在这些有益或有害的效应中，有些可能是货币上的，但不一定非这样不可。

要理解本书后面将要提出的关于行动的理论，此刻的核心是理解所有三类交易——买卖、管理和配给交易——都必定包含对于未来的思考和协商。换言之，制度变迁是由头脑中清晰的未来驱动并照其施行的。现存制度不能用此刻活着的人的选择和行为来解释。而通过确定个人对于现行环境和背景的认识，在遥远的过去或是近期起草的现行制度影响了此刻可以接受的（法律允许的）个人选择。换言之，一个时期的制度是过去的集体行动的结果——有时是最近的，比如去年的立法会议或是昨天的判决，有时也会是遥远的过去的。我们必须理解，通过我们生活于其中的现行制度，过去的价值、优先次序以及约定俗成的规则传递到了现在。相似地，当我们致力于回答什么事看似更应该做的问题时，我们会将对于这些问题的答案，通过新的制度传递给我们的后人。

对亚当·斯密理想化的经济哲学的一个最著名的挑战，来自于康芒斯对那个奇妙的解困之手——“看不见的手”——的批评。康芒斯认为，斯密是在求助于上帝的神圣旨意——而不是人们在行动中所表现出来的意愿——来构造他那童话般的机制，即所谓自利的屠夫、酿酒师和面包师会非常不经意地做出有利于他人的事情。注意，如此假设就是假设偶然的神的旨意；在我们的世界中，这种事情很少发生。哈耶克对这种奇妙的力量做出了更为具体的描述，并把它称为“自发秩序”。这个极具诱惑力的隐喻，继续支撑着有关源自完全市场过程的——正如有些人喜欢说的那样，“免费的”——无数奇迹的乌托邦主张。对于那些乌托邦空想家以及他们愉快的故事来说，很不幸的是，我们所生活的世界的秩序不是自发的——或是由神的旨意提供的，而是构建的。制度就是那些被构建的秩序。

结语

当我们把经济制度视为我们生存的基本秩序或架构时，我们就开始理解它们了。制度代表了集体对于个体行为的限制、解放和扩展。恰当地理解经济制度及其变迁要求我们认可情感行动的三个领域——伦理领域、经济领域以及法律领域。在任何社会，伦理和法律结合在一起，为应该、可能以及不可能从事利润和损失计算（经济计算）的领域确定了参数。制度决定了在个人和群体经济计算的宏观层面上，哪些收益和成本应该、可以或不可以落到哪个参与者身上。伦理信仰和法律推断的演化——以及相互反射的——性质持续地重新定义着可以接受的行动领域，在这些领域中，成本得以转移，收益得以留存。因此，我们可以理解，收入（和利润）的概念本身就是一个社会构造。如果你怀疑这一点，就请与一位熟悉美国和欧洲会计规则的会计师交流一下吧，你会很快了解到在两个不同的社会、经济与政治环境中，利润和亏损的概念是如何不同。多数经济学家对利润感兴趣，而利润本身是被构造的。

我们称之为国家的集体政治实体一定是也必须是所有交易的参与者，不可能是其他情况。然而，国家参与到每件交易中的方式，随着交易的不同而改变。在有些交易中，简单地靠日常规则就足够了；而在另一些交易中，未来收入流是关注的重点，这时财产关系就是必须的了。接下来，我们就要分析并阐明不同制度的确切结构。

第四章　制度的内容

法律，以其威严的平等性，禁止穷人同样也禁止富人在桥下睡觉、在街上乞讨以及偷窃面包。

——阿纳托尔·弗朗斯：《红百合花》(1894)

建构的秩序

我在前一章中发展了一个观念，即经济制度是立法机构和司法实体——立法机构/议会和法庭——的产物。有了这样的观念，我们就可以理解，在任何时刻我们都必须将经济视为一组建构的关系。也就是说，在分析任何经济时，我们都必须考虑定义、构造这个经济并且赋予它以意义的制度。这些制度包括——但不局限于——所有权、合同法和破产法、信用法、普通公司法、婚姻法以及关于民事侵权行为和意外事故的法律。这些制度旨在给予我们的生活以秩序，并确定其结构。

长期以来，政治哲学承认冲突由稀缺而来，然而，同样是由于稀缺和冲突，人们之间产生了相互的依赖。斗争和依赖的结合产生了普遍对秩序的要求。亚当·斯密假设秩序是古老的供给问题逻辑和神性的结果，他利用这种方法巧妙地解决了秩序是如何产生的这个基本问题。斯密认为，我们有吃的不是因为屠夫、酿酒师和面包师的善心，而完全是他们的自利在起作用。从这句话来看，由自利驱动的劳动分工能带来物质上的富裕以及个人的解放。这是一个非常鼓舞人的想法。建构秩序以及评估建构秩序的规则需要一种机制，而要使人们在这些机制上达成一致则需要非常艰苦的工作，能够避免这些工作是多么美妙的一件事啊！这个秩序能够简单地从对我们而言轻而易举的事——即充分表达占有的个人主义——中产生而无需协调，这对于我们来说多么幸运！

但事实上，这一期望太乐观了，以至于让我们想到了魔力。哈耶克因为自己提出的“自发秩序”（spontaneous order）的观念而振奋不已（1960）。并且，在对经久的经济学格言“天下没有免费的午餐”的直接挑战中，哈耶克找到了一顿这样的午餐。具有讽刺意义的是，那些最倾向于坚持认为没有免费午餐的人，往往是最热衷于说亚当·斯密的看不见的手就是这样一顿午餐的人。经济学中的自发秩序等价于物理学中的永动机。但是，和“永动”这个概念一样，自发秩序这个概念是一个壮丽辉煌的幻想。事实上，人类的真实情形是，我们需要通过不同形式的人类组织——家庭、村庄、氏族、民族国家——来建构秩序，这些秩序确定个人选择的参数和集合（行动的领域）。

当我们理解了制度是运行实体的日常规则后，我们便可以开始理解日常使用的关于制度的概念——它是诸如美联储体系或者大学这样的组织的同义词——与这里要探讨的核心主题的区别了。注意到像天主教堂或者一个公司这样的组织从规定它们的日常规则（制度）中获得意义。要理解这一点，只需假想你要试图向一个孩子解释天主教——或任何宗教，你给出的“解释”必然包括组织的日常规则以及天主教的信仰（也是日常规则的一部分）。注意，在这里必须把“信仰”理解为对遵从天主教日常规则的承诺，它是一名天主教徒之所以成为天主教徒的意义所在。一个坚持佛教戒律（和相关信仰）的人不可能成为一名天主教徒。

如果我们将注意力转移到一个大学上，对于其组织形式的解释同样会包括一系列关于大学做什么与不做什么，它的功能与非它的功能，以及在其中个人起到的作用的回答。注意，对于组织的每一种描述（或解释）都可以简化到对组织的日常规则的描述。从某种意义上来说，日常规则就是组织。同样，如果你希望解释“公司”的概念，你必须用规则来定义它，而使之有别于一个独资企业或一个有限合伙企业。这些日常规则（制度）对于由它们所描述的组织具有建构性的（constitutive）意义。

我用“建构性的”这个词指代这样一个想法：一个组织的日常规则既向外部观察者介绍了组织的身份和意义，又决定了它的成员/雇员在现实中将如何开展他们的活动。通过美联储做什么事以及它如何执行它得到授权去做的事，我们“知道”了美联储。同样，通过一个大学做什么（教育学生、开展研究）以及它如何开展人们普遍接受的活动（以一定的频率和期限组织讲座以及组织研究实验室），我们“知道”了大学。显而易见，正是美联储的日常规则——或一所大学的日常规则——决定了它做什么以及它的雇员将如何开展他们的任务。通过你的规则，人们了解你。一旦人们理解了日常规则以及它们的具体指代之后，聪明人们一般不会认为美联储是在教室中教育年轻人，而大学是调控货币供应的。对于这个想法，皮尔斯有一个更为精妙的阐释。查尔斯·桑德斯·皮尔斯认为：“我们构造思维对象的途径，是考虑这些对象可能具有的可以想见的在现实中的效果。然后，我们关于这些效果的概念就构成了我们关于思维对象的全部。”（Peirce，1934，p. 1）

理解运行实体——无论是公司、政府机构、大学或者国家——要求我们将这些实体的日常规则与因这些规则而生的可见现象相联系。对于皮尔斯而言，正是我们关于这些现象的概念构成了我们关于运行实体的概念。我们看到日常规则（制度）由一系列条件组成，这些条件说明了个人能够做的事与不能做的事（如果他们希望保持作为组织的一名成员的话），以及他们能够或不能够期望组织帮助他们做的事（如果他们仍然是组织的成员的话）。日常规则（制度）定义了组织。在这个意义上，组织不是制度（日常规则），它们（组织）是由制度（日常规则）构成的。这些制度首先向世人定义了一个组织；其次详细阐释了这个组织内在的本质。这两类制度能够在现行的法律、宪法、议事程序、宪章或组织的管理条例中找到。对于一个公司，第一类制度详细说明了要成为或者保持作为一个公司所必须遵守的步骤。第二类制度详细说明了如何认命官员，如何保持财务纪录，以及如何作出行政决定。

因为制度是集体决定的、用来确定可接受的个人与集体行为的规则，它们是双向期望的集合。一个制度的概念是有关相互性的陈述——是对相互关系和对偶性的陈述。这种相关的本质由法学学者霍菲尔德(W. N. Hohfeld, 1913, 1917)发现的，他提出了构成一个社会中个体间法律关系本质的四个偶对的集合。这些法律关系(权利—义务，特权—无权利，权力—责任，豁免权—无权力)包含在由康芒斯发展的制度经济学中，康芒斯使用了稍微不同的术语建构了他借以分析集体的、经济的和社会的关系的基础。

所有人类活动都需要有利于社会过程的合法化规则，日历与钟表就是这样的规则。时间是一项社会制度，它为我们日常的生活提供了规律与结构。任何社会环境中都为其成员订立有关可接受行动的行为准则(制度)。这些制度可以是世俗的，也可以是宗教的。信奉犹太教和穆斯林教的个人不能吃猪肉，并且他们通常希望以某种方式来加工食物。天主教徒曾经出于良心的谴责在周五不吃肉。有些宗教不允许跳舞、打牌、抽烟以及喝酒。另外有些宗教不限制喝酒，还有一些允许一夫多妻。

我们的日常生活充满了规则——习俗的或正式的——他们都是关于个人行为的肯定或者否定的信号。注意到一个限制A(可能是个人或由个人组成的群体)的制度同时解放了B(也可能是个人或由个人组成的群体)。将制度仅仅理解为限制，这一观念显然是源于将市场视为自然的机制并且认为市场在不受到“干预”的情况下运行是最佳的。如果没有规定了所有权、规定了什么是成本以及规定特定情况下谁必须向谁支付的现行制度结构，市场就不可能存在，但是我们不能因此就把制度视为对于市场的限制，这在逻辑上是不成立的。并且，正如我们知道的那样，市场不仅具有限制功能，而且也具有解放功能。

当我们意识到，在秋天不能再把院子里的落叶收集起来烧掉的时候，或者意识到不能再允许狗不受约束地在邻里间乱跑时，我们就认识到了制度的互惠性本质。我那位患哮喘病的邻居无需再忍受我燃烧树枝时释放的浓烟，我不再需要修补乱跑的狗破坏的灌木，也不需要费时去把那些不受欢迎的家伙驱逐出我的院子了。对时速的限制表明了我能把车开得多快，以及我能期望其他机动车司机开得多快。食品与药物的标准确保我的奶酪确实是奶酪，我的肉确实是肉(并且有理由相信可以安全地食用)，以及我服用的疟疾药丸——以一定的概率——是安全的。

巴黎的标志性建筑风格是复折式屋顶*，它提醒人们，制度能够产生特定的行为和结果，它们在长期中不仅会变成社会规范，而且也会变成伟大之美与供人景仰的标志。复折式屋顶是建筑师弗朗克斯·曼萨特(Francois Mansart，1598—1666)对一项对房屋高度进行征税的规定的聪明反应。建筑物的主人总是希望在日益拥挤的市内景区拥有更多的空间，他们认同了曼萨特模仿意大利而创新的建筑，在这些建筑的屋顶下可以添加额外的一层并且不用为此缴税。另一种解释是，在斜坡下添加一层是迫于对建筑物高度的限制，而不是对于高度的征税。无论是哪种原因，复折式屋顶都为主人提供了更多的空间，并且开创了建筑学中的一个特定的流派和时代(即花花公子艺术，beaux arts)。

还有一些制度更为微妙，但同样重要。在大不列颠以及它的大部分前殖民地，人们靠马路的左边驾车。直到 1967 年 9 月 3 日，瑞典的司机也是如此。在多数其他国家中，人们靠右驾驶。只要人们都靠着马路的同一边驾驶，究竟走哪一边真的没什么重要。选择驾车的方向对于经济也没有什么大的影响，然而它确实规定了人们的行为。其他一些旨在提供合法性的制度被称为习惯或者习俗。人们对老人通常示以尊重，而幼小的孩子在马路旁也会受到特别的照顾，在多数国家中人们也会遵守排队的秩序。

---

* 屋顶的坡面由两折构成，下面一折比上面一折陡。——译者注

我们对于制度感兴趣是因为新的公共政策仅仅是立法、行政与司法机构制定的一组新的制度。因为国家、地区或地方一级的新制度代表了限制、解放和扩展个人行动的集体行动，立法的分支机构（或法庭）颁布的一项新的法律或法规直接改变了先前的集体行动（或惯例），修改了现行的个人选择域。有些个人会受到新的日常规则的帮助，而另一些人则会遭受损失。那些因新的制度安排而遭受损失的人很可能会对政府的“干预”行为表示遗憾，因为政府干预了那些他们认为在过去获得批准的、因而现在仍然合理的事情。相反，那些在原来的制度安排中遭到损失的人会因他们新近得到的宽慰而感到欣喜。

如果将允许人们在公共场所内吸烟视为习俗，那么，那些想抽烟的人会认为改变这种行为的集体行动（譬如，由一个城市的议会决定）侵犯了他们已有的在公共场合抽烟的先定“权利”。事实上，这正是吸烟者如何看待（并且抱怨）新制度的。注意，随着时间的流逝，之前存在的行为，无论是否得到官方的（法律的）批准，都会带上权利的光环或是被假设为是有权利的，尤其是那些在原来的状况中得到满足的人。当然，从来没有任何法律宣布在公共场合抽烟是合法的，也没有法律允许化工厂可以向一国的河流中倾倒任何有毒的物质。这些现存的行为仅仅是先前“没有法律”时人们的行为。事实上，通常的情况是至今还没有阻止这些行为的法律。我们可以回想一下，随地吐痰曾经被视为可以接受的行为，而打个响嗝被视为对一个厨师的最高赞赏。然而，今天很少有人会行使他们在公共场所吐痰或打嗝的“权利”，他们也不太可能抱怨在这种情况下他们失去了自由。正如康芒斯所指出的，个人通过适应现行的习俗和惯例形成了他们的意识（Ramstad, 2001）。在某种程度上，我们为此变成了现行制度安排预设——事实上，经常是强迫——我们必须成为的样子。如果不是这样，还能是怎样的呢？今天的孩子们不会觉得无线电话有什么有趣的了；在许多国家，新的习俗正在形成，婚姻似乎不再是个人生活的必要前提，对此，今天的孩子们也不会感到有多少疑惑。成年人很快会相信公共场所——包括在狭窄的飞机中——不再充满令人讨厌的香烟、雪茄和烟斗发出的烟雾是“正常”的了。而对于那些从来没有在其他制度环境(如允许烟雾的制度安排)下生活过的孩子们,如果他们没有意识到制度所带来的差异,就是可以谅解的事了。他们所要适应的并因此习惯了的社会安排和环境,与他们长辈的大不相同。正因为如此,他们才不同于我们这代人。

不同形式的合法性行为以不同的方式被编码为我们文化的一部分。早期的房东—房客的关系渐渐地变成了惯例,即房客需要支付押金以确保日后不损坏房屋——押金几乎就是张绩效债券。很快,这个惯例出现在大部分的租赁合同中,而房客支付押金成了法律上的义务。另一方面,收下这笔押金变成房东的义务(Schmid, 1986)。这种做法从一个惯例变成了“法律”,如果房客离开时房屋完好无损,那么房东有责任归还押金,而房客有权利预期适当的行为能够带来押金的归还。同样,通常的情况是,押金必须分开放在能够产生利息的账户中,这样,这笔钱就不会被挪作他用。如果房屋没有损坏,则必须将押金加上利息归还房客。当存在很好的原因让演化持续下去时,惯例就会演化为法律;其他一些惯例则或者保持不变,或者最终消失。事实上,我们可以将法律范畴理解为早期惯例的编码,而那些惯例被证明具有持久的有用性(价值)。

作为先前集体行动产物的制度确定并建构着我们每天的生活。制度必然是集体行为的显示,理由很简单,个人不能够制定集体能够接受和不能接受的行为安排,只有集体本身才可以。这就是政治领域中集体行动的基本目的——对我们(并为我们)做我们无法对自己(为自己)做的事。集体行动的领域建构了个体行动的范围——即选择集。源自立法机构与法庭的制度确定了新的选择和禁止领域,在其中,个人可以或不可以做他们日常生活中的某一些事。但是,如前所述,当发生制度变迁时,有些人的行为会受到新的约束,他们因此必然会抱怨政府的“干预”或者他们的“自由损失”。注意,这里的逻辑上的不一致。

根据康芒斯的观点,权威机构(立法机构与法庭)带着头脑中的目标，以其能动性创造了制度结构，而我们在日常生活中已经对此习以为常。换言之，“权威人物的能动性……是行为的原因，这些行为是运行实体中的公民所期望的”（Ramstad 1990，p. 81）。通过习惯于这些制度，我们中的每个人必定不是根据自由的意志而行动的，而是基于康芒斯所称的“制度化的意识”而行动。一旦在现行的经济生活过程中碰到了问题，即一旦人们认为现行的制度安排会引起不想要的结果，人们就会怀疑那些制度的有效性以及合理性。人们怀疑制度正是因为它们可能引至不令人满意的行为。

看似自相矛盾的是，针对问题情形的“可行的解决方案”的形成过程与人们早已习以为常的惯例密不可分。这就是说，习惯化的意识认为现在的习惯、现在的选择和现在的行为是合规的、正确的以及恰当的。康芒斯称之为“制度化的人格”（instituted personality），它把我们带到了这样的观念上，即目的和期望引导着解决问题的方法的产生，而这些目的和期望正是康芒斯所说的制度原因的实例。换而言之，现行制度是日益出现的问题的可能原因，因此，新的制度会成为解决这些日益出现的问题的可能原因。

正是因为个人的选择是当前的日常规则（通过现存的制度安排）所塑造的，并且现在的市场力量和过程本身反映了（并扎根于）这些由能动性所创造的日常规则，所以，如果被塑造的（制度化的）个人以如下的理由来反对经由法庭或立法机构所形成的制度变迁就缺乏逻辑上的一致性——这些理由包括认为制度变迁是强迫性的，或干预了他们的“自由意志”的施行，或限制了他们的“自由”。这些理由是错误的，原因恰恰在于，制度变迁所针对的主体——即他们已经适应的惯例——本身就不是自由意志或自由的实施。通过适应不断演化的制度安排，人类的大脑已经被社会化过程塑形了——或通过逐渐被认定为常态而被“归化”（naturalizing）了（Ramstad，1990，p. 81）。

正是由于相同的原因，对于新的制度破坏了有效的配置的埋怨——如一项税收，一项城市规划所施的限制，或者一项为所有雇员提供医疗津贴的法令——不会得到认真的对待。这样的埋怨以及尝试收集在何种程度上经济遭到“扭曲”的证据的调查必定是虚假的，因为那些实施调查的人应该知道，必须从制度安排的角度来理解对于配置效率的计算，制度安排说明了哪些成本和收益必须被记录下来——无论此刻它们是否能被货币化。因此，这个问题不能当作一个配置效率的问题来计算。在学术上唯一诚实地（以及在理论上正确地）考虑这些新的制度安排的方法是探讨谁的意志——谁的利益——在掌控着这些新的制度安排的产生，以及这些新的日常规则的目标是什么。所有其他问题都是假的，其目的仅仅是为了转移人们的注意力。

在此，核心要点是“习惯化的大脑”这个概念把我们引领到一个有趣的事实，即制度只有在将要经历变迁的时候才会引起人们的注意。突然间，我们开始从日常规则的角度来反观这个规则和我们习惯化了的行为之间的联系。我们并不是非常在意制度的变迁，而是我们基于规则的习惯性行为。规则是不值得我们去为之抗争的；习惯性行为——在我们的想象中事情的“正常”状态——才是值得我们为之一战的；尤其当别人的习惯性行为——如在公共场所抽烟或是损坏美丽的自然景观——让我们非常讨厌时，抗争更是值得。

制度的争议性本质与其说是产生于制度的存在，不如说是产生于制度的变迁。正如我们在上文看到的那样，这个特征必然源于这样的事实，即个人在一个特殊的制度结构中成长并社会化，他们没有判断和评估特定制度结构的参照对象。他们的参照对象永远不会是过去的制度，他们唯一的参考是，现在或是在可以预见的将来，日常规则的结构能否实现（对他们来说）有用的目标。维特根斯坦告诉我们，我们的语言（并因此，我们的智慧）会在世界的尽头终结——反之亦然。只有当制度变迁变得必然的时候，人们才会倾向于保卫那些突然受到威胁的原来的状况。在此，我们可能注意到类似于“嗅觉梯度”的情况，即人们在生活中只能闻到气味的差异，而闻不到正常的（背景）气味。当我们走进一间厨房时，那里准备好的美味菜肴散发出的诱人气味令人惊叹；

一段时间以后，美妙的气味没有消失——只是我们闻到（察觉到）这些气味的能力消失了。我们的嗅觉迅速调整到了新的“标准”上，并使我们不再能注意到这般迷人的香味，我们很快就习惯了。

三类制度

习俗和惯例

习俗和惯例是不成文的但被普遍接受的行为规则，它们产生秩序、礼仪并预言人们之间的关系。习俗不是由权威机构凭借其身后的国家力量决定和宣布的。我们最好将习俗理解为我们母亲教我们做的事情。习俗是在日常生活中继承下来的习惯，这些习惯构成了特定文化中社会化所指代的大部分含义。东亚人用筷子吃饭，而欧洲后裔用刀子、叉子和勺子，然而，从来没有任何关于此事的讨论或者集体决定的规则规定人们一定得如此。

习俗和惯例的执行者很可能是个体周围的其他人。比如，年轻人被社会化到一种生活方式，在很大程度上，这种生活方式要求他们理解并采纳家庭和大众的习惯。家庭及其逻辑上的外延传递并监督这些期望行为的执行。这并不是否认习俗的重要性，这些习俗存在并贯穿于我们成人生活的更大范围的社会交往中。我们在年轻的时候学到了习俗，然而在我们成长的过程中，习俗主要是靠我们自己的行为准则来执行的。事实上，那些不适应社会的人虽然不一定是罪犯，但拒绝了一些我们其他人视为社会（并且可能是个人）责任的习俗和惯例。

由此，我们看到习俗和惯例必须区别于那些有正式（成文的）执行机制相伴的制度。在英国，司机从来不需要达成一项应该在马路的哪一边驾车的协议。所以，虽然特定的行车方式是作为一种习惯（或者习俗）出现的，但在此种情形下（比如，和一个地区对吃饭器具的选择相比），不遵守习俗的行为会带来社会成本，这就意味着它的遵守程序必须由国家来制定，以强制人们恪守业已形成的习俗。

日常规则

我们现在来讨论第二类制度，它们从有意识的社会行动中产生，并且要求由权威的规则和制裁构成一套正式结构，因此，它们是带有法律裁制期望的规则。我们必须通过这些规则更加正式的——即法律的——外衣来理解它们。因为制度是集体的规则，它们确定了社会可以接受的个人与集体的行为，因此制度是双重期望的集合。制度这个概念总是有关相关性（或对偶性）的。对康芒斯而言，制度是日常规则，它表明了：

> 个人必须做的事或者必须不做的事（强制或责任），在没有他人干预的情况下他们可以做的事（特权或自由），在集体力量的帮助下他们能够做的事（能力或权利），以及他们不能期望集体为了他们的利益而做的事（无能力或责任）。(Commons 1924, p. 6)

在转向对这些霍菲尔德相关性进行更为细致的讨论之前，必须先对法律关系（legal relations）和法律体系（legal systems）作个区分。显然，没有哪个社会能够在缺乏社会秩序的情况下运行。社会这个组织的制度安排创造了能让它运行和生存的社会秩序，这些秩序公布和执行的方式构成了这个社会的法律体系。法律体系不一定需要法庭、律师和监狱。一个社会拥有一个能够带来社会秩序的规则和制裁所组成的结构性集合就足够了。我们可以将其理解为社会的权威体系。但是这些制度不一定是成文的规则，也不一定是世俗的，或是宗教的。重要的是集体成员对它们的认可。只要这个条件成立，就存在一个法律体系。这是最宽泛意义上的法律体系。社会认可一个构成人们之间特定秩序的集合，这就构成了一个法律关系。

现在回到霍菲尔德的基本法律关系，想象两个人，A 和 B。回想一下，每个群体都有自己特定的法律关系。想象 A 是一个人（一个个体)，而B是所有其他人；一个社会的实体(A)可能是一个人，也可能是一个群体，它与另一个社会实体(B)相抗衡，B可能也是一个人或一个群体。表4.1表示了基本的法律关系，其中对霍菲尔德的术语做了少许的修改。

表4.1　法律关联

	A←	→B
静态关联	权利←	→义务
	特权←	→无权利
动态关联	权力←	→责任
	豁免←	→无权力

在霍菲尔德的体系中，一项权利意味着A拥有国家认可和执行的预期和保证，以使B在和A打交道时的行为符合特定的方式——譬如，A可以预期B的行为不会损害他的利益。一项义务意味着B对A的行为必须符合特定的方式，B的行为必须不能与A的利益相悖。注意，A的法律地位是与B的法律地位成对出现的，A有权利，B有义务。

第二种关联是特权和无权利。如果A对B拥有特权，那么她(A)就能够自由地行为，而不必考虑这个行为可能会使B遭受的损害。例如，A可以自由地将有毒污染物排入B需要捕鱼的河中。B因为处于无权利反抗A的特权的地位，在这个成本转移的例子中，他就无法减轻自己的不幸。如果B试图去阻止A，他会被告知：现在"没有法律"来阻止A的行为，B没有权利。2000年的5月，被称为"爱虫"的电脑病毒在菲律宾释放，它在全世界范围内破坏电子邮件系统，导致了数以千万计美元的损失。但是，菲律宾检察机关撤回了对一名涉嫌释放病毒的男子的所有指控，原因是没有可适用的法律。正像前面所说的，特权是"没有法律"的状态，因此一个人可以嫁祸于他人而不必考虑后果。

我们来进一步澄清一下权利—义务关联与特权—无权利关联的区别。考虑一个太阳能接收器的例子。如果我的邻居可以自由地让他的遮阴树不断长高，以至于使我的太阳能接收器失效，那么，此时就是他有了法律上的特权，而我没有了对阳光的权利。反之，如果一部新的关于本地土地使用的法律能够保护我家免于树阴的遮蔽，那么我突然间就有了对阳光的权利，而他有义务不得干预我获得来自太阳的能量。在这个例子中，希望阳光不受阻碍是我的权利，而保证这件事情不会发生是他的义务。注意，这些是在一个特定时间点上定义的法律关系的静态关联。

从动态的视角来看，拥有*权力*是指有能力在违背他人意愿的前提下迫使其处于一个新的法律境况之中。如果 A 拥有权力，那么他可能会将 B 置于一个新的法律境况中，而这个境况不是 B 选择的。但这个能力是从何而来的呢？这个能力源于 A 拥有的获得某个权威（国家）的强制力量的能力，它可以将 A 的意愿施加到 B 的选择集合（行动的场域）之上。国家（或相关的权威体系）是将 A 的权力施加到 B 身上的必要参与者。当 A 有权力时，B 就有*责任*忍受 A 对他的强迫，A 有能力强迫 B 处于一个新的并且是非 B 所愿的法律境况之中。如果 B 可以避免 A 试图构造的新的有损于 B 的法律关系，那么我们就说，面对 A 欲将 B 置于其所不欲处境的尝试，B 拥有*豁免权*。当 B 拥有豁免权时，我们就说 A 无权力。*无权力*意味着 A 不能将 B 置于一个他不喜欢的法律境况之中。

在霍菲尔德的体系中，A 和 B 的地位是对称的，即无论从谁（A 或 B）的地位来看，法律关系都是相同的。不同之处"不在于关系之中——因为关系总是涉及两个参与方，而是在于（A 和 B 的）地位和角度，……它们一起构成了关系中一对相反的事物"(Hoebel, 1942, p. 955)。

我们可以将这四组法律关系分为主动的和被动的。权利—义务关系和权力—责任关系是主动的，因为它们代表了国家权威（或恰当的权威体系）之下的命令关系。另一方面，特权—无权利和豁免权—无权力关系是被动的，因为它们没有受制于直接的法律强制。另一方面，它们确定了国家法律行动的界限，即它们指明了哪些种类的行为无关国家的利益。如同我们在特权的例子中所看到的，如果 A 污染河流（并杀死了河中的鱼）的行为损害了 B 的利益，国家会声称这件事与它没有任何直接的关系。

在现代法律体系中，每一种 A 对于 B 的权利都要靠国家规定的义务来实施，它强迫 B 要履行他负有责任的义务。也就是说，如果你拥有一项权利，你知道并且能够预期，国家的强制权力将持续地施加到一些人之上，让他们承担对应于你所拥有的权利的义务。事实上，故事还不止于此，要拥有一项权利必须要能够强迫国家保护你的利益。注意，如果 A 有一项权利，这说明 A 不仅仅是获得国家直接支持的被动接受者。事实是，当国家授予 A 一项权利时，国家准备好了保护 A 的利益并且反对他人的要求和侵犯。这是一份协议，它显示国家会将强制力施加到那些对 A 的权利负有义务的人之上。我们再一次看到，国家是每一笔交易的参与方。

所有权关系

最后，我们讨论第三个层次的制度安排，它们涉及由对特定的有价值的物体或境况的所有权带来的收入（或收益）流。我们称这些特定的制度安排为所有权关系。所有权关系——和所谓的民事权（civil rights）一起——构成了一个政治社群成员间最基本的社会结构。有关民事权的法律是关于一个政治团体中所有成员期望其他成员如何行为的赋权，而所有权关系是政治团体中的成员关于特定收入（或收益）的集体保证——它通常（但不仅仅）和土地所有权有关。不过，对于小件精美物品的所有权争议也是经常发生的。

当我们清楚地理解了基本的日常规则——权利、义务、特权以及无权利之后——将这些法律关联扩展到表示货币上收益和损失的情形就是顺理成章的了。获得对于特定行为的权利（比如自由集会和自由言论的权利）是要获得强迫国家保护你能够集会或者言论的能力。要获得未来经济中收益流的权利是要有强迫国家保护——以及在必要的情况下赔偿——你控制那项收入流的权利。我们称这些权利中的第一项为民事权利,第二项为所有权。

所有权从国家或一个相当的权利体系的强制行为中获得了它们在经验上的内涵,这些强制对所有其他人施加了义务,要求他们不得干预所有者获得的源于被保护物体或处境的收入流。当我们在分析所有权关系时,非常重要的是要克制将这些关系仅仅理解为所有者与万能且干预性的政府之间的二重关系。只有当我们理解了所有权关系不是一个个人(通常称之为一个"所有者")与政府的二重关系之后,我们才能对这个概念有清楚的理解。事实上,所有权关系必定是三重的,即必须被理解为确定以下这些事物之间关系的社会安排:(1)我们称之为"所有者"的一个人(或者几个人);(2)对于所有者及其他人有价值的物体或处境;(3)一个政治组织中所有的其他人。当我们以这个方式考虑所有权关系时,我们就能理解所有权的本质是基本的社会制度。

在经验现实中,所有权关系将一个政治组织中的所有成员都放置在一个有关有价值的资产和处境的特定位置上。所有权的本质——经验的内涵——是社会准许的排除他人的能力。一项著作权能防止他人以损害创作者的方式获得利益,而一项专利给了发明人暂时的保护。私人对于土地和其他相关财产的所有权准许了所有者对他人的排除。当法律规定我不得侵犯那些花费多年劳动做出发明的人拥有的专利权时,似乎我没有任何损失。然而,在特定的处境下,这种排除的确可能造成损失,正因为这点,土地和其他有价值的物品的所有权经常引起争议。如果南非的金矿被一个大公司拥有的话,那么整个经济中的经济关系就以特定的方式受到它的影响。如果在一个特定的国家中,几个世袭的家族占有了大部分最好的农业用地,并且这些家族庞大而负有侵略性,那么,要避免因缺少土地以及由相关的社会问题带来的社会成本不是容易的。亨利·乔治(Henry George)如此阐述:

> 将一百个人放到一个孤岛上并且不让他们离开,无论你让其

> 中的一个人拥有对于其他九十九个人的绝对的控制权，还是让他拥有对岛上的所有土地的控制权，对于这个人或是其他人而言都是无差异的。[George，1995(1905)，p. 347]

所有权关系不可避免的是会引起争议的经济和社会关系。若要成为一项具有巨大经济价值的物品的所有者，一个人需要处在两个非常有利的地位上。首先，个人要拥有一项权利（在这个例子中是所有权）就需要具备极佳的强迫政府的能力，让它在必要的时候运用其强制力量来保护你的利益。我已经将这种情况描述为扩展个人行动的制度变迁。当政府赋予一项所有权时，它必然承认它有持久的义务去保护那些被授予所有权的个人的利益。但是，这个保证尚不能使个人处于足够优势的地位，我们还必须注意另一项物质上的优势。一个人要想在市场经济中获得一些有经济价值的物品，他需要处在卖方的位置上。在一个市场经济中，人们总是希望成为卖方而不是买方。进一步，作为卖方，人们希望出卖的不仅仅是自己的劳动力。如果一个人在市场经济中只有劳动力可以出卖，那么他就完全处于那些需要购买劳动力的人的支配之下。如果人们不仅仅拥有劳动力，而且还拥有其他具有巨大经济价值的资产——土地或者是其他形式的资产——那么他就不仅仅是一个卖者。在一个市场经济中，经济优势属于那些处在卖方而不是买方位置上且拥有多样和有利的资产组合的人。

对于大部分观察者而言，“所有权”一词的含义是清楚的，即在考虑了特定的政府约束和限制之后留给个人的全部权利。我们可以承认个人（或者群体）拥有土地和相关的资产，并且我们知道，这些资产的市场价格和先前的所有者签订的相关合约以及社会的日常规则有关。所有权意味着所有者拥有一定程度的主权，这个主权是有限并受到约束的。然而，正如前文提到的，有限的所有者主权意味着邻居拥有一定的自由。所有者不得在自家院子里筛选沙石的义务，是邻居拥有的获得一个没有尘土的未来的权利；所有者不得在城市的某些地块上建造旅馆的义务，是邻居获得一个安宁的夜晚的权利。

我们必须将所有权的本质理解为一项收入流或收益流(Bromley, 1991; Macpherson, 1973)，即将所有权视为个人(或者一个由个人组成的群体)希望在未来能够获得并且掌控的一项收益流。基于这样的理解，所有权关系要求一组权利，它们能赋予收益流以现实的内涵。当我获得了一项所有权(一项得到准许的关于某个物品利益的所有权)时，它意味着我能够依赖我生活其中的政体的权威体系来保护我对那项收益流的权利——即我的所有权。事实上，正如我们所看到的那样，我能够向那个权利体系要求获得保护。所有权是关于集体准许的预期，并且是由集体根据拥有所有权的人的意志和命令来执行的。

所有权的社会内涵源于这样一个事实，即国家必须同意准备保护所有者从收入流中获得的利益。为什么国家要同意这项安排？因为那些确定国家目的的人们——权威人士——认为这样做是符合他们的利益的。这其中没有什么秘密，想一下究竟为什么那些拥有经济资产的人会坚持认为国家(以及政府)的目的就是为了“保护所有权”就会明白。但你很少能从没有任何受所有权保护的资产的人们那里听到同样的主张。对于所有权存在争议，是因为过去偶得的收入途径——譬如，为了避免处理工业废物的高昂费用而直接把它们排到附近河中的能力——会被那些从这项有利情形中获益的人视为对其收入流(或成本减免)的权利。但是，往河中倾倒工业废物的能力是法律上的特权，它完全不意味着任何稳定的保护。以法律关系的术语来说，排放工业污染物仅仅是享受了特权，即这样做不需要考虑他人的利益。在这个体制中，不存在一项关于废物处置的法律。

所有权关系不仅仅是成文的制度安排，仅说明谁能够使用一项有价值的物品，谁能够控制那个物品的使用以及谁能够从那个物品中获得收益。所有权关系以及其他国家确定的日常规则和权利，都是法律准许的将成本施加到他人身上的能力，即 A 的特权与 B 的无权利的关系定义了一个处境，在其中 A 能够自由地忽视施加给 B 的成本，而后者没有途径能对这个处境进行反抗。缺乏对于太阳能的清晰的所有权关系，意味着我的邻居能够通过允许他的树阴阻碍我获得阳光而将成本施加到我身上。注意，直至新的技术能够使人们利用太阳光来产生能量之前，这个特权和无权利的处境并不重要，除了那些热切的园丁和喜好阳光浴的人们之外，也不会引起争议。而一旦我有了技术上的能力——以及兴趣——来生产我自己的电能，那么合法地允许树阴遮蔽我屋顶的安排会突然间令我非常不快。事实上，在我对太阳能产生兴趣之前，夏天邻居家的树阴很可能会让我获益。然而突然地，我惊醒了。

这就是说，当我同时拥有了新技术和对太阳能的兴趣时，在如何更好地处理树阴和太阳能接收器这个问题上，现行的财产权关系成了问题的核心。在那个时刻，事实上的(而不是预设的)权利结构变得很重要，因为这些所有权关系说明了谁必须为了保护自己的利益免受他人施加的成本而支付报酬。在现存的所有权关系中，因为树阴遮蔽了我希望放置太阳能接收器的地方，我突然承受了由邻居家的树导致的更多成本。像极端科斯主义者所说的那样，我当然也能够通过向我的邻居支付报酬来修剪他高大的树。如果我的出价不足以补偿他对于树的喜爱，则他会保留他的树，而我必须放弃从太阳能接收器中获得的利益。极端科斯主义者会迅速宣称，这场讨价还价谈判的失败保持了社会效率。但是，如果我的出价高于他从树中获得的利益，并因此能够将我的新太阳能接收器放置在一个非常好的太阳采光点上并运行得很好的话，那么情况会怎样呢？极端科斯主义者便会宣称这个特定的结果——顺便说一下，这是一个非常不同的结果——是有效的，并且，它加强了能源的节约。注意，极端科斯主义者宣称两个结果——它们有着非常不同的经济未来——都是“有效的”。我们看到效率能够被用来解释并证明任何一个经济结果都是合理的。总该有一个决策规则吧！

但是，我们必须将这些所有权关系放在一个更为宽泛的背景下来理解。不难想象，在某些时候，我的一些邻居希望在他们的屋顶上安装太阳能接收器。而问题随之变成了，在什么时候，对于树阴和太阳能接收器的所有权关系的变化能获得更大的社会收益？此刻，我们无需忙着去计算树阴和太阳能的相对稀缺性的逐渐改变而导致的所有经济和政治上的较大变化。这个例子仅仅是示意性的。但是，毋庸置疑，像多数情况下一样，太阳能接收器带来的利益与树阴之间的平衡会改变。在某一点之后，那些想利用太阳能的人会成功地改变当地的规则（所有权关系），使树阴不得再阻碍太阳能接收器。对于那些希望安装太阳能接收器的人而言，这个新的所有权关系会以节约成本的方式提供一项新的收入流，并且，这个新的法律机会将通过辖区内住宅价格实现其商业价值。现在就产生了一个关于阳光的所有权关系。我们再一次看到，经济个体间的互相依赖影响了最终的设置与处境，而后者会给不同的参与方带来不同的经济优势和劣势。

让我们更仔细地考虑一下这些相互依赖关系。想象两个人，他们之间有权利—义务和特权—无权力的关系。假设 A 有一项权利而 B 有相应的义务。这些关系将如何在日常生活中显示出来呢？首先考虑权利—义务关系。A 拥有的权利会有几种可能的类型。其中，价值最大的类型是除非有 A 在先的同意，B 不能干预 A。例如，没有 A 的允许，B 不能从 A 的花园中采摘花朵。A 的权利受到财产规则的保护，而 B 有义务遵守基于保护 A 的财产规则而对其行为的禁止（Bromley，1991）。

一项受到财产规则保护的权利意味着，希望违背这项权利的人必须同权利的拥有者沟通并且开始一个讨价还价的过程。在这里，B 必须主动与 A 联系。这是保护 A 的财产权的本质，并且和我们大部分人的想法一致：当我们被告知一个人拥有对于一个物品或处境的所有权时，我们的头脑中总是浮现出这种关系。但也存在第二种保护 A 的权利的办法。假设 B 可能会干预 A 的利益——违背 A 的权利——但是，B 在干预时知道，事后他会被要求补偿。在这个例子中，A 拥有受到赔偿规则保护的权利。当对可能对 A 有不利影响的特定结果的预期存在困难时，这种保护 A 的权利的方式就是合理的。

油轮泄漏石油为这种产权关系提供了一个例子。一个海岸国家有权避免石油泄漏，一项要求船主在事后（石油泄漏发生以后）赔偿的责任规则保护了这项权利。注意，这种形式的保护是有用的，因为在事故的例子中，假设双方在事情发生前就能就此确定一个价格是不合理的。但是它们确实同意了一种保护海岸国家的权利的方式，即确定了一种制度安排——一项责任规则，而它的确切的财务含义只能在事故发生之后才能确定。船主（B）有为海岸国家（A）的损失支付费用的义务，A 的利益受到一项权利的保护，责任规则使这项权利生效。当然，有些事故——比如，在一个发电厂中核反应堆的爆炸——不可能被预期到或是加以防范，并且从严格的意义来讲，是“不可让渡的”，然而，法庭仍然可能成为评估损失的审判场所。这种情况与责任规则保护的情况不同，后者中的事件发生更为频繁——或许甚至能“被预期到”——但是受害者有一个正常的预期，即他会得到全部的补偿。

最后，A 的权利可能受到一项不可让渡规则（inalienability rule）的保护。在这项法规下，可能没有任何情况能允许 B 损害 A，没有价格能使 A 同意被损害，并且不存在事后的补偿。我们能在那些必须保护个人免于严重损失的地方发现不可让渡规则，即诸如食物或居民饮用水中存在有毒的化学成分这种事情。完全禁止这些特定的化学物品意味着 A 受到了一项不可让渡规则的保护，而 B 有义务确保 A 免于这些化学合成物的侵害。注意，拥有权利的人仍然可能要求补偿，但这仅仅是在渎职发生的情况下，而其解决途径是法律程序。

我们看到，在权利—义务关系中，存在三种不同的保护 A 的权利的方式，即因此存在三种 B 承担义务的方式。当 A 有一项受到财产规则保护的权利时，B 必须与 A 接触，了解是否存在买卖交易的可能性。当 A 有一项受到责任规则保护的权利时，B 可能会带着应有的谨慎实施他的行为，他知道，如果他对 A 造成了损失，那么他必须准备好支付赔偿——这些必要的赔偿是由第三方设定的。最后，当 A 有一项受到不可让渡规则保护的权利时，没有任何价格能够允许 B 损害 A，B 也不能认为，既然错误可以通过一定水平的自动补偿加以弥补，他就可以毫无顾虑地损害 A。

现在让我们考虑第二类关系的集合，关于特权与无权利。回想一下，特权是指一个处境，在其中 A 采取的行为可能会损害 B，但是 A 不需要考虑这项干预对于 B 的利益的影响。在此，A 可能会损害 B，并且只有在 B 同意收买他的情况下，他才会停止行动。在这个例子中，A 是干预方，而 B 是接受方，A 的行动的代价是施加在 B 之上的，然而 B 必须首先采取行动来防止 A 的行动，减轻其影响，其中可能包括收买 A。在这个例子中，A 的特权受到一项规定 B 无权利的财产规则的保护。回到太阳能接收器的例子中，当缺乏一项对于太阳能的权利时，唯一能够改变我的邻居管理他的树的方法便是收买他。因为我没有权利，所以我需要花钱来使他的行为符合我的利益。当法律不能为我服务并且当我并不喜欢现行的所有权关系时，我只能通过花钱来实现我的利益。

特权—无权利关系中的第二类所有权关系是 B 或许能够制止 A 对他的干预，但他必须准备好补偿 A。如前所述，确切的补偿数额由一个中立的第三方来决定。在这个情况下，A 仍然有对于 B 的特权，即 A 仍然可能会将成本施加给 B。如果 B 希望阻止这些成本，那么他必须向 A 支付一些补偿。如同在权利—义务关系中，这第二种保护 A 的形式也是一种责任规则。同样的，正如前文所述，补偿是由第三方决定的，而不是通过 A 和 B 共同参与的讨价还价过程决定的。一项受到财产规则保护的权利暗含着法令以及先前的讨价还价所起的作用；双方必须同意一个价格，否则原有的状况不会发生改变。一项责任法令对权利的保护要求维护与事实一致的申诉，并且，其必要的解决方法（补偿）不是由对手的相对力量和财富决定的，而是由第三方（通常是国家）从中立的视角决定的。表 4.2 描述了这些静态的法律关系。

表 4.2　由财产规则、责任规则和不可让渡规则保护的权利

A	B
权利 A 拥有一项受到财产规则保护的权利。 A 拥有一项受到责任规则保护的权利。 A 拥有一项受到不可让渡规则保护的权利。	**义务** B 有义务遵守财产规则对 A 的保护。 B 有义务遵守责任规则对 A 的保护。 B 有义务遵守不可让渡规则对 A 的保护。
特权 A 拥有一项受到财产规则保护的特权。 A 拥有一项受到责任规则保护的特权。 A 拥有一项受到不可让渡规则保护的特权。	**无权利** 对应于财产规则对 A 的保护，B 无权利。 对应于责任规则对 A 的保护，B 无权利。 对应于不可让渡规则对 A 的保护，B 无权利。

表 4.2 中的关系是静态的，因为它们描述了在任何时刻现有的权利结构。在一个动态的框架内，两个分离关系中的权利的特定形式取决于 A 相对于 B 的义务而行使其权力的方式。注意，义务在此是指处在这样一个地位，他在法律上容易受到 A 创造一个新的法律关系的意愿的支配。刚才讨论的责任规则代表了一种形式的法律上的强制，这种强制要求一个人对他的行为负有财务上的责任。因 A 受到责任规则的保护而使 B 对他负有财务上的责任，与 B 在法律上易受到(负有责任的)A 随意行使的权力的支配，这两种情况存在重要的差别。与 A 的权利对应的义务和与 A 的权力对应的责任是不一样的。

当 A 行使其权力时，他可能通过几种方式来影响 B。在权利—义务关系下的三类权利和特权—无权利关系下的三类权利代表了六种可能性。最后一类法律关系——豁免权和无权力——包涵在不可让渡规则之中，即 A 可以免于 B 试图建立新的对 A 产生限制的法律关系。A 享受了不可让渡的规则的保护，它与 B 的无能力相对。表 4.3 中描述了权利、所有权以及财产权之间的联系。表 4.4 描述了所有权关系的主要的形式。

表 4.3　权利、所有权和财产权

权　利

权利允许个人强迫政府动用其强制权来帮助他。权利并不是政府被动地给予支持，而是政府主动地帮助那些拥有权利的人。换言之，政府准备着接受那些它赋予了权利的人们要求帮助的请求。我们说，通过说明在集体力量的帮助下个人能够做什么，权利扩展了个人的能力(Bromley, 1989; Macpherson, 1973; Commons, 1924)。

所有权

所有权不是一个物体，而是一种价值。当个人购买了一块土地(用俗话说，"一份财产")，他得到的不仅仅是一些物理的客体而是对于收益流的控制，当前的设置和处境会在未来产生收益流。这就是为什么个人会花钱(他的收益流)来获得一份不同的收益流的原因(能够"拥有"一项新的收益流是因为拥有这个事实)。注意，新的收益流的重要性取决于与之相关的法律参数。为获得新的收益流而支付的价格仅仅是能够从"拥有"那个事物中得到的未来所有净收益的预期折现值。这就是为什么所有权是价值，而不是物体的原因(Bromley, 1991; Macpherson, 1973, 1978)。

财产权

财产权将关于权利和义务的法律概念与能够产生收益的环境设置和处境(包括物体)联系在一起(Becker, 1977; Bromley, 1989, 1991; Christman, 1994; Hallowell, 1943; Hohfeld, 1913, 1917)。财产权将收入的本质与范围参数化，这些收入是通过控制产生收入的设置和处境得到的。商标、版权以及专利是不同形式的所有权，它们都是不同形式的关于财产(未来的价值)的权利，以及非所有者的义务。

表 4.4　资产与所有权制度

考虑以下三种一般的所有权制度以及一种在财产权方面完全没有定义的制度。

国家所有权

政治群体是被认可的资产所有者。政治群体中的个人可能从资产中获益，但必须遵守对政治群体负责的政府机构的规则。

例子：国家森林和公园、军事基地、政府办公建筑

私人所有权

政治群体成员拥有的、受到认可的从资产中获得收益的权利，这些权利必须服从法律的调解与审核。非所有者有义务允许所有者像如上所说的那样行动。

例子：土地、建筑、汽车以及个人物品

公共所有权

一群所有者共同拥有权利，包括排除非所有者的权利。个体所有者有特定的、与他们拥有从资产中获得收益的能力相关的权利和义务，必须服从于更大的政治群体的法律调解与审查。非所有者在法律上有义务尊重公共所有权的边界。

（续表）

例子：灌溉区、单元公寓、瑞士的阿尔卑斯山区（牧区）
无主物(res nullius)
没有法律上认可的使用者或所有者的群体。任何人都能获得这些资产，它是自由享用的资源。
例子：深海渔业（国家200海里权利以外的海域）、空气（在没有关于污染的法律时）

资料来源：Bromley，1991。

制度的经济效应

我们现在能够理解现行的制度安排——尤其是那些关于所有权关系的制度安排——如何能使一个经济中某些个人实现的特定收益流合法化，以及这些制度安排如何能够因此使经济中成本的分配合法化。换而言之，制度说明了不同的决策主体必须得考虑哪些成本。直到最近，工人拥有的对于他们的劳动的所有权非常有限，早期的工厂主因此会忽视那些在车间中受伤的工人所遭受的损失，因为这样的忽视的代价并不高昂。基于前面提出的概念性框架，我会说工人无权利，而工厂主拥有特权。你能理解在现代劳工运动的历史中，首要的目的就是重新定义这些法律关系。如前所述，我们说，这样的重新定义发生在配给交易中，它们重新定义了关于合理和不合理的要求的限度，以及包涵在管理交易中的自愿和非自愿的强迫。

一旦工厂主忽略工人利益的代价更为高昂——即一旦工人有了对于未来收入流的财产权之后——工厂主如此轻视工人安全所需付出的代价便会提高。突然间，改善工人条件的投资符合了工厂主自身的利益。工人采取的联合政治行动以及工会采取的相应行动促进了他们的法律处境的改变，即从无权利转变为有权利，而工厂主从特权的地位转变到了承担义务的地位。在这项法律关系的重新界定中，不仅相关的制度安排发生了变化，并且工人立刻享受到了一项新的经济机会，这项机会在他们之前的处境中是没有的。新的所有权关系解放了工人并且限制了工厂主。在这些法律关系的调整中，我们说工人实施了他们拥有的权利，与他们的权利相对应的是工厂主的责任。当然，工人不能独自做到这些。较完整的叙述是，工人会在一段时间内逐渐唤起足够数量的其他人的帮助，后者有能力说服较大范围的政治群体，让他们知道现存的制度安排是“不合理的”并坚信之。渐渐地，关于在什么时候做什么似乎更好的观念会改变。皮尔斯告诉我们，新的信念源于集中思考现行制度安排产生的令人不快的结果。而威廉·詹姆斯则告诉我们，现在最好相信工人应该较之前得到更好的待遇。

我们看到，一份劳动合同中包含了相关的权利和义务。现行的制度规定了法律上允许忽视哪些成本，以及因此哪些成本是能够施加给他人的。导致这些成本的人与承担这些成本的人之间会发生冲突，而这是一个市场经济中关于法律基础的冲突的核心。当有些人埋怨政府“干预”时，我们或许马上就会理解，这项抱怨来自于一个新发生的不受欢迎的情形，即新近被转移的成本不能再转移到其他人身上。但是，现在承担这些讨厌的成本的人不应该抱怨政府的干预，因为对于一个人而言的政府干预，对于另一个人而言就是政府保护。对 A 的约束是对 B 的解放。

对于那些在原有状况中享受舒适生活的人而言，新的规定使他们没有能力继续通过将特定成本转移给他人而忽略掉这些成本，他们显然会不高兴，因此他们抱怨也很正常。在首次采取对工厂的管制时——包括禁止童工在内，工厂主毫无疑问会抱怨政府“干预”了他们（工厂主）认为合适的事业经营方式。注意，如果在此政府没有为了孩子们的利益而作为的话，那么这项不作为不可能会被视为政府“干预”了孩子们的生活。当政府准许——可能是通过不作为——某些人现在能够将特定的成本转移给他人时，很少人会将这项对于现状的保护视为政府“干预”了那些现在承担成本的人。然而，如果政府决定保护那些现在承担着令人厌恶的成本的人——那些有义务、无权利、有责任或无权力的人，这就必定会被视为政府“干预”了那些享有权利、特权、权力或豁免权的人。换而言之，当特定经济主体的权利、特权、权力或者豁免权因他人的抱怨和政府行为而受到危害时，政府很快就变成了敌人。而对此问题的谈论不可避免地会导致一些人宣称失去了“自由”。

法律曾经支持工厂的所有者（他们有特权）像他们希望的那样来对待工人（包括儿童）。当工人开始动员起来要求降低他们的工作强度时——他们一天要工作 12 到 16 个小时，一周要工作 6 天，工厂主可以要求国家的强制权威——以及它的警察——来镇压这些早期的工人运动。那些在这些反抗运动中殉难的工人被妖魔化为麻烦制造者，而警察犯的任何错误通常都会得到赦免。用我们的话来说，工人无权利。

关于污染，工厂和农民直到最近还能将污水排放到邻近的河中，而那些反对这一习惯的人毫无例外地被称之为爱管闲事的捣乱者。那些受到污染影响的人处在法律上的无权利地位。工厂和农民处在法律上的特权地位，他们把河道以及大气当作了他们私人的废物排放场所。农民这样做就好像他们拥有了假定的权利，允许他们将牛粪冲洗到河里。曾经有一段时间，肉类罐头食品的生产者似乎拥有假定的权利，可以出售任何能够获得利润的产品——无论这些产品对于食用者的健康意味着什么。

所有这些假定的权利——法律权利——现在都受到了置疑。人们发现，除了作为一项过去的习惯以外，它们从未成为过权利。但是，对于一些人而言，消化他人转移过来的成本是一件不舒服的事情；如果没有一些人的斗争，对传统习惯的重新评估以及随后通过立法机构和法庭将其取消的集体行动就都不会发生。这些对社会可以接受的机会的集合——个人行动场域——的重新定义构成了公共政策的本质；它们是重新定义经济的法律基础的配给交易的实例。

结语

决定人类行动参数的是制度，包括规范和习俗、日常规则以及所有权关系。使用标准的福利经济学的选择理论方法来鼓吹实施“有效”的制度，这在逻辑上是不一致的，其原因正在于制度决定了哪些经济实体必须考虑哪些成本。当一些个人因为原有的制度安排而能够忽视那些他们施加给他人的成本时，成本转移就发生了。事实上，这就是经济制度的本质——它们说明了哪些人必须支付哪些成本，以及谁能将特定的成本转移给他人。一些人相信原子个体间的讨价还价有解决所有“相关的”外部性的能力——“相关的”在这里指的是和“效率”相关，并对无关帕累托最优的外部性视而不见。但是，这种免责是一种逃避，同时也不过是合理化（证明）了以下的环境设置和处境，即从效率的角度而言，效率计算不能得到成本转移应该停止的证据。这一方法中的循环论证是显而易见和彻头彻尾的。

在配给交易中，集体行动重新定义了制度安排，在其中，个人能够自由地选择。那些在原有制度安排中活得很舒适的人会第一个抱怨政府干预，并且很有可能为他们所谓的“自由”的损失而惋惜；而其他人则从不满意的环境设置和处境中获得解放，他们很可能会欢庆他们的这个新的解放。

要完整地理解制度，现在需要我们将注意力转移到理解制度为什么会变迁（或者不变迁），以及现行的制度安排如何会被视为对于特定的行为和社会结果的解释上来。

第五章　制度变迁

那些可能的行动的结果不是被人们发现的，而是被人们创造的。我们不是在讨论……被客观记录下来的人们已经施行的行动的结果。那些行动不是“可能的”。一项人们仍然能够选择或者拒绝的行动是没有客观的结果的，它唯一可能有的结果存在于决策者的想象中。

——沙克尔：《人类事务中的决策、秩序和时间》(1961)

普遍认可的真理

流行的关于制度以及制度变迁的解释是基于实证主义和结果福利主义(consequentialist welfarism)的认知论方法而做出的。事实上，新制度经济学与古典的康芒斯和凡勃伦的制度经济学不同之处就在于，新制度经济学相信它的任务中包含了一定的理论精确性以及经验事实，而这些是古典的制度经济学家不能做到的。新制度经济学起于假设经济学是选择的科学，新制度经济学家遵从于个体主义方法论的教条。他们倾向于将制度理解为施加于自由交易之上的约束，如果没有这些约束的话，原子式效用最大化的个人之间的自由交易将是有效的。并且，他们试图将同一个选择理论的结构作为理解和解释制度变迁的机制。更为严格的说，他们尝试将制度变迁内生于经济行动的模型中。

举个例子来说，在强调理论工作的重要性时，道格拉斯·诺斯(Douglass North)提出，新制度经济学家们能够——通过足够努力的工作——得到过去曾经难以理解的宏大综合，其中，所有社会科学都能够最终统一在处于支配地位的新古典经济学的教条之下。这个辉煌的未来再一次确保了经济学在社会科学——心理学、法学、历史学、社会学和经济学中的核心地位——所有这些学科都将基于并且细致地阐释着新古典经济学的极其重要的公理、假设和模型。在阐述他梦想的计划时，诺斯激动地写道：

> 将制度定义为许多个体施加于他们自身的约束，这样，制度的定义与新古典经济理论中选择理论的方法就形成了互补。基于个体选择而构建一个关于制度的理论是调和经济学与其他社会科学之间差异的第一步。而选择理论的方法是基本的，因为一个逻辑上自洽的、并且潜在的能够得到检验的假设集合必然是建立在一个关于人类行动的理论之上的。微观理论的力量在于它是建立在关于个人行动的假设基础之上的（即便我赞成改变其中的一些假设……）。制度是人类的一项创造物。它们演化并且因人类的行动而改变，因此我们的理论必须始于个人。与此同时，制度普遍地在个人选择之上施加了约束。整合个人选择与制度施加于选择集合之上的约束，是通往统一的社会科学研究的重要一步。（North，1990，p. 5）

对于现代经济学解释选择的能力，诺斯似乎比其他投身于这项困难研究的人——以及因此我们能假设对此有所了解的人更为自信（Bowles，1998；Hodgson，1988，1998；Lawson，1997；Little，1949；Rabin，1998；Sen，1977，1982；Shackle，1961，1992）。事实上，劳森（Lawson）提醒我们注意经济学中的“选择”这一重要概念：

> 选择的理论是如此的流行，以至于杜森贝里（Duesenberry）在他著名的论断中总结到，经济学（与其他社会科学）不同之处在于“经济学是关于人们如何做选择的全部”……然而，它不是。在主流期刊和书籍中出现的正式“模型”里，人们最终是不被允许选择

的。因为，如果真正的选择意味着任何事的话，那么，这应该意味着任何个人总是能够以其他方式来行事。而这正是当代“理论家”不能允许在他们形式主义的模型中出现的……虽然经济学家们在他们非正式的讨论和政策的主张中普遍地认可了选择的实质，但是，选择的施行总是一种在正式的重要分析中不予考虑的现象……相反，人们总是被描绘成——给定他们的处境——几乎总是只有一种他们所偏好或理性的行动方式，而且，人们总是遵循这个方式。虽然带着某种启发性的虚情假意，但是正如模型所要求的那样，人类不能以其他的方式行事。(Lawson, 1997, pp. 8—9)

注意，正如经济学中模型化的那样，选择使个人不需要做任何选择。在这样的模型中，人们仅仅是被动的自我运行的机器——用凡勃伦的讽刺性的话来说，人们是“相似的小球”——不加思考地对外部刺激作出反应。如果这就是选择的话，那么这个词就失去了任何合理的内涵。在标准的解释中，个人只有一个选择要做——即在那个时刻最大化个人效用。这不是选择，正如你不能移动，那么并非你选择保持不动。沙克尔提出了这样的观点：

传统的经济学不是关于选择的，而是关于根据必需性而采取行动。经济人服从理性的指令与选择的逻辑。当我们假设经济人能够选择的目的以及标准都是给定的，并且每一项选择的意义是已知的时候，称他在做选择绝对是滥用词语……在这样一种理论中，选择是空洞的，而传统的经济学应该放弃这个词语。(Shackle, 1961, pp. 272—273)

有些人想象标准的选择理论提供了预示着成功的基础，基于它之上可以构建一个关于制度变迁的宏大综合，他们将自己独立于许多最好的理论家，并且与他们相悖，而这些理论家充分理解到经济学中的“选择理论”是不会有结果的。这把我们带到了诺斯的宏伟计划的第二个问题上——他希望使制度变迁内生于最大化行动的经济模型中。你能看到，在整部诺斯关于制度和制度变迁的著作中，他都反复提及将制度变迁包含在正式的经济理论模型中的愿望——事实上，对他来说，是必然性（North, 1990）。这一对于内生性的探究源于这样一个事实，即如果一些事件是外生于标准的关于选择的经济模型的话，那么你就无法用经济学的术语来解释它们。因此，新制度经济学家的理论是严格根据占统治地位的认识论而构建的：实证主义、个人主义方法论、理性的经济人、不能检验的（然而是社会构建的）稀缺性以及内生的制度，这些制度的变化和重新定义据称可以用驱使个体消费者和生产者的价格理论的逻辑来解释。

如果这些价格理论的逻辑提供了关于个人选择——尤其关于是集体选择——看似可能的解释的话，那么这样一些模型或许代表了一种为制度变迁理论提供可行基础的可能性。但是，它们没有，因此也不可能做出这样的解释。如果我们发现行动与一项特定的理论相一致，就假设我们能够解释（而不是合理化）行动的话，那么我们只获得了一些非常软弱的信念。更为重要的是，我们在马上就要得到有很大的解释力的时候停止了我们的探究。过早到来的关于胜利的宣称仅仅是问题的一部分。确认主义（confirmationism）的缺点与如下的信念混合在一起，即相信通过讨论本身具有严格的经济特征的独立变量，人们能够完全理解经济现象。任何仅仅依靠经济现象来解释经济现象的努力都会将一个致命的循环论证引入到经济的著作中。引用约瑟夫·熊彼特（Joseph Schumpeter）的话来说，就是：

> 当我们成功地发现了两个现象之间确定的因果关系时，如果那个作为“原因”的现象不是经济的话，那我们的问题就得到了解决。到那时，对于正在探讨的问题，我们完成了作为经济学家所能

够做的，而我们必须让位于其他学科。另一方面，如果作为原因的因素本身具有经济的性质，那我们就必须继续努力去解释，直到我们的解释是基于非经济的基础而做出的。（Schumpeter，1961，pp. 4—5）

这里的要点很简单：如果你没有碰到一个或者几个非经济的独立变量，就你不能够解释经济现象——而制度安排是经济现象的本质。对于那些希望将制度变迁内生于经济模型的人而言，这不是一个受人欢迎的命题。即便如此，他们不太可能会放弃内生化的努力，理由很简单：只有当制度变迁能够被视为内生于经济模型的时候，经济学胜利的号角才能吹响，即所有人类的行动都能够用相对价格和效用最大化来解释，这些行动中不仅包括个人最大化的行动，也包括选择人们合作与相互作用的制度基础。这会成就某个宏大的综合。

然而，这个努力注定要毁于其逻辑基础。一旦有些现象内生化之后，人们便再不能够用包含这些现象的结构来解释它们了。由于这种包含，现在无法将它与构成部分的系统相区分——事实上，这“两个”事物是一个事物。从机械上看，自行车后部齿轮是（通过链子）与前轮齿轮相连的。你不能凭借前轮在转动这个经验上的事实，来解释后部齿轮的转动。一个齿轮的转动是另一个转动所必需的条件，它们是一个结构中的两个实体，是构成这个结构的部分。只有在后齿轮不能转动而前齿轮能转动时，你才能找到这样的解释。注意，在后面这个例子中，两个齿轮之间的联系是与解释有关的，而前面这个例子中不是。我们会在之后的章节中将相当的注意力放在有关解释的问题上。

现在注意，只有当你准备好跳出将两个事件联系在一起的结构——它将一个事件包含在另一个事件之中——来思考问题之后，你才可能解释后轮的转动。即，当且仅当你能找到一个使后齿轮转动的外生的原因（作用于前齿轮的力）时，你才找到了一个解释，并且免于陷入机械推理的陷阱。这就是为什么传统的经济学没有——也不能——

解释个人选择的理由。个人选择内生于经济模型，并且由于内生，它不再有资格成为选择。个人选择已经由结构上的依赖性事先确定了，而内生性使选择不再具有更多的内涵。这不是选择，而仅仅是机械系统。后轮的齿轮无法选择，当前轮的齿轮发出指令时，它只能转动。我们可以正确地将新制度经济学家的内生化工程理解为一次将制度变迁简化到仅仅是机械决定论的努力。关于它注定失败的结局，梅尔文·雷德(Melvin Reder)说道：

> 与稳定的偏好相关，但仅仅在逻辑上有所不同的，是“内生化的逼迫”。这个趋势最重要的表现是斯蒂格勒对政治决策者行动的努力解释——并因此约束，但这不是唯一的一种……要成功地将一个新的变量内生化，需要增强经济学的解释力……然而，必须注意，当变量是“内生的”时，它们便不再是社会选择的客体了……考虑到变量是内生的——选择得到了解释——则“社会”的选择自由就变成虚幻了。自由似乎不是存在于选择的权利中，而是(请黑格尔谅解)在于对必要性的辨识上。这不是斯密的追随者可能得到的结论，并且肯定不是他们希望得到的结论，但是只有通过这个方向上研究的失败，他们才能得以保全。(Reder, 1982, pp. 34—35)

我们看到，从经济学中获得“解释力”的代价是失去了对制度变迁的合理解释。我认为，这样的解释应该成为社会科学的一个持久的目标。但是，只有当内生化的探究失败以后——而这是必然的——我们才能确保这样一种解释的逻辑连贯性。

超越内生化

完整地提出一种关于制度变迁的理论要等到后面章节提出能动的实用主义以后。在此，我给出这个理论的轮廓一个概要性说明。这里基本的任务是找到一种思考制度变迁的方法，它不是以内生性以及其必要的决定性机制作为努力方向。换而言之，我们需要一种基于理由而不是基于机制的制度变迁理论。对于熊彼特而言，这个答案能够通过探索人们在现实中的选择所基于的非经济的“底部”来找到。那些假设人类的基本行动能够简化到机械主义的经济模型，显示出对于经济制度的本质理解上的缺陷。在这些模型中，根据定义，选择根本就不是选择，而只是基于必要性而行动的事实。

因此，我从这样一个命题开始，即制度变迁必须被视为一个康芒斯称之为“配给交易”的实例。配给交易的观念是恰当的，因为制度变迁包括了对一个国家中的成员的可能未来的重构——重新定义。议会和法庭在社会成员间配置了（重新调整了）新的收入和成本流。在康芒斯看来，是一个国家中的权威机构——议会、法庭以及行政机构——在全体公民的压力下，实施了这项配置。在此，我们看到了人们放眼未来并形成关于未来可能如何展开——事实上，应该如何展开——的构想，然后行动的一个例子。议会和法庭是展开这个过程的基本的合法场所。我们最好将制度变迁理解为公共政策的核心，即政策的作用是思考、权衡以及最终在可供选择的制度安排中作出决定，这些制度安排能够带来不同的想象中看似合理的未来。配给交易——制度变迁——重新确定了个人行动的集合，并因此重新配置了收入流。但是，市民、议会的成员以及法庭考虑的未来仅仅是想象中的未来(Shackle, 1961)。

在沙克尔看来，那些仍然能够基于它们在未来可能的含义而被选择或者拒绝的行动，即那些可以采取的行动，是没有客观结果的。这些行动唯一可能产生的结果仅仅存在于决策制定者的意识中——或想象中。这意味着，非常简单，可以采取的行动的结果不是被确认（或发现）的，而是被创造的。这是能动的前瞻意志的核心方面。具体说来：

> 可选行动的结果仅仅是想象的，并且，在想象这些结果的过程中，我们并非确认了那些结果——确切地说，我们是创造了那些结果。

发现(确认)与制定(创造)的区别是现在哲学中两派争执的核心,一派坚持古典的二元一位(dyad)——事实与意义相对,意识与肉体相对——另一派拒绝柏拉图、康德和笛卡儿思想核心的两分法(Rorty, 1979, 1982, 1999)。我会在以后的章节中回到这个问题。现在,我们需要保持着对一个现实问题的关注。人们会展望未来,然后实施他们的意愿。然而,在人们的影响下,制度是如何演化的呢?

如同在上文中那样,我跟随沙克尔,认为制度变迁必然需要创造性想象的形成与实施。如果我们从这样的观点开始,即所有的制度变迁都包括三个步骤,或许理解这个方法会更容易些。第一步是受到影响的个人认识到,现有的制度安排会导致特定的个人行动,这些个人行动的加总会导致一些结果的实现,而他们不再认为那些结果是可以接受的或是合理的。

或许医疗体系因过量服务的需求,缺乏医疗专业人员以及陈旧的设施而不堪重负;或许空气污染很严重并且还在日益恶化;或许一个国家的学校不能满足家长和政治家们对于它们的预期;或许人们怀疑食物含有传染性的病菌;或许有人担心基因改造过的组织会进入自然并且毁坏特定的生态环境。这些令人不安的问题的出现不是无缘无故的,它们的存在也不是没有理由的。事实上,它们是个人行动的产物(结果),而这些个人行动本身就是现行制度安排不可避免的以及经济"理性"的必然结果。医疗体系是一个组织,它的运行参数——它的日常规则——产生了一些特征,这些特征可能使特定组织的表现令人愉快,也会使这个组织成为普遍的个人和集体厌恶与焦虑的来源。空气污染存在,因为工厂和汽车能够随意而自由地排放污染。

有些学校是糟糕的,因为它们的激励机制存在缺陷,因为有些老师缺乏创见和对学生的激励,因为有些学生注意力分散并且不守规矩,因为教室非常破旧(Bromley, 1998)。政府兽医一般都能发现的动物疾病,却会因为职员层面的责任问题、道德、检验过程或是培训中的问题而被忽视。将这些错误归咎于价格机制的不完善是不合理的。真正的原因能够从相应组织的制度安排中找到，这些制度安排事实上定义了组织。

我们看到现行制度的集合产生了个体的行动，个体行动的加总会产生可以接受或不可接受的结果。人们日渐意识到了结果上的不足是对现有状况日渐不满的根源，而正是这些不满催化了制度变迁愿望的萌发。你可以从两个方面来考虑这种催化的作用。一种可能性是假设制度变迁是由共有的愿望驱动的，这些共有的愿望希望从创造新的组织方法中获得潜在的收益。而我更倾向于另一种假设，即我认为制度变迁在源头上是由一个不成熟但日渐形成的认识驱动的，即必须对现有的制度设置及其相关结果做点什么，以防止可能发生的损害，而如果原有的制度安排继续保持的话，这些损害就会发生。从这个角度来看，关于未来的创造性想象是不令人满意的，人们都意识到了这点，它引起并驱动了制度变迁。这个视角和前景理论的工作是一致的。前景理论认为，相比从现有状况的改变中得到的收益，人们对于现有状况中遭受的损失的厌恶之感会更为强烈(Kahneman and Tversky，1979；Tversky and Kahneman，1987)。

满足了这个令人心动的条件之后，制度变迁还需要另外两个条件。第一个条件是新的创造性想象。我们可以将这些想象视为这样一组假设的命题："如果 X_i，那么 Y_i"，其中下标 i 与社群中第 i 个成员的主张相关——无论他是市民还是政治家。创造性想象的本质是他们允许一个民主社会中的成员来设定计划，这个计划能够从实施新的制度安排中得到可能的结果(想象)。想象一下，只要我们能够在未来五年中将医生的人数增加百分之二十，医疗体系会变得如何？想象一下，只要在未来的十年中，医院的床位数量能够增加百分之十，那么这将减少多少等待手术的时间？想象一下，尚无医疗保险的四百万美国人如果突然间收到一定水平的医疗保险，让他们能够更加关注自己的健康状态，那么他们的健康将获得怎样的提高？

当然，对于可行的结果，不同的人会有不同的想象。这应该不会让我们感到惊讶。正如沙克尔所说，我们有不同的想象，因为在我们的生活中，可选行动是未尝经历的新事物。我们之前没有做过此事，但为什么可以作出假设，在关于什么事会确切发生这个问题上，我们中的每个人会有确定的数据以及相似的想象呢？正如沙克尔所说的，“一项行动，如果它仍然能够被选择或是被拒绝，那么它就没有客观的结果”(Shackle, 1961, p. 143)。这正是为什么咨询师、议会（立法）的委员会、听证会、独立的研究机构（“智囊机构”）、顾问、专家——事实上，所有行业——参与到创造可能的想象的任务中。如果任务是简单并且直截了当的话，那么许多人就需要寻找其他工作。

一旦出现了看似可行的创造性想象，我们便开始接近于制度变迁的最终阶段——政策的形成。在民主市场经济中，几乎每天都有新的问题和新的计划产生，因而持续地需要新的创造性想象。那些赞美市场活力的人只告诉了我们故事的一半。民主资本主义的真正活力在于现行的制度安排是获得适应性改变所不可或缺的建构。有了这样的观念以后，就很容易理解，创造性想象这个不和谐的声音会从一个方才出现的刺耳声音演化为一个缓慢聚集并且日益成形的共识，这个共识会缩小可选制度以及看似可行的想象的范围。

> 如果只有通过以下的方法，这些 X 才可能改变，那么我们可以在十年之内，合理地预期每年会增加 Y 个医生从业。想一下，这对于目前医疗体系中的有待改进之处意味着什么！

当对于不同的创造性想象的挑选和辨别进行到了这样一个程度，即其中的几种相对于其他的一些处在优势地位的时候，那么，制度变迁的第三个基本的组成部分就开始起作用了。这个最后的阶段是调整日常规则（或权利）的过程，其确切的目的就在于实施这些处于优势地位的创造性想象中的一个。我们可以将这个日益形成并处在支配地位的想象恰当地理解为新的制度安排的理由。日益形成的创造性想象是未来的结果，为了实现这个结果，现在必须实施新的制度安排。这个占据优势的想象构成了新的制度安排的充分理由。它解释了制度的变迁。

这个过程在一个民主市场经济中无限次地重复。也就是说，这个经济参与到这样一个持续的过程中：(1)评估现行的安排和环境；(2)在结果和制度安排之间寻找可能的(认知上的)因果关联；(3)形成新的创造性想象；(4)设计出政治安排，以抛弃看似最不合理的想象；(5)寻找并详细阐述保留下来的创造性想象与制度安排之间的联系，这些制度安排是这些想象看似合理的解释；(6)在议会、行政机构的分支以及法庭中采取集体行动来调整制度安排，将原有的设置调整到一个新的并且合理的设置上，这后一个设置——它形成于新近被接受的、日益形成的想象——可能导致未来的预期结果。

我已经指出，公共政策可以理解为限制、解放并且扩展个体行动的集体行动；并且，我已经论证了公共政策的本质是配置(重新定义)经济的安排和环境，而公共政策是配给交易的基本要素，因为议会、立法机构和法庭的行动为不同处境下的个人重新指引或重新配置了经济机会。公共政策必定会有利于一些个人的经济和社会计划，而妨碍另一些人的经济和社会计划。个人会努力使这个过程符合自己的利益，但是毫无疑问的是，公共政策正是关于这些经济中相对优势的重新配置。

制度变迁是现代国家的核心方面，原因正是在于，我们存在的本质就是持续地适应新的安排和环境、新的机会以及新的让人不满的结果。令人疑惑的并不是制度经历着人们的重新思考和转变。对于社会科学家而言，在分析中遇到的挑战是要理解，为什么这些过程正是民主市场经济中所发生的样子。当然，存在这样的例子，在其中两个或者多个个体关于日常规则进行讨论和协商，并通过日常规则来定义并参数化他们和其他人之间，或者与没有参与这些讨论的第三方之间的关系。劳工谈判正是这种协商。但是，任何这类讨论和协商的必然组成部分是当下包含了制度结构的情景。

当然，有些制度变迁并不必然包括议会或者法庭，但是，正如已经表明的那样，现存的制度结构——先前议会行动和法庭判决的结果——提供了一个框架，这其中发生着一些制度交易。考虑一个涉及一名未来的雇员和他的雇主的制度交易。这个交易可能讨论雇员希望在非标准的时间工作，这样他就能够照顾他身患重病的母亲。这是一个管理交易的例子，我们知道管理交易的本质就是命令与服从。然而，用命令和服从这两个词可能会使事情看上去比它们事实上的更为刚性。事实上，关于合理与不合理的要求以及自愿与非自愿的服从存在协商的余地。如果工人的要求太过分的话，雇主就可能撤回他提供的雇佣机会。但是，回想下，存在更高级别的限制雇主行动的制度安排。如果雇主的要求太过分的话，工人可能就会到他处寻找工作。在这个交易中，工人并非没有任何盟友。也就是说，工人能够依靠现有的定义公平的劳动标准的制度。工人能为公司带来劳动力，而公司会因为工人对公司的目标做出的贡献而支付给他报酬。然而，如果雇主的需求是“不合理的”的话，那么那些潜在的雇员就可以请求法律的援助。是哪个机构决定了雇主的需求是否“合理”呢？这个标准是议会、法庭以及管理部门制定的，这些机构颁布的正式文件确定了“公平”的劳工惯例。确切地说，“公平”的劳工惯例又是什么呢？它们是特定经济（国家）中被普遍接受的惯例。是否存在神谕能够启迪我们理解什么是“公平的”呢？至今还没有发现。对于什么应该是“公平”的回答将出现在立法机构、法律以及管理实体辩论、商讨后得出的结果中，这些部门正是负责思考这些问题的。毫不奇怪的是，1890 年在美国被认为是“公平”的事，会与在 2005 年被认为是公平的事非常不同。1920 年在印度被认为是公平的那些事与同一年在法国被认为是公平的事也非常不同。

参与这个特定制度交易的双方会达成一些协议——一个日常规则的集合，它既对工人也对雇主确定了容许的行动的集合。这些协商后得到的日常规则高于这个特定的工作中现行的关于“公平”和“合理”的规范、习俗以及日常规则。当这些协商开始时，随着双方获得更多可得之物的信息,他们都会构想(然后重新构想)想象中的偏好。正如沙克尔会说的那样,在想象可行结果的过程中,我们不是发现了这些结果,而是创造了这些结果。很有可能,当这些协商开始的时候,关于可以接受的结果,双方有着非常不同的观点;并且,正如在所有的交易中一样,双方很快就会意识到,预期和愿望的分歧使得他们需要重新构建关于偏好(最好的)结果的想象。当双方同意或者决定停止谈判时,交易就完成了。当他们获得了一些互相协调的信念或者当他们同意停止交谈时,他们谈判的过程就停止了。

我们看到,如果一个公司中的工人和老板之间发生的此类制度交易足够频繁的话,那么它将在一段时间以后演化为一个标准习惯的集合——我们可以将它们理解为“车间的章程”——它们会参数化未来的交谈与协商。这里的想法是简单的:“在X公司,这就是我们如何工作的。”这些日常规则成为了被普遍接受的标准,并且,除非一些始料未及的事情发生,这些特定的规则将在所有未来的交往中起到确定工人以及公司的行动集合的作用。在此,我们有一个管理交易的例子,这个管理交易会带来日常规则,通过这些规则,人们了解了这个公司。如果那些演化的日常规则令双方都普遍感到满意的话,如果我们有行得通的关系准则的话,那么这个故事很可能就结束了。另一方面,如果公司拒绝接受工人们普遍视为合理且合法的顾虑的话,那么就会出现一个非常不同的结果。一些人可能会努力组织工人成立一个工会;一些工人可能会向政府机构提出申诉,这些政府机构的正式文件确定了公平的劳工惯例。再一次注意到,所有这些制度交易都是在一个现行经济制度的结构中发生的,这些经济制度之前是由立法机构的行动以及法庭的判决确定的。比如说,工人能否合法地召开会议来讨论他们被雇佣的情况?在英格兰,1800年的《结社法》的目的就是要镇压罢工以及工会的形成。其他国家有着相似的阻止工人获得更好的工作条件的制度安排。我们看到管理交易必然包含在较大的国家制度结构中。由于有了国家的支持,一个老板(以及警察)可以对工人简单地说道:“对不起,你没有权利罢工或者为了组织一个工会而召开会议。”如果工人胆敢举行集会，他们可能而且经常会被逮捕，并且将面对一个令人不愉快的司法体系。这些是当时很多国家普遍的态度。

一个工人请求抽出一部分工作时间，去照顾他生病的母亲，这合法吗？在一些国家中，答案是肯定的；而在另一些国家，答案是否定的。这“合理”吗？答案再一次取决于所在的国家。回想一下，一个管理交易是一个合法的上级（老板）与一个合法的下级（雇员）的协商。这类交易的本质在于命令与服从，而命令的范围总是取决于议会和法庭的集体控制。与之形成对比的是，谈判交易必然包括法律上的对等性。

标准的谈判交易充斥着每天的生活：我进入一家商店，拿取一样物品，我来的原因正在于使它的产权发生转移，我向店员支付所需的现金，这件物品现在的所有者少了一些流动性（货币），但是得到了件新的物品，相比刚刚放弃的那些钱，这些物品给了我更多的愉悦。这样一类谈判交易包括当下的许多有益的小“交易”，而如果你是在露天市场或者偏远的集市的话，那里可能有大量的交易正在发生。这里的要点是这些交易概括了“市场”通常指代的意义。而这里的核心观念是所有权发生了转移。我们可以将这些谈判交易视为现实中的商品交易，这是有用的。所有的商品交易都属于谈判交易这一类，而谈判交易能够发生在商品上，也能发生在非正式的规则上，这些规则会影响未来法律上平等的个人间的相互作用。

想象两个邻居，他们各自的土地的边界非常靠近一棵很大的树的根部。在多数情形中，（大部分）树根所在土地的所有者是合法的树的拥有者，并且应该能够按照其意愿来处理树。同样，在多数的情形中，普遍接受的方法是两个邻居协商并试图就这项共有的财产或负担的维护达成一项友好的协议。这棵树为双方都提供了树阴，不过，它在秋天也会抛下很多树叶，而清理的工作很可能在所有者和非所有者间等分。事实上，这棵大树很可能会遮蔽一个区域，在这个区域中，邻居希望修建一个大的花园——这样的话，树阴就成了让人讨厌的东西，而不是一份财产。相比日常生活中标准的谈判交易，在这种情形下的谈判交易可能不那么友好。相似地，修剪树枝的任务可能会落到双方的头上，虽然从法律上看，树的所有者应该负责此事。双方必须达成一系列的协议，这些协议构成了关于这棵共享之树的标准行动。注意，如果相邻两家中的一个搬走了的话，那么就需要一次新的协商（协议）。与之前讨论过的管理交易不同的是，这个例子中的双方在法律上是平等的。虽然树的所有者理所当然地应该承担由所有权带来的收益和成本，然而，相近多年的邻居会达成许多创造性的安排，这些行动规则构成了经济制度的基石。

这个例子说明了两种不同形式的制度和制度变迁。车间（管理）交易涉及可执行的规则的演变，这些规则会约束工人和雇主；而两个邻居就树的维护达成的协议涉及了规范的演变。我们看到规范和规则都和先前对制度的定义一致，它们说明了个人必须做的事以及必须不做的事（义务），在没有其他人干预的情况下他们可以做的事（特权），在集体力量的帮助下他们可以做的事（权利），以及他们不能期望集体为了他们的利益而做的事（无权利）。

谈到雇主和雇员之间的规则时，这些规则包含在一个更大的制度结构中，这个结构说明了雇主和雇员可以采用的选择的范围。雇员能够询问什么？他能够要求什么？类似地，雇主能够询问什么？他能够要求什么？容许的询问和要求是先前通过配给交易确定的。在关于共有树的规则的例子中，规范确定了双方行动的集合，并不断地演化，这些规范同样包含在一个更大的制度结构中——一方合法地拥有这棵树，而他的邻居在法律上有着特殊的权利以免于由那棵树带来的令人讨厌的结果。在两个例子中——车间和对于树的管理，双方都能够达成一些关于规范和规则的协议，这些规范和规则会约束他们将来的互相作用。在这些协议中，各方将他们自己关于期望中合理结果的独特想象带到了协商中，而对于这些想象的结果中什么看似是“最好”的，他们肯定有一些事先的构想。在任何一个例子中，我们都不能怀疑协商和妥协将会导致宽泛意义上"最好"(最优)的结果的发现。事实是,关于合理结果的新的想象形成了一个装载协议的"信封"。一旦有了协议,双方很可能将结果视为"在这种情形下能够达到的最好结果"。而如果双方这样想了,我们就不能因为这些想法与经济模型中的选择不一致,就认为它们是有缺陷的。我们现在就转到对这个问题的讨论上。

寻找行动的理由

自从 20 世纪 50 年代初以来,经济学家们就发展了一种独特的方法来讨论并且思考人类的行动(Cooter and Rappoport, 1984)。效用最大化假设把我们引领到关于人类行动的如此假设之上,就好像人们的选择是根据对结果以及获得这些结果的必要途径的清晰感知做出的一样;诚然,我们也承认不确定性,并通过赋予结果和途径特定的概率来描述它们。注意,这个经济学分支的本质是有目的的(以及理性的)个人福利最大化。很少有经济学家会不同意这样的命题,即我们这个学科是有关在稀缺条件下做出最优选择的。经济学假设个人会思考他们的选择,并且选择对于他们而言最优的那一个。这个假设既是公理性的,又是循环论证的。它是公理性的,因为它源自关于个体选择的一般性法则,在经济学中我们处理选择这个主题时都得遵守这个法则。它是循环论证的,因为我们假设人们在做决策前是理性的,而一旦做了决策,我们就声称它们一定是最优的(以及理性的),不然的话,个体就不会这样做。注意,理性和选择相关,而选择与偏好一致——无论这些偏好是什么。并且正是在这里,经济学面对着但是没有处理好偏好与福利之间的平衡——以及不相称。因为许多个人的偏好都不能说是会促进人们的福利的,除非一个人将"福利"的提高简单地定义为个人在考虑了他们的"偏好"以后的选择。这里的循环论证是明显而无力的。

然而,制度变迁——限制、解放并且扩展个体行动的集体行动——不是在相互竞争的牙膏或奶酪的品牌当中做选择。制度变迁重新确定了个人选择的范围(行动的集合),这些选择包括牙膏和奶酪中的化学成分、标签以及安全性;制度变迁重新配置了收入流和财富流;制度变迁迫使一些人改变做事的方式;制度变迁使我们免于我们邻居的冒犯或者仅仅是恼人的行动;制度变迁重新安排我们生活的路标,这些路标告诉我们,我们能做什么以及不能做什么,我们可以做什么以及不可以做什么,我们必须做什么以及必须不做什么,我们能期望集体的力量(或者权利体系)帮助我们做什么,以及当我们面对他人令我们不愉快的行动时,我们无能为力的事情。

制度变迁不是关于未满足需求的人们聚集在一起,并参与到提高福利的商品交易中——买卖未来收益流的所有权以提高效用(或"福利")。制度变迁经常调整我们能够买卖到的东西。制度变迁改变我们驾车可以达到的速度,我们可以食用的食物,我们可以在自己拥有的土地上做的事情,或规定我们驾驶摩托车时必须穿着的服装,我们购买的汽车必须具备的安全的要素,我们必须如何对待那些为我们工作的人,或者对于那些我们为他们工作的人,我们必须如何行动。制度变迁说明我们收入中的多少必须用于缴税,以支付集体的商品和服务,我们的垃圾箱多久应该清理一下,什么东西我们必须投入垃圾箱而什么东西我们不能投入,以及垃圾箱应该如何放置在路边的台阶上,以给予垃圾工人方便。

集体行动的目的——以及国家政治实体所从事的工作——就是面对许许多多我们可能阻碍他人的行为,并且构思处理这些日渐成为问题的情形和处境的方法。无论是村庄中的议会、郡县的管理委员会、省政府的委员会、国家的议会、超国家的实体如欧洲议会或者联合国,制度创新的任务都是要持续寻找看似合理并且被接受的方法来解决人们的处境中新出现的、棘手的、且令人不安的现实存在。

许多导论性的经济学教科书让人相信原子式的讨价还价是制度变迁主要(以及首选)的形式。这个途径使得制度变迁看上去类似于在一个埃奇沃思框图(Edgeworth box)中实现的帕累托安全移动。按这种说法，双方都获得了一些收益，而每个人收益的程度是他们作为谈判方或者协商方的能力（“力量”）的函数。当这些协商引致了一次不可避免的向“有效的轨迹”（契约线）的移动时，经济学家们会感到非常满意。许多经济学家似乎想象着制度交易正是以这种形式进行的——即不受约束地通过谈判交易寻求互利。当稀缺性和新的相对价格使之前的制度安排突然“失效”时，各种制度以这种方式一起演化，而由此经济会再一次恢复到效率统治着的契约线上去。然而，对于契约线，一个更加合适的术语是冲突线，因为在这条线上的个体能够将他们的意志强加于他人之上：或许 A 能将 B 推到一条更低的无差异曲线上。并且，正是在这里，一些个体能够获得国家的集体权力来推动他沿着冲突线移动。更加深刻的是，同样是在这里，这些相似的个体或许能够——在必不可少的集体力量的帮助下——通过进一步增强相对于经济中其他人的优势来改变冲突线的本质。

对这个过程的一些解释似乎意味着，政府在制度变迁这件事上实际上是不必要的（Ellickson, 1991）。它们不仅宣称政府在制度变迁这件事中不是必要的，还常常认为政府在制度的建设过程中不是首要因素。那些相信这些结论具有说服力的人，显然没有理解，在缺少政府的情况下，所有权这个概念在逻辑上是矛盾的。他们把这些故事说成是和谐交易的一个个片断，在这些片断中，双方（或者所有的参与方）都得到了它们恰恰想要得到的东西。在阅读这些观点时，你可能会想到农场里养牛的牧场主和种玉米的农民间发生的故事，牧场主的牛没有注意到土地的界限而误食了玉米，对于这件事，牧场主和农民安静地达成了一个最优的科斯协议。这个想象的寓言中缺少的是——当农民和牧场主感到需要进行认真谈判的时候——任何现存的所有权制度的存在，这些制度已经确定了一些参数，在这些参数下牧场主和农民才可能进行彼此有益的谈判。

毫无疑问，生产玉米的农民是他的土地的所有者。他在土地上种植玉米，而别人的牛吃了他的玉米，你一定会问，为什么需要谈判？我们是否真的会认为，农民坐在厨房的桌子旁，急切地计算着那些仍然幸免于难的玉米的保留价格，而不是把它们送到当地的谷仓去？有一个解决方案在标准的谈判故事中是没有的，但不少农民一定想到它：如果好言好语无济于事的话，农民就会做出一些举动威胁牧场主，或者干脆射杀正在吃玉米的牛。这一定会引起牧场主的注意，而那些牛毕竟是犯了错的。稍做思考的农民可能会这样问："为什么我必须付钱给牧场主，让他把牛从我的玉米地上赶走呢？"或者，为了表明目的在人类事务中的作用，我们还可以想象，农民坚持说，他必须专注于种植玉米，以便能够把玉米卖出一个好价钱；他还可能会补充道，他当农民的目的，不是为了接受牧场主因家畜在他的农田里闲逛而支付的补偿。

然而，这当然再一次提醒我们，所有这些令极端科斯主义者（hyper-Coaseans）不悦的交易故事，都必然是较大的制度结构的产物。交易发生在这个结构之中，它确定了交易的哪一方会受到现有制度的保护。譬如，在美国东部，通常土地的用处是种植农作物，那些拥有牛羊的人在法律上有义务确保他们的牲畜远离农民的田地。如果一头家畜进入一块田地并且造成了损失，那么家畜的主人有义务赔偿。我在之前将此定义为由债务法则保护的所有权，在如此法律的规定下，牲畜所有者必须用围栏圈住牲畜。相对应的是，在美国西部，气候非常干旱，除了少数孤立的灌溉区之外不可能进行农业种植，在那儿，义务就转到了另一边。那些想种植农作物的农民必须承担为防止牛羊进入而围建栅栏的财务负担。两者间的差异反映在一个地区是由畜牧法则管理的，还是由栅栏法则管理的（Sanchez and Nugent, 2000）。

此处的要点是，以原子式交易来分析经济制度效率的方法，不能告诉我们有关现行制度安排是如何赋予谈判各方以不同的优势的。更为重要的是，这个方法给人以印象，即个体间达成一致的谈判能够带来各方都偏好的制度变迁，而政府"干预"市场的过程，将通过议会或者立法机构和法庭的干涉，不可避免地导致不受欢迎的结果。这些关于制度和制度变迁的解释对于更加清晰地理解经济过程而言，是没有帮助的。

结语

制度变迁仅仅是制定出新的法律参数，以确定个体行动的可能范围。公共政策是限制、解放并且扩展个体行动的集体行动。当然，在管理一棵共有的树这样的问题上，两个邻居能够推进制度安排——行动规范——的演化。并且，当然，一个未来的工人和他的雇主能够达成让彼此愉快的工作安排。许多经济学家喜欢这一类的故事，原因正是这些故事的解释允许我们做在经济学中该做的事情——建立个人自动寻求最优结果的理性选择模型。但是，相比民主市场经济中的议会、立法机构和法庭的集体行动，这一类制度变迁的重要性是微不足道的。这里，我们必须努力理解限制、解放并且扩展个体行动的集体行动的理由。如果我们要理解这些集体行动的理由的话，我们就必须放弃将公共部门的官员视为效用最大化载体的决定论的机械推理。我们必须构造一个更加诚实和更具启发意义的过程，在这个过程里，当个体参与到集体行动中的时候，对于未来的结果以及可能实现这些结果的途径，他们创造了看似合理的想象。这个对于集体行动的构建要求我们现在转到对能动的实用主义的讨论。

第二部分

能动的实用主义*

* 能动的实用主义(volitional pragmatism)是布罗姆利创造的词。美国实用主义哲学历来强调人的主观能动性——包括自我对外界事物的反思能力和价值选择以及随之而采取的行动,这就是能动的含义。——译者注

第六章　信念的确立

人们推理的目的，是通过对我们已经知道的东西的思考，得到我们尚未知道的东西。

——查尔斯·桑得斯·皮尔斯：《信念的确立》(1877)

从想法到信念

经济学的标准途径深深地植根于“假说—演绎”的方法论中。在这一途径中，基本公理(包含规律)被用来指导寻找指向特定假说的假设和具体前提，然后用来自“真实”世界的数据对这些假说进行检验。这些公理意味着理性、自利、稳定的偏好等种种假设，而且声称人具有对效用进行最大化的欲求。在这个过程中，公理的正确性从来没有过争论。其实，从未有过针对经济学理论核心公理的正确性的检验。这就是“原教旨主义”(foundationalism)方法论的本质。虽然被普遍接受的标准理论也偶尔经历过检验，但更经常出现的却是：只要发现的结果被理论证明有效，或者与理论一致，我们就该结束工作。于是，不少坚信社会问题能够被合乎情理地处理成上述标准演绎模型的帕累托主义者，会信心十足、满怀热情地声称，世界上“存在”着他们所谓的“最优”政策。

之所以会产生这种对演绎思维方式的信奉和忠诚，部分原因是，我们中大多数人都习以为常地认为，世上只有一种获取知识的方式(McCloskey, 1983)。其实，这是逻辑实证主义给世界留下的不幸遗产之一，几代经济学家都被灌输以这样一种理念：世上只有一种通向真理的道路。这种理念被冷酷地贴上“科学方法”的标签(好像这世界上只有这一种科学方法似的)。这种被人们接受的方法的本质,在于它对一些特定的普遍法则(即公理)存在的依赖性。这些广泛使用的普遍法则铺就了科学家们的概念基础,而这些普遍法则(公理)因为一种基本的现代主义的坚定信仰而获得了它们的重要性,即只要对于信念的推导不是建立在一些标准的真理基础上,那么这些信念就不会是“准确的”和“科学的”。以上所述正是我们常说的“现代科学在‘寻求基本规律’”这句话的意思。

其实,正如前面所提到的,科学进步的严重阻碍之一,就来自于大部分学科从业者很难想到去质疑那些(既存的)“普遍规律”(“公理”),因为社会已经教化他们,使他们相信这些普遍规律的真实性,质疑公理会让他们显得对该公理所隶属的学科不够忠诚。“规范性科学”的事业之实质所在正是要为这些“一般公理”或所宣称的真理建立一套支持体系(Kuhn, 1989)。我们可以把“范式”想象为一套为一群学科从业者搭建的组织框架。这个框架由这群从业者默认的共识框定而成,它划定了哪些问题值得一问,而哪些问题是浪费时间。斯坦利・费雪(Stanley Fish, 1989)把一个学科及其从业者称为“诠释共同体”(interpretive community),而我则使用“认知共同体”(epistemic community)来称呼它。

要理解经济制度,一个必要的前提准备是要认识到,大部分“寻求基本物理规律”的信仰,对于开放性思维是有阻碍作用的。甚或更为严重的是,这种信仰使得很多优秀的科学家——我特别指的是经济学家——以为,世上只有一种获得知识——这是形成信念的必要步骤——的方法。因此,如果我们打算理解经济制度和制度变迁,我们必须首先深化我们对科学家获取知识的方式的理解,换而言之,我们要明白,当科学家声称他们在获取知识,认识事物的时候,他们其实是如何做到这一点的。科学家们获取知识——由这种知识他们能够按某种方式确立信念——的步骤、程序是什么呢?尽管大多数经济学家声称他们所依照的程序是“科学方法”，但事实上，科学家们确立信念的方法有三套：演绎、溯因和归纳。我们现在来仔细审视这三种确立信念的方法。首先，从演绎法开始——这是最常用的方法。

演绎式信念

规则：所有从这个袋子中取出的豆子都是白的。

事件：这些豆子是从这个袋里取出的。

∴结论：这些豆子是白的。

由演绎而来的信念由一个命题体系推导产生。这个命题体系的目的是在于阐明公理（即规则）、具体的前提假设和应用性假定（即事件）与具体的结果（即结论）之间的关系。演绎推导是这样一类推理：它从一个或几个前提——包括公理（经常被称为大前提，这里称为规则）、假设和应用性假定（经常被叫做小前提，这里称为事件）导出一个推论。从这些前提中能推导出推论的必然性在于，这些推论必然已隐含在这些前提中了。在最纯粹的演绎推理中，推论（这些豆子是白的）要比某个前提（所有从这个袋子中取出的豆子都是白的）更缺乏一般性。这些演绎推理所发现的结果必然已经被论者的分析引擎——建立这套分析引擎的目的在于发现某个信念——所预示了。注意，在前面的三段论中，结论（这些豆子是白的）从规则和事件中演绎出来的时候并没有涉及这些豆子自身的实际情况，换句话说，演绎过程并不需要去看一眼这些豆子事实上的颜色是什么样子。演绎主义者对规则与事件比对相关的实际事物更有信心（这些豆子，是取自这个袋子，而这个袋子据称只含有白色的豆子）。在这个基础上，这些豆子只能是白色的而不是其他别的颜色的。注意，我们不需要去考虑豆子的实际颜色——演绎推理的这一特色对于那些准备宣称某个选择会增进“福利”或某个选择是“理性”的经济学家们，是非常重要的。的确，效用、福利和偏好都是不可观测的，因此也是不能被度量的，但是，不要担心，我们经济学家本来就没有必要去观测或度量它们——因为我们是演绎主义者。

也许考虑一个经济学以外的例子有助于我们看清楚演绎法的纯粹形式。设想一架飞机在海上失事。现在所知道的，只是飞机的起飞地点和它之前飞行时留在雷达监视屏上的间歇轨迹。在这个例子中，人们急需确立搜索范围的相关信念，以求缩小搜救地域的范围，最大可能地发现幸存的乘客和机组人员。这里的公理(规则)包括重力定律及空气动力学的各种力量。这里的事件包括各种情况下飞机的可能行为，如发动机熄火、传动装置发生机械故障、仪器故障、燃料不足以及飞行员操作失误等等；另外，事件也还包括那些应用性假定，如所在区域的天气，失事可能区域的洋流——洋流可能导致救生筏漂流的调整(如果有救生筏的话)，飞行员的经验，飞机载重量，飞机在雷达监视屏上消失之前的飞行时间，飞机在消失前最后一刻的飞行速度、高度和航向，以及天气的能见度情况。此时，也许会有对飞机失事原因的思考——比如发动机故障、飞行员突然丧失操作能力迷失航向，或机上发生了破坏活动。但对失事原因的诊断确认(即为什么这架飞机失事)，在这里并没有像确认最适搜救范围那样重要。换句话说，演绎思维关心的问题是:此飞机失事的地点在哪里?

我们可以看到，这个搜救行动使用的是演绎的分析引擎，去演绎推导出最有可能发现飞机残骸的地点。换句话说，假说构建的目的是提供最可能地点，以便搜救工作的进行。注意，在这里，规则(如重力、空气动力规律)与事件(此次空难的一些假设和应用性假定)相比，后者比前者对假说的准确程度的影响更大。另外需要注意的是，事件的假设越接近现实，分析引擎中的实证部分(即应用性假定)越准确，则找到生还者(如果他们还活着的话)的可能性就越大。在这里，我们是用预测的准确程度，而不是精细程度来评价模型(分析引擎)。一个准确的模型不必是精细的，反之亦然——一个精细的模型可能声称，“在这个12.65平方公里的区域内搜索”——但却可能未必包含残骸的实际所在位置(即不精准)。

注意,这里模型的预测准确程度依赖于模型的描述能力——即通过对事件(即假设和应用性假定)的构造描述飞机坠入大海之前的种种环境(也包括坠机之后救生筏漂流的环境)。另外一点值得注意的是,这里要探究的根本问题,是确认飞机是在何处及如何失事的,而不是为什么失事的。换句话说,对飞机如何失事这一问题的调查有助于确定可能的幸存者的位置。以上就是一个纯粹的演绎推理案例。

在经济学的国际贸易讨论中,我们可以找到演绎推理的一个经典应用。我们知道,两国各自按自己比较优势出口商品对它们都有好处;自由贸易有助于效率增进,因此是值得追求的。我们如何确立这一论点呢?我们之所以能够确立它,是因为我们可以建立一个演绎的分析引擎去"证明"它。这个故事往往从一个李嘉图世界说起——在这个世界里,每个国家都只有一种生产要素,即劳动,生产两种物品,比如说酒和奶酪。我们于是可得出单位商品的劳动消耗,即生产 1 单位酒或奶酪各自所需耗费的劳动时间。这是相关的技术设定。比较优势告诉我们,一个国家生产酒或奶酪决定于这个国家相对于另外一个国家生产同样产品所需要的劳动时间,它将专业化于生产相对劳动时间较低的产品。在没有贸易的情况下,我们所研究的经济将被迫同时生产两种产品(假设一个国家对两种产品都有需求),但要求奶酪的相对价格等于(而不是超过)它的机会成本。在不存在贸易的情况下,单位商品之间的相对价格必须等于它们各自单位产品的劳动消耗的相对比例;此时,生产技术成为决定性的了。当我们引入贸易的时候,在上述的简单模型中加入了新的假设。

为了让故事变得有趣,我们要求两个国家的生产技术互不相同——否则它们就等同于一个国家,只不过被运输费用分开而已。现在,对技术作出如下设定,让国内生产 1 磅奶酪所需的劳动与生产 1 加仑酒所需要的劳动的比例比国外的低——这又是一个假设。于是国内生产奶酪的相对生产力比生产酒的要高。换句话说,本国在生产奶酪上有比较优势。一旦贸易被允许，则每个国家的奶酪和酒的相对价格不再由各自的国内技术所决定。这就是我们这个分析引擎的一个“发现”。国家间的一般均衡要求相对需求等于相对供给。每个国家专业化于拥有较低单位劳动耗费的产品（这里又涉及一个关于技术的设定）。我们从中推导出，在各个产业中拥有不同的相对劳动生产率的国家将在不同的产品上实现分工，而这种生产的专业化将允许各个国家从相互贸易中获得好处。上述的单要素的简单世界还可以再加以扩充，以包括多种生产要素——这样我们又加入了一个假设。

让我们重新叙述上面这个熟悉的经济学故事。我们可以发现任何演绎分析引擎（如同在搜救失事飞机这个例子里一样）的基本部分的对应物。首先，我们有一些来自正统经济学标准信条中的若干核心公理，如劳动力可在酒与奶酪两个生产部门之间自由移动的命题，消费者自利、理性并依照自己的偏好选择酒和奶酪的消费，生产者和消费者有关于各自选择的完全、免费的信息，以及商品价格和工资水平不受其他因素干扰，在各自市场内由供给和需求的交互作用决定等。我们把上面这些东西称为公理而不称为假设，因为它们构成了经济学的核心前提或“基本法则”。这些公理代表了该学科中被普遍接受并以之为标准的思想。人们可能会把它们当作是经济行为领域不可挑战的规律。

分析引擎的第二部分——事件——扩充了公理，赋予分析引擎以一些和具体问题更为相关的概念。这些组成“事件”的假设使原有的公理更加有血有肉，使分析引擎和贸易问题更加贴近。这些假设是什么呢？我们可以做只有一种生产要素的假设——当然我们也可以考虑有多种生产要素的情况；我们有生产技术不变这一假设；我们有只有两种产品——酒和奶酪的假设；我们有运输费用为零的假设；我们有酒和奶酪生产间存在线性转换关系的假设；我们还有两个国家之间生产技术不完全相同的假设。

通过上述公理和假设的结合，经济学家们构建了一套能够推导出某个和国际贸易问题有关的结论（假说）的分析引擎。他们的发现认为,酒和奶酪的提供将依赖于各自市场上的工资支付。在不存在贸易的情况下,一国经济将不得不同时生产两种产品(假设两种产品都有需求),其相对价格将等于它们的单位劳动耗费的比值。当引入贸易的时候,相对需求等于相对供给。对各国比较优势的利用将使它们相对于没有贸易时的境况有所改善。或者说,我们应该称每个国家都会最终生产自己具有比较优势的产品,而消费者也会因此得到好处,因为此时价格比没有贸易时更低。所以,演绎分析引擎的组成部分为:

公理+假设

公理意味着新古典理论中的基本信条。这些基本信条使我们能够像经济学家那样,戴上“经济学眼镜”看待问题。而假设则提供了主题内容和具体细节。两个部分组合起来就形成了一个分析引擎。这个分析引擎能够推导出一系列关于某个经济问题的见解和假说。其中一个推导出的命题是:从贸易中可以获得收益。另一个命题是:各国如按照它们现有的技术和制度安排下所具有的比较优势专业化生产相应的商品——即专业化于生产具有较低的相对单位产品要素耗费的商品,则可以达到最好的境况。这些重要的见解正是分析引擎得出的结果——也是建立分析引擎的目的所在。

分析引擎还能够产生上述讨论以外的一些见解。比如说,可以引入存在运输成本的假设,而另一个假设则可以设定在一个或更多的国家中存在不同的进出口关税。在每一种情况下,我们都可以看出(预言的)贸易格局将如何作出相应的改变——比较优势如何变化,得益与损失如何在消费者与各种生产者之间分割。注意,演绎分析引擎允许我们在包含不多的假设的简单模型基础上,为探求逻辑推论的目的而引入不同的假设。这一特性使得一个分析引擎能够产生更多的可检验的假说。每个附加的假设都让事件更加精致、细化。

另外,这里很重要的一点是要认识到,到这一步为止,纯粹演绎还不能形成一个一般性的理论,因为从演绎分析引擎中形成的洞见、理解必受到此演绎系统逻辑所固有的结构的限制或禁锢。也就是说,演绎分析引擎所带来的洞见不是别的，只是构造出来的演绎系统中的假设和逻辑结构所带来的人造产物。由一个演绎分析引擎所导出的信念是一个“结构依赖”的信念。之所以这样说，是因为事实上演绎分析引擎只不过是一套逻辑三段论罢了——而这套三段论的“内容真实性”仅仅依赖于它的公理和假设与事实相符的程度。从而，我们可以发现，分析引擎只关心事物如何运行，以及它们在不同的假设下会如何运行。但这些关于“如何运行”的问题，只能在具体的为这些问题所构造的分析引擎的专门结构下加以回答。换而言之，他们探讨的是，在理论概念层面上，贸易如何影响价格、要素使用、产品价格、工资及一国在生产上的变动。当然，可以把问题改成如下框架：“为什么国家要参与国际分工和专业化?”但这种新的框架仍然深陷于那套假设和结构参数之中——而这些假设和参数意在证明专业化会按假说所说的那样带来好处。

一个演绎分析引擎不可能成为理论信念的来源——换而言之，如果我们不在事件中再加入应用性假定，它就不能提供一套理论。的确，经常可以见到某些经济学故事被它们的作者称为“纯”理论。这些“纯”理论只是一些仅仅包含着公理和假设的演绎推导，但却没有任何应用性假定。而从严格意义上来说，一个连贯的贸易理论需要如下几个组成部分：

公理＋假设＋应用性假定

因此，一套国际贸易理论将包含：(1)新古典经济学的一些核心公理；(2)关于各国间要素禀赋、技术、消费者需求和工资率互不相同的假设；(3)应用性假定——即那些使得分析引擎能够应用到某个具体的贸易环境下的假设或前提。只有同时具备这三个组成部分，我们才有发展出一套理论的机会。一个分析引擎能够帮助我们描述和理解国际贸易的运作方式，而一个国际贸易理论需要在演绎分析引擎上再附加上应用性假定。换句话说，理论是“情景依赖”的，且需要经过对不同的具体情景的经历和重复，才可以使我们合理地宣称，我们获得了一个关于国际贸易的可信的(一般性的)理论。

注意，应用性假定由一些从经验中得出和被经验所验证的命题及关系组成，这些命题和关系来自那些我们试图从中寻找并完成我们的(经济学)故事的国家。具体的应用性假定赋予分析引擎以经验内容，使得它能够就下面的问题形成一定的信念：为什么 X 国生产的酒比 Y 国多，或者，为什么 Y 国生产的酒比它生产的奶酪多很多？注意，一个理论能够让我们认为，某些国家在具体的经验环境下有可能会去专门生产某一贸易品。在具体的环境下，理论使得我们能够提出“为什么”(why)而不仅仅是“如何”(how)的问题。尽管如此，仍值得注意的是，针对“为什么”的一类问题的回答所能包含的东西，不再仅限于分析引擎其自身的结构或公理的内容，而是能包含其研究中的不同国家的实际情况——如果它是可信的话。此时，我们的国际贸易理论仍然建立在分析引擎——由公理和假设所构成的演绎结构——的基础上，但已经加上了各种应用性假定，这样，我们能够比仅仅是在逻辑框架内推导做更多的事情。同时，我们所能做的也不再仅限于那些已经由逻辑结果所决定了的假说了。

可见，应用性假定带来了具体的信念——包括作为研究对象的国家的生产函数(也许是经由经济计量方法所估计出来的成本和生产函数)、这些国家的工资结构、对不同产品的需求弹性、消费方式特点以及其他让理论能够应用于具体贸易问题所需要知道的经验数据。注意，一个理论的三部分——公理、假设、应用性假定——都包含着所谓“假设”(或者说都由所谓“假设”所组成)。公理，正如前面所指出的，是经济学的一些基本“假设”(预设)；合适的假设则是使分析引擎适用于对国际贸易问题的理解的必要条件；应用性假定则是由对作为研究对象的经济体的仔细实证研究所得出的“假设”。其中的第二和第三项，即假设和应用性假定组成了我所说的具体的“事件”。

通过上面对演绎方法整个结构的详细展示，我们便可以理解经济学中一个经常被引用的说法：只要一个理论能够预测(结果)，我们就不必额外地去担心其“假设”的现实性。现在，我们可以看到，对这种说法的恰当评价是：它是在说哪一种“假设”不需要“符合现实”呢？很显然，应用性假定意义上的那些“假设”必须是真实的，否则我们的解释和预测就不可能是正确的。另外，一般性的“假设”也必须是真实的，因为它们和应用性假定一起构成了整个研究中的“事件”部分。最后来看看分析引擎中的公理部分，此时，真实性的要求的确就不那么高了。事实上，在这个问题上有两种观点。比如说关于“理性”的公理，我们可以声称人们是理性的，然后着手研究他们的行为，而在研究过程中一点也不去想一想他们是否确实是如“理性”所严格定义的那样行为。正如赫伯特·西蒙(Herbert Simon)曾经说过的那样：“谁还需要理性?!”

第二种选择是不断修改一个或者更多的“不合现实的公理”——即将其他的“假设”纳入公理部分以抵消或事实上替换原有的公理。比如说，如果我们认为“完全信息”是新古典经济学中一个不符合现实的公理，那么我们就可以像约瑟夫·斯蒂格里茨(Joseph Stiglitz)那样引入一个包含不对称信息内容的假设。通过这种修改，我们能够检验在一个具体的理论中，哪一种情况下——有还是没有不对称信息的假设下——对行为的解释(及预测)更好。类似地，如果零交易成本(信息、合同制定及执行均无成本)看起来和现实不符，则我们可以用一个新的交易成本的假设来修改它。如果我们相信商品(对人们的意义)并不只是一个维度(如效用维度)的，而是包含了好几个消费者的利益特质，则我们可以采用凯尔文·兰开斯特(Kelvin Lancaster, 1966)所开创的模式，将消费品分解为它们的组成部分(特质)。这种(关于消费品)的看法，就是一个产生新的可检验假说的假设，打开了通往“享乐式”(hedonic)价格分析的大门。

演绎方法的大体结构可以重新总结为：一套公理假设和应用性假定导出了可供经验检验的结论，结果形成了一套理论命题。也就是：

(6.1) 公理、假设、应用性假定→

(6.2) 研究者声称的可供经验检验的结论→

(6.3) 理论命题

分析引擎(即公理加上假设)及应用性假定包括在(6.1)中，由它们两者的组合可以形成一个可供经验检验的结论(6.2),在理想状况下,这些研究者声称的可供检验的结论,应与实际的经验现实做比较,以使假设和应用性假定(6.1)得到修改和提炼,从而能产生更具有一般性的理论命题(6.3)。但如果有的时候,出现这些可检验的结论与现实的一致性令人怀疑的情况时,经济学家往往不会积极进行应有的经验,而对这种做法的诟病正是对正统新古典经济学的批评之强调所在。这些批评认为,某些(新古典经济学的)理论命题实在是太好用了——或者对于主流信条的延续实在是太重要了,以至于经济学家不想让它们经受被经验检验证伪的风险。

到现在为止,我们可以看到由演绎而得的信念是描述性的。换句话说,上面所说的所有东西都是为"解说、理清相关关系的任务服务的"。甚至理论命题都是那种保留着"如果……那么……"的基本逻辑的一些对关系的推测而已。演绎式信念是从一套(演绎)分析引擎推导而来,因此,是一种套套逻辑。正如我前面所指出的,演绎方法从公理和事件中得出了一个结论。那些热衷于从事演绎方法的学者往往太自我满足于将自己的研究建立在逻辑有效性上了,以至于不去实际地面对结论——比如说,去实地看一看那些豆子是否是白色的。演绎方法是一种确立信念的有力方法,但并不是唯一的方法。

溯因式信念

实际结果:这些豆子都是白色的。

规则:所有从这个袋子里取出的豆子都是白色的。

∴事件:这些豆子是从这个袋子里取出的。

溯因法是为观测到的现象寻找解释性假说的一类推导方法。与演绎法相反,溯因法并不像演绎模式那样——用规则(公理)和事件(假设和应用性假定)去产生一个结论(可供经验检验的声称结果)。演绎法是推导出可供经验检验的声称结论，并推出可能的理论命题，而溯因法则是从一个具体的观察到的经验环境（结果）出发的。也就是说，溯因法是一个从结果和规则推出事件的过程。有些人也称这种确立信念的方法为“诊断”(diagnosis)，事实上，这也确实是那些每天的任务就是诊断各种经验现象的人的工作——比如医生、寻找发动机失灵原因的汽车修理师以及从事验尸工作的法医。查尔斯·皮尔斯经常称溯因方法为“假说方法”。当我们观察到周围世界的某种经验的规律性现象（或某种新发现的不规律性现象），并试图为这些观察到的现象建立某种合理的解释（即事件）时，我们就是在进行对溯因式信念的探求。

同样再考虑前面所说的飞机失事的例子，只不过现在调查人员面对的是一个不同的问题。不同于搜寻失事飞机，在现在的问题中，第一个线索是，有一位船长通过无线电向有关部门报告说，在公海中散布着一些油膜（或者一些漂浮残骸）。这就是激发探求溯因式信念的一个经验现象。对于实用主义者来说，这就是所谓的“惊讶”或者“由疑惑而产生的不安”，这种“惊讶”将触发一个过程，在这个过程中，人们寻找能够和诸如“为什么此飞机会失事”这类问题有关的信念及其确立。即便机上人员的朋友和家人会和有关部门联系有关失踪飞机和乘客的信息，但由于缺少生还者，我们无法知道飞机失事的原因。因此，必然会有对失事原因的各种竞争性解释（有些人也许会把它们叫做“竞争性假说”或“竞争性理论”）。从已观察到的现象——如坠机地点、发现的残骸的特质等——向后倒推，调查人员努力设想某种能够和已知的经验数据一致的假设和应用性假定。于是这里的研究任务的目的就是构造出一个“事件”。皮尔斯把整个过程描述如下：

结果：某个惊讶事件C（飞机失事）被观察到。

规则：如果A真的发生了，则C（飞机失事）将是必然随之发生的事情。

∴事件：有理由怀疑A真的发生了。

于是我们就从A开始搜索。那么A又是由什么构成的呢？类似前面，一些公理将形成解释性的定律——如重力和飞机的空气动力学（如飞机型号已知）；与前面一样，还有一些关于这个飞机在各种情况下的可能事件的假设——包括发动机失灵、传动机制故障、仪表失灵、燃料不足及飞行员失误等种种情况。另一个附加的假设则与坠机区域附近的洋流有关，从而可以对坠机确切地点的确认作出相应的调整。如果有关于各种现象的良好的数据，则这些数据就可以成为应用性假定的组成部分；如果没有，则调查人员又要构建若干假设。其他的应用性假定将由与失事有关的可观察数据构成，如事故发生地的天气，飞行员的经验，飞机起飞的重量，在雷达屏幕上消失之前已飞行的时间，最后的飞行速度、高度和航向、能见度等等。注意，现在的任务不是去寻找失事飞机（及可能的幸存者），而是确认失事的原因，正如我们前面所看到的，可行的解释将包括发动机失灵、飞行员突然失去操作能力或迷失航向或人为破坏等。这里的问题所在，是找到（通常）无法观察的事物，以求与公理、假设、应用性假定及需要解释的已知现象（飞机失事）相契合。

可见，与主要目的在于寻求"飞机如何失事"这一类问题答案的演绎方法不同，溯因法的主要目的是寻求"飞机为什么失事"的答案。当然，这两个问题经常一起出现。举一个例子，当演绎方法被用于帮助寻找搜救任务的时候，一旦找到飞机，则溯因法就会被用于帮助解开失事原因的谜团——一个"为什么"的问题。如果调查人员发现了飞机残骸，则他们也许能更成功地构造出一套假说来解释飞机为什么会失事。但注意，这里的过程（构造假说的过程）正是一个诊断的过程：确定哪种假设（事件）和公理（规则）能更好地解释失事（结果）。

在经济学中，我们可以在"环境库兹涅茨"曲线中找到寻求溯因式信念的例子。库兹涅茨曲线（Kuznets curve）最初是这样的一个假说：在穷国的发展过程中，贫富差距一开始扩大，然后再缩小。也就是说，当发展进程演变（深化）时，收入分配将变得更加平等。环境库兹涅茨曲线被认为是刻画了国家在发展进程中的一种普遍现象，即环境质量开始时下降，然后随着国家的逐渐富裕而得到改善(Selden and Song, 1994)。这一经验事实，至少对于某些人来说是显而易见的。但问题在于我们是否能找到一个对这一现象的理论解释呢？或者正如人们开玩笑时说的："在实践上这是显然的，但在理论上它是否成立呢？"

对这一问题感兴趣的经济学家从若干假设开始思考，其中一种假设的说法是，环境质量是一种奢侈品——随着收入的提高对它的需求将以某种弹性相应增加。另外一种假设则认为，政府或公共决策者在其他的更基本的需要被满足之前，并不愿意把稀缺的资源配置到污染控制上。第三种假设则声称，穷国政府还没到能对他们想支持或吸引的产业挑三拣四的富裕程度——如果说污染产业在工业化国家不受人欢迎，那么它们在第三世界里则是受欢迎的——只有当这些国家也变富裕的时候，这些产业才会被强制性清理。第四，人们也可能假设发达国家的工业结构不同于较穷国家的工业结构，因此有一个向更清洁的产业和经济活动演变的自然过程。

这些命题正是构成一套溯因法推理中的框架(heuristic template)里的假设。注意，这些假设是一些与第三世界有关的经济理论、一般经济直觉和一些实践经验知识的组合。当这些假设与作为当代经济学的核心的一些公理(如完美知识、作为价格被动接受者的个体、可流动的生产要素和零交易成本等)结合，我们便能够构建一套学说框架。这一框架有可能与最初观测到的那些引发论题的经验观测相容或不容。但如果一些应用性假定被添加入此框架的话，则它很可能被改进——也就是说，它的解释力将由此提高。这些应用性假定也许和被研究的国家里人们对各种商品和服务的需求弹性有关，也许和工资水平和开支的数据有关，也可能包括历史上控制污染的开支的经验数据。最后，应用性假定还可能会认为城市空气质量改进的原因是如下中的一个或若干个：(1)城市空气质量被认为对公众健康更为重要；(2)在城市地区减少污染可能相对节省成本；(3)土地价格的上升迫使污染型产业移出城市地区;(4)城市居民,由于享有比农村居民更快速的收入增长,会首先强烈地要求减少空气污染。

当这些假设和应用性假定从而构造出一个描述或者说学说框架,我们便可以期望也许能够推出若干合理的理论命题。溯因法的过程可以概要地表述为:由经验现象引发出合理的假设、公理及应用性假定,最后再得出理论命题。也即是:

(6.4) 经验现象→

(6.5) 公理、假设、应用性假定→

(6.6) 理论命题

注意,溯因式信念的发生是从某些已知的经验现象(6.4)开始的。对于一个经济学家来说,和演绎式信念产生时一样,对现象的合理解释是从一套结构相同的思想过程(6.5)开始的。那就是某些公理,附加以一些假设和应用性假定,这些假设和应用性假定与那些可能解释具体现象的理论命题(6.6)相一致。但与演绎式信念有所不同的是,在溯因式信念中,公理、假设和应用性假定结合所提出的理论命题,是通过与那些需要解释的经验现象进行比较来获得检验的。如果一致性程度很高,我们便可能说,对于被研究的具体经验现象,我们有一个“理论”了。这也是为什么我称溯因法的核心为“学说框架”的原因。

我们可以把罗纳德·科斯(Ronald Coase, 1937)在企业性质上的开创性工作看作运用溯因法的一个例子。在这个例子中,科斯显然是被某种惊讶所触动,这种惊讶源自于,那些按照经典经济学的演绎式信念看来似乎被证明不如市场有效率而显得没有必要存在的公司,却实实在在地存在着。占统治地位的正统理论坚持说,靠指令运行的地方不可能比由价格驱动的最大化行为所自发运作的地方更有效率,而企业却正是靠指令运转的。但科斯考察了身边的环境,发现到处存在许多或大或小的企业,于是提出一个显而易见的问题:“如果企业是无效率的,为什么我们能观察到它们?”他那为现世人们所熟知的回答是,企业之所以存在,是因为由市场来完成某些活动存在交易成本。科斯为一个人所共知的事物之存在提供了一个理论(即一个与经济学理论相合的解释)——而按照原有的被接受的理论,这一事物是不可能存在的。一些旧理论的信徒也许会这样为他们的旧观点辩护:科斯有关企业的想法在现实中的确不错,但它在理论上成立吗?科斯的论文正好证明了它在理论上也“成立”。

我们可以看到,溯因法是经济学洞见搜寻过程中的一个重要方面。一个经济学家,如果他是先观察某个具体的人类行为——具体的经济结果,而后再试图解释这些行为或结果,那他就是在使用溯因法。

第三种确立信念的方法是归纳法。归纳的目的不是解释被观察到的现象或提供一个有普遍适用性的理论命题。相反,归纳的目的是为了得出一套把观察到的现象联系起来的一般规则。在得出这些联系之后,人们可能会再使用溯因法或演绎法(或同时使用两者)进行进一步的解释。

归纳式信念

事件:这些豆子是从这个袋子取出的。

结果:这些豆子是白色的。

∴规则:所有从这个袋子里取出的豆子都是白的。

归纳法是将某些具体的假设和应用性假定(事件)应用于某些具体的观察现象(结果),从而推导出一个规律或一套规则。所以说,归纳是从事件(假设)和结果(观察的现象)到规则(一般性命题)的过程。从严格意义上来说,归纳是“以若干具体的观察事实为基础走向一个一般性论断的过程”。完美的归纳是一个通过调查一个类群中的每一个可能成员,而得出的关于该类群所有个体的结论性断言,比如:“这个篮子中的所有西红柿都烂了。”注意,这里的结论——规则——把握了观察的类群中的成员,但并没有(也不可能)超出这一特定的类群。因此,归纳法并不属于演绎性信念。

在一个不是所有类群成员都能被一一观测的世界里，完美归纳是不可能的。在日常应用中，归纳法只对一个类群的一个子集进行观察，以此为基础提出和该类群中所有成员有关的性质。经典的归纳命题——所有的天鹅都是白的——正反映了上述这一思路。很不幸的是，澳大利亚的天鹅是黑的，或者我们应该这样说，一种被叫做天鹅的澳洲鸟类正好是黑色的。归纳不是推理，它也不能看作一种用假设和结论所形成的论据。相反，归纳是不遵从任何一种“有效律”(rules of validity)的一种对关系的领悟而已。归纳

> 代表了一种求知的头脑的摸索和试探性猜测。因此，直觉性的归纳并非与演绎对立，因为它根本不是一种推理过程；而在演绎中，发现一组前提之间的相互关联也很需要同样的猜测与摸索。直觉性归纳不可能有什么逻辑或者说方法。(Cohen and Nagel, 1934, p. 275)

与一般所认为的不同，归纳法可以非常有用，特别是在一门科学的早期探寻阶段——此时，“摸索和试探性猜测”非常需要。常举的一个例子是开普勒对火星轨道规律的探求，还有波义耳对温度恒定条件下气体压力和体积之间关系的寻找。对于未经特别训练的人来说，森林也许第一眼看上去是由一些同质个体(树)所组成的同质整体；然而，在经过一些近距离观察之后，人们能开始发现，事实上森林中同时存在着针叶树和落叶树，而这两大类各自内部又存在着一些子类。其实，林纳的植物分类学就可以看作是通过归纳而进行的信念确立(Broberg, 1992)。

经济学有为归纳法留下什么位置吗？假使一个经济学家怀疑，在某一类国家中——比如那些被认为是处在“发展中”状态的国家里，民主程度和经济增长率存在着某种联系。这个经济学家也许观察到A、B、C、D四国——这四国至少从表面上看起来是高度民主的——而它

们都在过去的20年里经历了两位数的人均收入增长率。其结论假说也许就是:国家民主程度越高,增长率就越高。这是一种在考察了相关事物的部分例子之后,以此作为基础建立一套普遍命题的过程。但该命题要想正确的话,还需要我们确立另一个命题的真实性,即对于A、B、C、D四国是真的命题,对于所有发展中国家都是真的。注意,上句话把归纳过程重新表述为演绎命题的形式,也就是:

事件:对A、B、C、D四国都是真的,对于所有民主国家都是真的。
结果:A、B、C、D四国的特点是人均收入快速增长。
∴规则:所有民主国家都有快速的增长。

归纳法为人所熟知的问题在这里也暴露无遗了。但是除此之外,归纳法还和另一个由于引入价值判断的污染而导致的难题连在一起。在演绎法和溯因法中,一个论证的真理内容总是可以通过对假设和公理的正确性的确认而得到检验。由于归纳法形式上不是一种逻辑论证,所以更难指出它的缺陷,也更容易被人疑为引入了虚假关联。

结语

> 由归纳法,我们得出结论:对于那些没有考察过的事件,与已观察到的结果类似的结果仍可能成立。由假说法(溯因法),我们得出结论:存在一个与任何已观察的东西不同的事实,进而,根据已知的法则,这一事实必然导致某些已观察到的东西。前者是由特殊推论到一般法则;后者是从影响倒推到原因。前者着眼于归类,后者着眼于解释。
>
> ——查尔斯·桑得斯·皮尔斯:《论科学哲学》(1957)

演绎法作为经济学中确立信念的主要方式,依赖于一套分析引擎,而这套分析引擎局限于展现那些为具体的目的而构建的模型的结构性质。大部分经济学家正是用这种结构确立了他们关于这个世界如何运作的信念。但这种演绎式信念，不会比作为其核心的分析引擎中的公理（“广泛适用”的法则）和假设所具有的与经验事实的相关性有更多的东西。如果经济学家们仍然只是全身心关注于这些“广泛适用”的规则和假设，而把应用性假定仅仅用于重复确立分析引擎的有效性——即这些应用性假定从来没有达到足以怀疑分析引擎本身的程度，那么，理论进步其实就是不可能的。同样重要的是，经济学家们往往由于不愿意承认公理和假设已经预定了由演绎所能推导出来的理论命题，而牺牲了真正的解释。辩解主义（validationism）* 是如此普遍。这意味着我们不是在解释现象，我们只是在为现象寻求合理性。演绎法可以事先为它的理论方向找好已被确认的事实作为“证据”，之后演绎主义者便急不可耐地宣布：这个理论“很令人满意”。

相反，溯因法专注于通过对现象的观察来完成信念的确立。两种方法之间的区别是深刻的。溯因主义者不会提供那样一种理论——这种“普适理论”试图达到这样一种境界：只要数据“再好一点”，我这个理论就能放之四海而皆“真”。相反，溯因主义者得为解释结果而提供相应的合理的原因。如果我的汽车无法启动，那我并不对那些有关高海拔、寒冷天气、发动机冷却系统故障等理论命题有什么兴趣。是的，这辆车，此时、此刻、此地，不能像我所期望的那样正常工作——也许有许多关于这个汽车发动机无法启动的演绎推理解释，但无法启动的原因只有一个，而溯因正是要去揭示这个原因！

---

* 辩解主义（validationism）等同于辩解学（apologetics），即找借口为自己的理论辩护而不是真正对自己的理论进行检验的行为，常常有为现状辩护的含义。——译者注

第七章　解释

我希望他能对他的解释加以解释。

——乔治・戈登・拜伦勋爵:《唐璜・奉献》(1818)

对解释的紧迫需求

如果一个人像许多经济学家那样,相信经济学的根本目的在于提供预测,那么他就应当承认,经济解释作为做出预测的必要条件,是经济学工作的核心。除此之外,如果一个人还相信,经济学的根本目的在于为社会问题的解决提供有用的、有价值的建议,那么他也同样必须承认,作为给出解决方案的必需条件,解释是经济学工作的核心。简而言之,如果不首先得出关于过去、现在或未来经济环境和结果的合理解释,那么就不可能预测经济结果——也不可能为所觉察的经济问题提供相应的方案。

当构造出一套由类似于“如果发生了 X,那么就有 Y”这样的关联律(law of connection)命题所组成的规律时——这套关联律可以是逻辑的(如 2＋2 ＝ 4),也可以是偶发的(如“气体受热时体积会膨胀”),人们便在给出一个诊断。这个诊断为观察到的事实——这里事实是思考的起点——提供了一个解释。但如果上述的规律仅仅是由推断律(law of conjecture)组成——所谓推断律,就是仅仅由统计的齐一性(statistical uniformity)得出的假说,那么,这一诊断就并没有对观察到的事实进行解释。如果观察到某一动物具有偶蹄,那么也许有人能通过诊断设计出一个假说称,由于既有的(归纳出的)统计规律表明,所有已知的反刍类动物都有偶蹄,那么这个具有偶蹄的动物也必定是反刍的。但这一诊断,无论它是否正确,都一点儿没有解释此动物为什么是偶蹄的。这一诊断所具有的只是从某一个统计学规律中预测出(或证实)了某动物为偶蹄的,而根本的问题仍然未得到解释:为什么有的动物具有偶蹄?显然,回答不应是:“因为它们是反刍动物。”同样地,我们也不能用“具有偶蹄”去“解释”为什么动物有反刍特征。

解释需要对一个事物的理由加以理解。也就是说,如果我们打算解释某个具体的经济现象,那么我们就必须能够为其中的具体行动和结果找到它们的理由,而不仅仅满足于它们的原因。虽然经济学声称是研究个体与集体的选择,但却很少表现出去分清原因和理由之间重大区别的兴趣(Lewin, 1996)。或者说,如果非要举出人的行为的理由,许多经济学家就会提供一个“万金油式”的“理由”:每个选择的理由都在于最大化效用。有一个显见的难题是,行为个体的任何一个对“选择的理由是什么”的回答都可以作为选择的理由。并且,“原因”还很容易与“理由”相混淆。声称“个人做出某个选择是因为该选择最大化了他的效用”,并不是提供了一个选择的理由,而只不过是“理性化”了这一选择。效用并不能作为理由。

当冷风吹进一个装有自动调温器的房间时,保温机制会被激发启动,使房间温度回升到预定的水平。那么,冷风是否是导致电炉启动的原因呢?抑或它是电炉启动的理由呢?抑或是,冷风触动了自动调温器的某一部分,从而导致了电炉被启动,最后使得温度回升到预设的水平?电炉启动的理由到底是什么?是吹进屋子的冷风?是突然被触动的自动调温器?是屋内实际温度和预设所求的温度之间的突然偏离?这里的过程步骤是自动的——或者说,是纯机械性的。在机械性行动与目的行为之间存在重大的区别——前者包含着原因,而后者包含着理由。

理由通过重新描述使一个行动变得可以为理智所理解(Davidson, 1963)。为什么约翰门廊上的灯亮了?是因为他拨动了灯的开关?是因为他要等待客人来访?是因为他认为门前亮一点能使屋子看起来更好一些？是因为他害怕盗贼？是因为他的邻居也已经把灯打开了？是因为他的父母就有每晚开灯的习惯？是他的妻子让他打开的？如果是最后一个，他妻子的理由是什么？约翰做出了一个明确的选择，通过拨动开关使得灯亮起来，但他亮灯的理由却是另一回事情。在经济学中，我们经常认为人类行为类似于拨动开关——选择X而不是选择Y——而与此同时，行动的理由却仅仅被“这样做与行动者的偏好一致”这种借口敷衍过去，压在那里不加过问。

对于那些试图寻找对解决经济问题或制定经济政策的有用诊断的人来说，上述的敷衍说法并不能让他们感到满意。经济政策经常与个人选择——个人行为有关，也与集体行为的理由和效果有关。我们不应当仅仅满足于选择，我们必须理解理由。也就是说，我们必须要能够解释我们为什么能或未能观察到那些特定的结果——那些自身是数以千计（也许是数以万计）的个体行为的结果。然后我们也必须能够说明，要让某个结果在未来更可能或更不可能发生，我们要完成哪些步骤以实现之？这恰恰是经济政策的目的。我们于是立刻能发现解释（explanation）、处方（prescription）和预测（prediction）三者之间不可摆脱的联系。

我们（学者）如想要对某个经济现象建立一套预设信念，则我们面对的紧迫挑战，正是如何去寻得一个在其之上能够做出成功解释的基石。“对已观察事物的解释由这样一些假设推断所构成——在某个已知的法则下，这个假设足以充分导致那些观察到的事物的发生。”（Ducasse, 1925, pp. 152—153）。因此，解释是和对充分理由的确认和阐述联系在一起的。我们如果想要理解经济制度的意义，并构建一套制度变迁的理论，那么就必须把我们的工作建立在充分理由这一概念的基础上。

充分理由

信念的确定是一段不断演化的过程——这一过程的起始点是为所观察的现象寻找一种一般模式。在早期阶段，归纳扮演了重要的角色。

回顾一下，归纳正是通过对一组看起来有些关联但仍十分具体的现象的检查，得出了一套一般规律的过程。但归纳只能认识到相关性关系，它并不服从于任何逻辑上的有效律。这也就意味着，从逻辑上来说，我们是不可能拒斥归纳命题的。归纳命题只能用它们所表达的内容的外表“真实”程度来评价。比如说，在医学发展的早期阶段，我们可以想象有这么一位好奇而敏锐的医生，他对大量发热病例进行观察并试图系统化其理论。当一些纯粹经验式的观察记录积累到一定程度的时候，此人也许会得出这样一些断言：我已经观察到了发热现象与暴露开裂的鼠疫创口之间有相当紧密的相关性，我所检查的每一个有溃烂的鼠疫创口的病人都同时具有发热症状。因此，我得出如下结论：发热症状和溃烂创口是同时发生的。尽管如此，我还不能确认到底是溃烂的创口导致了发热，还是发热导致了溃烂的创口。

这一观察能在解释方面给我们什么东西呢？注意上述的这一归纳命题，可以说，看起来发热解释了感染，也可以说看起来感染解释了发热，同时也可以说，发热预言了感染，或者感染预言了发热。但观察者缺少一个充分解释的基础，因为此时没有办法说清楚是发热导致了感染还是感染导致了发热。观察者可以仅仅宣称：

事件：对这些被观察的病人成立、正确的，对所有有溃烂感染的人都是成立、正确的。

结果：所有这些被观察者都有发热症状。

规则：因此，所有被感染的人都会发热。

（见表 7.1）

但此观察者也可以这样宣称：

事件：对这些被观察的病人成立、正确的，对所有发热的人都是成立、正确的。

结果：所有这些被观察者都有溃烂感染的创口。

规则：因此，所有发热的人都有感染。

（见表 7.2）

表 7.1　归纳过程(a)

经验断言	事件：发热(F)
联系模式	如果有……事件，那么就有……结果
结　　论	结果：感染(I)
公　　理	规则：如果有发热(F)，那么就有感染(I)

表 7.2　归纳过程(b)

经验断言	事件：感染(I)
联系模式	如果有……事件，那么就有……结果
结　　论	结果：发热(F)
公　　理	规则：如果有感染(I)，那么就有发热(F)

可见，在需要对观察事物做出解释的时候，归纳法的价值——它的价值其实只在于建立联系和相关关系——就已经不复存在了。此时，演绎与溯因两者就进入了人们的视野。这两个逻辑推导的模式的各自形态可以参见表 7.3。

表 7.3　逻辑推导的结构

	从……		与……		得到……
演绎法	规则	→	事件	→	结果
溯因法	结果	→	规则	→	事件

表 7.4　演绎过程

公　　理	规　　则
模　　式	如果有……事件，那么就有……结果
经验断言	事　　件
结　　论	结　　果

在演绎式信念的形成过程中，我们是依照三段论的推论模式，从一般公理(规则)、假设及应用性假定(事件)推得需要被解释的事物(结果)。注意，此时的解释不是在结果(即被解释项)中找到的，而是在规则和事件(即解释项)中得到的。也就是说，公理、假设和应用性假定结合在一起为某个结果——无论是事实上的还是假说中的——提供了一套演绎基础。在公理、假设和应用性假定下我们可以预言X国将比Y国生产更多的酒(结果)，而这之所以会发生，是因为X比Y在酒的生产上有更强的比较优势(用假设和应用性假定所精心构造出来的事件)。演绎法使用了这样的模式："如果存在……事件，那么就有……的结果。"(见表7.4)

公理：各国按照它们各自的比较优势进行生产。

模式：如果X国比Y国在酒的生产上(相对)更便宜，则X在生产酒上有比较优势。

经验断言：X国比Y国在酒生产上更加便宜。

结论：X国在酒类生产上有比较优势。

演绎的目的是为某个也许能、也许不能观察到的具体现象(比如说比较优势)建立一般的解释性命题。在经验断言能被观测(且确认)的情况下，问题就变成："为什么X国能比Y国更便宜地生产酒?"回答，或者说解释是，X国与Y国相比在酒的生产上有比较优势。注意，比较优势并不是一个可观察的现象，因此经济学家是通过可观察的相对投入和产出的数据(及要素相对价格)演绎推导出X国在酒类的生产上有比较优势。事实上，"比较优势"这个词，只不过是对一组国家具体的生产可能性集合的相关条件和关系的集合的经济学简写罢了，从而我们可以发现，比较优势只是一个"设定的概念"，而不是一种"直觉的概念"。所谓"设定的概念"，它的含义是由包含在由某些演绎形成的理论中的假定所指定的。而与此不同，"直觉的概念"是那种其意义能立刻就被领悟到的概念(Northrop, 1967)。

演绎主义者问:“我能否建立一套一般的映射规则和公理,使得我们能够演绎出对某个具体现象的解释呢?”回到前面的医学例子,这一过程也许从某些基本的、较完善的定律开始——这些定律也许是以往归纳研究的成果,也许是先前对人体产生抗体以抵抗感染的发现。通过对这一过程的研究,人们也许将意识到,当抗体反应在人体而不是在实验室里发生时,这一过程将伴随发生发热症状(F)。由此可以产生一个公理(一套规律法则),这一公理称,如果医师发现病人有发热症状(F)时,那么这可能暗示存在感染(I),因为抗体进攻感染区域时将伴随着人体发热。演绎推导规则是:“如果有发热,那么就有感染。”这一演绎法则是如下思考的产物:“我怎样在尚未观察到瘟疫溃创的条件下预测出感染的存在呢?”这一探求本身并不关注于确诊某个病人的具体疾病,而只注重于建立关于感染和它们外在症状表现(如发热)之间的一般原则(规则和事件)。

演绎主义者于是会说,因为我们现在知道了感染将伴随着发热症状,所以,我们能够相当自信地称发热症状“预言”了病人被感染。换而言之,看起来感染“解释”了发热症状,我主要的兴趣将不是在发热上,而是在发热的理由——发热的原因——上,因为感染被确切知道将导致发热(通过抗体作为解释的中介)。我们可以有信心地称一个发热的人是被感染的(见表 7.5)。

表 7.5　医学上的演绎过程

公　　理	规则:如果有发热(F),那么有感染(I)
模　　式	如果有……事件,那么就有……结果
经验断言	事件:发热(F)
结　　论	结果:感染(I)

注意,在演绎中,挑战在于发展一套能够作为该事件的理由的必要论据。正如将要提到的,事件的理由正是这一规则(公理):如果存在可以观察到的发热现象,那么就有感染发生。注意,这里关注的着重点是在事件上,且人们是从事件出发,通过规则得到预言,回到结果。演绎

法里的逻辑推理是从事件到结果。演绎法的威力可从在其过程中人们不需要观测病人确实感染与否这一点显现出来——感染(与否),可以从公理和事件中演绎出来。但我们如果单纯依赖于演绎法的话,可能将会付出高昂的代价。具体说来,由于单纯依赖于规则(公理)和事件(假设)之间的联系,演绎可能导出错误的预言结果。这一事实使得经济学完全暴露在批评之下——这种批评指出,经济学家其实从未通过诉诸真实世界来检验理论中的公理和假设。也就是说,我们的理论预言了一个具体的结果,如果这一结果并没有被观察到的话,我们总是能指责假设有问题,或者我们指责数据(应用性假定)有问题——而这些正是事件的核心部分。就上面的这个医学案例来说,如果一个病人发现在无感染的情况下仍有发热症状,病入膏肓的演绎主义者将质疑那个显示病人发烧的温度计的准确性。本质上,一个忠诚的演绎主义者将寻求把注意力从对"如果有发热,那么就存在感染病"这一解释规律的检验上移开,他们会力图找一个更好的温度计以求显示"真正"的发热的确被感染性疾病所解释。

另外还要注意一件事情。感染解释了发热,但发热可解释不了感染。即人体产生抗体以对抗感染,这引发了发热。所以说发热预言了感染,但不是解释了感染。感染必须由"发热—感染"的分析引擎以外的某个其他事件所解释。我们必须发展出一套解释以理解为什么病人会有感染,且对此的回答肯定不能是"病人被发现发烧了"。

这就把我们引向了另一种逻辑推导——溯因。在这里,与演绎法不同,溯因法的过程是从结果和规则到事件(见表 7.6 和表 7.7)。

表 7.6　溯因法过程(a)

经验断言	结　果
公　理	规　则
模　式	如果有……结构,那么(可知)有……事件
结　论	事　件

表 7.7　溯因法过程(b)

经验断言	结果:发热(F)
第一种公理	规则:如果发生发热(F),那么有感染(I)
联系的模式	如果有……结果,那么有……事件
结论(假)	事件:感染(I)
第二种公理	规则:如果发生发热(F),那么有白血病(L)
结论(真)	事件:白血病(L)

形成一个溯因式信念,我们依照三段论的语言从已知的现象(结果)和公理(规则)推到具体的假设和应用性假定(事件)。注意,溯因中的解释项与演绎法中的相同,即解释项是存在于事件(假设和应用性假定)中的,而不是在有待解释的事物中的。但在溯因法和演绎法之间存在着一个根本的区别。我们注意到演绎法是专注于发现事件(发热)的理由。我们甚至可以说,科学家是在努力"合理化"发热这个事件或为它寻找支持,并且不会止于寻找到一种看似能够充当发热理由的东西——如感染,而忘记了他必须要解决的科学挑战难题:继续找出感染的原因,而不仅仅是发热的原因。在这套方法下,科学家容易变得为现有假设和应用性假定进行辩护式的解释或说明。其实,对经济学的正统学说的批评所指向的正是这种现象。

在溯因法中,科学家关心的是发现结果(发热现象)的理由,但与演绎法中不同,科学家不会把事件当作解释。回到医学的例子,医生会从医学中一条人所共知的公理出发,称感染(I)通过激发抗体,从而将导致发热(F)。但医生会对确诊发热病人——即解释结果——更有兴趣,而不是仅仅检验事件。溯因主义者也向其他公理开放,其中之一也许是严重的白血病——这种病通过妨碍人体散热功能的运转,也能带来发热症状(F)。溯因法引导医生开放地接受对发热症状的几种不同的解释。

医生的思考途径大体可以刻画如下:如果遇上一个发热病人,那么先试着检测他是否有感染(I),若得到否定的答案——即检测为阴性,则再进行白血病(L)检测。其中的逻辑是,如果我能解释发热,则我将知道我的病人问题出在哪里——也就是说,我能预计出病人发热的原因。使用第一种公理(如果有发热 F,则意味着有感染 I),医生推断病人有感染。他即指示实验室对此假说进行检测,而检测结果为阴性后,医生转向另一假说——发热是由严重的白血病引起的。于是他指示实验室再做一次检验——不过这次是针对白血病。这一检测确认病人是患有白血病。可见,我们从医学案例中学到了关于解释的重要一课。

发热是否解释(或预言)了疾病呢?不,因为存在两种可能的疾病和发热有关——感染和白血病。疾病解释了发热了吗?对感染这个事件来说答案是否定的,但白血病这个事件则确实是解释了发热。请记住,是疾病解释了发热,而不是相反。病人可以在没有感染的情况下(也可以在没有白血病的情况下)发生发热现象,但他们不可能在没有发热的情况下受到感染(除非他们的免疫系统遭到 HIV 病毒的破坏)。某些疾病的存在导致发热,而与此同时,发热仅仅提示我们某些疾病的可能存在,但并没有预言某个具体的疾病。溯因的过程为这个问题——为什么病人发热——提供解答。换句话说,溯因法帮助医生在可能导致发热的(由医学中诸基本的规律决定的)原因中搜索,直到真正的原因被确定下来。于是这个医生可以对病人说:现在,我可以解释你为什么感觉全身发热了。从我对你的诊断中,我推断你患有严重的白血病。我已经让实验室在这一假说的基础上进行了检测,而实验室的检测结果看起来肯定了这一假说。或者更准确的说,这一检测不允许我排除你患有白血病的假说。

回想一下,溯因的逻辑是在如下推导中发现的:

一个令人惊讶的事实 C 被观察到;

但如果 A 是真实(存在)的话,那么 C 自然而然就会发生;

于是,有理由怀疑并认为 A 是真实的。

在这里,“令人惊讶的事实”就是发热,所以我们要寻找发热(A)的原因(理由)(参见表 7.7)。

演绎主义者基于“如果有……事件,那么有……结果”的联系模式进行工作,而溯因主义者基于“如果发生……结果,那么有……事件”的联系模式展开搜索。注意,演绎主义者是试图努力从可观察的事件(F)中预言出不可观察的结果(感染 I),溯因主义者相反,他们努力从可观察的结果(发热 F)中预言不可观察的事件(感染 I 或白血病 L)。演绎主义者为事件搜寻结果,而溯因主义者为结果搜寻理由。

不幸的是,对于演绎主义者来说,事件 F 有两个可能的解释:感染和严重的白血病。演绎主义者由于对公理“如果发生发热 F,那么有感染 I”的忠诚而被困住了。或者用正规的语言来说,这个公理并不完全。因为它可能预言感染或者白血病,可能性不是唯一的——发热可以由两种可能的原因引起:感染和白血病。演绎和溯因的不同可以被认为是对确定信念的态度的不同。演绎主义者认为“世界上具有‘本质的’和‘一般的’根本规律,且是不变的”,唯一的问题不过是如何把它应用到各种具体情况中去。而溯因主义者认为某些必要的一般规律仍然有待于被发现、被构造。在本质上,溯因主义者较演绎主义者对各种不同的解释更加开放。

注意,一旦疾病被确诊,下一步的挑战是解释这一疾病。为什么此人患有感染(或者患有白血病)? 溯因法带着我们走向下一轮“惊讶”,从而下一轮可能的假说,进而下一轮正确的解释。

原因和理由

为了有一个更好的关于解释的概念,看起来谈一谈对于理由和原因的普遍混淆是合适的(Hands, 2001; Rosenberg, 1995)。在许多经济学家看来,“理由就是原因”(Hands, 2001, p. 336)。这一情况使得我们有必要注意区分机械性的解释(例如发热和感染之间的关系)与目的性的解释（如人类的关系问题）。为了作出区别，我从这里开始，将“原因”这个概念只用于“机械性解释”，而“理由”这个概念则专为“目的性解释”保留。经济学由于它强调的是行动中的人的意志，所以与带有目的性的行动有关，出于这个原因，我们将首要关注行动的理由。

要能够说某个行动或某个事情是“目的性”的，我们并不要求达到“除非此行动发生，否则某个结果就不会发生”这种要求——这一要求既不充分，也不必要（Ducasse，1925）。用标准用语来说，目的性行为所需要的是如下要素：

- X 行动的施行者具有这样的信念：如果有 X 行动，那么就会有 Y 事件（我们把它称为*认知前提*）。
- X 行动的施行者有这样的*欲求*：他希望 Y（后果）确实会（因 X 行动）发生（我们把它称为*意志前提*）。
- 在同时具有此欲求和信念的情况下，施行人对 X 行动的*实施*（我们把它称为*行动的现实必要性*）。

注意，这里并没有把“Y 的发生归结依赖于 X”这个事情解释为某种“真实的东西”，它仅仅是行动者所相信的一种东西。与“目的性行为”相反，一只松鼠储存坚果的行为既缺乏信念，又缺乏欲望。松鼠的行为并不是由“如果我不收集坚果，冬天我就会挨饿”这种信念所驱动的。认为收集坚果的松鼠是在欲求冬天不挨饿也是不合理的。松鼠的行动是属于一种叫“实证性规律”（positive regulation）的东西（Ducasse，1925）。类似于保温装置，松鼠收集坚果的行动是自动的，它们天生是“机械的”。而相反，当一个探金者在掘地寻金时，我们必须认为他所挖掘之处是他所认为的最可能发现金子的地方，且我们也必须认为他有找到金子的欲望。松鼠只有原因，而探金者——以及打开灯时的约翰，他们有理由。

这种思路帮助我们理解这种想法：对目的性行动的解释——即它们的理由——要在其未来的某个后果中去寻找。但是，难道不是所有的原因都发生在前面而所有的结果都发生在后面吗？未必如此。只有机械性原因是必定前于后果的，目的因——即理由——是与未来的状态有关的。探金者是为了找到金子——不是在遥远的将来，而是在十分钟之后——才进行现在的挖掘工作。这样一来，认为存在某种在先的条件“导致”了探金者去挖掘就显然变得很奇怪了。他掘地是因为他刚刚穿上短裤吗？是因为他吃了早饭吗？是因为现在太阳升起了吗？是因为他刚取到自己的铲子吗？所以关于未来的某个想法（找到金子）作为当前行动的某个动机——技术上说，就是此行动的理由——这种说法并不像它第一眼看上去那样像小说似的荒诞不经。解释，必须根据所需要解释的行动的具体内容的不同而有所不同（Hulswit，2002）。机械式的原因和那些先于待解释行动的东西有关，而目的因——理由——是那些给人带来信念和欲望、让他想象未来并据此行动的东西。一个信念是我们据此行动的基础。我把它称为前瞻意志，即一种由于考虑到此行动可导致的未来可欲结果，于是按照这种信念而行动的意愿。

需要注意的是，机械性原因根据现在来解释未来，就好比预设保持某个温度水平的自动调温器，在即时温度——这一温度决定下一时刻的温度——发生偏离时即作出反映。自动调温器的行为（启动电炉）是由从当前出发做出的对外力的计算来预期决定的，一旦算得的未来温度与预设的不同，行动就会发生。这就是机械性原因的本质。松鼠不是出于对未来预计的考虑，而是由眼前的必需所驱动而去从事收集工作。“做一个松鼠”就等同于“去搜集坚果”，这就是松鼠行动的本质。

而与之形成对比的是，行为中的人类意愿——前瞻意志——是从未来思考现在。事实上，我们很高兴和那些低等生物区分开来——因为我们有“从未来着眼而逆向推理到现在”的能力。逆向推理正是一种从未来出发，理解并决定我们需要什么样的未来的行动。目的因——理由——与这种想法密切相关。

结语

当我们试图确定“事情为什么会发生（或为什么不发生）”的信念

时，一个很关键的事情是意识到经济学上的信念——解释——既可以通过演绎法，也可以通过溯因法产生。演绎法寻求通过为假设和应用性假定——这两者构成事件——提供原因。在这种意义上，演绎解释似乎是“自我推演”的。演绎主义者会说某个结果是“不可能”由作为某个演绎模型核心的那套演绎分析引擎推导出来的；或者，演绎主义者会说，他的分析引擎为某个一般性命题提供了清晰的“理论”支持。演绎法对于规则和事件来说都具有辩护性作用。

溯因法试图为那些被观察到的现象——即我们提到的结果——提供理由。正因为如此，溯因过程不是“自我推演”的，作为替代，它立足于待解释的世界之外。溯因主义者会说，存在好几个针对已观察到现象的合理的原因；或者，溯因主义者会说，基于他的示意模板，某个具体现象是某些原因的可能结果。

在经济学中，这两种确立信念的方法——或两种解释模式——都必然与生范和预言有关。

第八章　生范与预言

"反之"，呢子人接着说，"如果过去是这样，那么就有可能真是这样；如果你想要它这样，它就可能是这样；但是，它现在不是这样，所以它不会是这样。这就是逻辑。"

——刘易斯·卡罗尔：《爱丽丝仙境奇遇记》(1872)

再论原因和理由

实用主义认为，经济学应该将其自身注意力放在解释被观察到的行动(现象)的理由上，而不是为这些现象寻找理论以提供正当性。一旦解释被很好地建立起来，逻辑上，生范(prescription)和预言(prediction)就接踵而至。如果我们知道为什么某个结果存在(或为什么不存在)，那么倘若这些被观察到的现象被认为并非是人们所希望、欲求的东西，我们就可以合理地确定，哪些东西需要被改变。或者，我们可以合理地建议，应该实施哪些步骤从而引发一些不同于现状的后果。这些建议——或用本书的语言，生范——由此包含了关于未来状态的语言。实用主义者认为，生范(从而解释)的核心问题并不在于哪个未来状态是最为所欲的，相反，核心的挑战是关于如何考虑在众多的未来状态中，确定哪一个状态有最好的理由值得去加以追求。

在前面的章节中，我已经提出，经济学应当把注意力转向确立关于"社会是如何自我组织起来实现其目标"的信念。与此相关的是，经济学也必须着眼于理解，为什么不同的社会选择不同的实现目标的策略。也就是说，经济学家必须寻求去理解、解释经济制度及它们所引导出的人类行动。但是，如果按照那种作为许多当代经济学思想核心的“演绎式辩护主义”(deductive validationism)的认识论来进行的话，这一知识日程是难以成功的。相反，从实用主义和溯因法出发，我们就能够找到一种更加开放的、为上述知识日程的成功提供希望的认识论。而在对解释的追索中，我们会形成这样一个观念：当我们理解了某些后果为什么会发生(或为什么可能被诱导发生)之后，我们将不可避免地停下来反思被解释的现象及其理由(也就是解释)的可欲性。正如丹尼尔·豪斯曼(Daniel Hausman)曾经说过的：

> 这一事实，即经济学中的解释同时牵涉了待解释行动的理由和原因，有着深远的影响后果。因为理由，不同于原因，是可以被评估的。存在着好的行动理由，也存在不好的行动理由。如果一个行动的原因同时也是说明此行动的好理由，那么它就既解释了该行动，又为它提供了正当性。如果某个行动的原因不是一个好的理由，那么人们就可以提出质疑：这个行动是否是正当合理的呢？这里的评估是理性的，或者说是谨慎的，而不是伦理的。(Hausman, 2001, p. 22)

当豪斯曼提到“待解释的行动的理由和原因”时，我们立即接触到了实用主义关于人类行动的概念理论的核心部分。因为任意一个具有意向性的人类行动都需要(或假定)理由，所以可见，一个关于某行动是否“适宜”的看法，必然涉及该行动的理由。但为清晰起见，这里需要把原因和理由视为两种根本上不同的想法。如同前面所言，我将“原因”这个词限于指那些机械性的解释——如果一个疾病合理地解释了一场发热，那么这个疾病就是发热的合理原因。当然约翰打开灯的开关时，他的身体动作就是此灯点亮的原因，但他打开开关的理由形成了这里的核心命题。虽然一些历史学家把1914年塞尔维亚加弗里洛·普林西普在萨拉热窝暗杀弗朗西斯·斐迪南大公看作是第一次世界大战的原因，但这场战争的理由却远非这次暗杀可以囊括；也就是说，暗杀不可能是这场战争的理由，虽然我们可以很恰当地把它看作战争的原因——导火索。

理由关注于目的的范畴，而原因则属于机械因果的范畴。考虑下面的情形：一个人A，被发现袭击了他的一个邻居B，且对后者造成了身体伤害。人们也许会先验地认为，对此攻击的显而易见的法律解决办法（一个对策）是对A施以某些惩罚。但在这惩罚被执行以前，要谨慎地考虑A对B的暴力行为的可能理由（缘由）。假使B曾毒死A的狗？如果是这样的话，问题就变成理解B毒死A的狗的行为的理由。也许A的狗在威胁B的孩子？也许A的狗整天无休止地狂吠，最后迫使B采取了这种极端的行为？这个案子的可能解决方案强化了这样一个想法：在涉及人类行动的领域里，充分的解释需要寻找行动的起源，而只有找到行动的理由才能做到这一点。所以，我们不必惊奇于发现，在现实中，法律（法律学）关注的不是原因而是理由。尽管有些不可思议，但的确存在“有适当理由”的谋杀，也存在“因癫狂而无罪”的判决。这些意在针对某些人群的行动（或无作为）的法律规定，提醒我们所有的对策都必须是在理由而不是原因的基础上给出的。

在经济学上，有各种以伪装理由面目出现的东西。“对效率的追求”被当作许多行动的理由。许多经济学家满足于断言，当工人在做出某个选择时，他们的行动理由可以从他们的偏好中找到——不然“为什么个人会如他所做的那样去选择呢”？理性，最终被定义为“选择与偏好一致”。为了克服我们（经济学家）对于个人偏好所知甚少这一点所带来的不适，我们又自我满足于仅仅观察他们的选择——然后又很愉快的坚称：“选择显示了偏好。”于是我们也许就可以宣布个人为理性的经济人。显而易见，理性个人将永远不会选择他们所不偏好的东西。从而，这里可以看出其中的循环论证了。

如果经济学还想名副其实地成为“选择的科学”的话，那么实用主义者认为我们在思考个人和集体选择时必须寻找一条更诚实和现实的道路。也就是说，如果经济学仍然坚持所谓的对源于偏好的选择的解释，那么，它就不要指望能被当作是“选择的科学”看待。相信“选择‘显示’了偏好”，仅仅是为已施行的行动披上理性的外衣（或者使这些行动“正当化”）。相反，寻求真正解释的必要的第一步应该是询问人类行动的理由（选择是一个行动）。我们必须问的问题是：“什么事情是该行动的理由？”对于经济学家来说，他们也许会立即回应：“采取这一具体行动为的是最大化效用。”一个稍微不同的回答是：“这一行动比其他行动对行动者更好一些。”如果行动者不是在想“他如此行动会让他变得更好一些”的话，他又为什么会如此去行动呢？但要注意，这个所谓的解释是不完备的，因为它仅仅是以效用的字眼“正当化”了该行动而不是以理由去解释了行动。效用不是一种理由。其实，效用这种提法（以及这个词本身）是一个让人感到满意的“科学”杜撰而已——它仅仅使得我们能够贴上函数关系的标签从而方便分析罢了。一个类似的虚假的逻辑也在公共政策的诸多领域中出现过。经济学家基于效用计算各种行为的“福利改善和损失”，并提供一套关于哪个政策是“最优的”或“社会所偏好的”这样的诊断。但公共政策——制度变迁——是如此复杂，以至于其本质是不能为这种还原主义（reductionist）花招所把握的。

为制度变迁寻找理由

还原主义的强大吸引力反映了那种许多经济学家据此考虑新公共政策的“标准的判断事物”的方法。这种思考从一套以均衡为常态的系统出发——据说，均衡这个概念是为了表达某种必要且无法回避的、被称为“市场”的东西。当出现了某种社会后果——如环境污染、对人类健康的威胁、对交通系统的安全性的欲求、住房不足等等的公共意识和关切时，经济学家们常常通过使用福利经济学的教条，匆匆断言某个（或某几个可能的）解决办法是否是“有效率的”，或者如同他们经常所暗示的，是“社会所偏好的”。这套框架的一些方面值得仔细考虑。

首先注意，数以百万计的原子式选择——这些选择是在根据当前的制度现状下所提供的信息和参数而作出的决定——形成的总体后果，产生了一种或更多的社会、经济结果。而此时，数量不可忽视的一部分公民似乎认为此结果是不可接受的。第二，为了这一诉求——它希望未来能有一个新的不同的经济结果，一些新的政策提案（新的制度安排）就被提出，希冀这些候补的制度替代方案中也许有一个能够纠正当前这些不被人们所接受的经济结果。但此时，一些参与政策制定的经济学家也许会坚持说，这些新的制度变迁必须服从成本收益分析（福利分析）标准，要以这一标准决定，对现存“人们认为不可接受的”制度安排做调整是否是“有效率的”（或最优的、“社会所偏好”的）。据说，如果我们不小心行事的话，一种叫作“对市场的政府干预”的东西将给我们带来所不希望的（无效率的）后果（Arrow *et al.*，1996；Cropper，2000；Palmer，Oates，and Portnoy，1995）。最后，注意福利经济学在这里的目的并不是寻找处理手中问题的“成本最低的”方法（即作为新的经济制度提出来的政策建议）；相反，它被用来决定解决某个特定的问题在一开始就是否是合适的——“社会所偏好的”。在应用这一决策规则时，我们被教导去依赖现有的（或看着像是未来的）价格及虚设的估价操作，寻找一套人为规定的“真理”——这套“真理”据说能显示，纠正现存制度中的错误以缓解那些已知问题这一做法是否是“值得”的。

如果一个制度变迁无法显示出能导致一个帕累托改进，那么，原有制度下的那个被相当一部分人认为不可接受的经济后果，就会被宣布为“帕累托无关”的（Bator，1958；Baumol and Oates，1988；Buchanan and Stubblebine，1962；Dahlman，1979；Mäler，1974）。这一传统进路的一个明显问题是，一个非经济问题屈从于一套“经济真理法则”，并以此判断“纠正这一非经济问题”是否是“经济上有效率的”。这正表明，这种“生范结果主义”可能很不利于民主社会的利益。认识到这一点是很重要的：现有的（或新的）社会后果所隐含的经济意义，并不能为这种做法——即让集体行动屈从于经济学和帕累托经济分析并以此为标准行事——提供什么充分的基础。只不过,令人惊奇的是,在经济学家们匆忙把他们设计出来的“经济最优化”方案套到公共政策的过程中,上面这个如此根本的见解被他们遗忘了。

上面这段话并不是意味着,在现存制度安排或某个潜在的替代制度中所蕴含的经济含义,对于制度变迁的思考是不重要的。我们只是说,经济含义与集体选择之间有联系,这一事实并不能赋予经济学在集体决策中以决定性角色的地位。它也不给以下这种批评意见以权威性,这种意见认为那些不对他们的行动做现值分析就实施制度变迁的政治家是缺乏理性的。我们常常可以听到,某个制度变迁不能用经济学来“证明”其合理性,因此就“只不过是政治伎俩”而已——言下之意,它不过是为某些利益集团而做的令人厌恶的辩护。这种逻辑试图否认政治本身在政策制定中所起到的中心作用。而我们必须牢记在心的是,实际上对于一个行动,存在着许多合理的理由,而其中只有一部分能与经济效率或帕累托最优有关联(Bromley, 1990; Mishan, 1980; Tribe, 1972)。

其次,我们必须重新回到原因和理由的区别上。一个严重的——或仅仅是恼人的——社会问题的存在本身,已足以成为公民群体寻求摆脱它的方法的理由。无论怎样,如果政府不保护我们免受此社会问题的侵害和烦恼的话,又有谁来做这件事情呢?国家经常采取军事行动以对抗外国威胁,而显然,严重的环境问题和对公共健康的威胁也是政府采取行动的合法理由。我们可以看到,集体行动的理由正存在于,也的确起源于公民群体本身。个人有着十分合理的(理性的)愿望,以求免于那些针对他们健康和生存的威胁。可是,另一方面,我们却又经常看到这样一种呼吁——这种呼吁希望能进行仔细的研究,以决定“改变这对部分公民形成明显伤害的现存制度”是否是“有效率”的。注意,在为某个公共政策问题提供一套“指导决策”的规则的时候,经济学家企图引入另外一种行动的理由。对于公众群体来说,制度变迁的合理理由无非是要解决一个非常具体的问题。而对于经济学家来说,制度变迁的合理理由倒在于，它是否可以被宣布为是一个帕累托改进(Cropper, 2000)。经济学家们所设想的“最优”方案常常为大众所不解，这难道有什么不可理解的吗？

一些经济学家声称，他们“知道”什么导致了一些国家能享有较快的经济增长率(答案是“有效的”制度)(Olson, 1996)。或者“知道”什么灵丹妙药能使非洲农民变得更具有生产力(答案是私有产权)(Besley, 1995; Feder and Feeny, 1991)。或者还“知道”需要通过哪些步骤以确保环境质量的水平是“社会最优”的(答案是收益-成本分析)(Cropper, 2000)。而且，他们居然还能很肯定地说，公共政策必须交付并按照“正直的经济学家们”的教条去处理，以避免这个领域成为政治家们的私人后花园——据说这种危险的可能性不可小视。还有说法称，公共政策的制定只要交到政治家手里，它们就几乎肯定要劣于经由“好经济学”指导下——或遵从“好经济学”的教条——所得到的公共政策(Arrow *et al.*, 1996; Buchanan, 1972; Palmer, Oates, and, Portney, 1995)。

回忆一下，公共政策是约束、解放以及扩展个人行动的集体行动。因此，公共政策不是什么别的东西，正是对一个经济的制度结构的修改——这种修改重新划定了个人的选择集(行动范围)。如果你因此被限制了破坏环境的自由，那么那些先前因为你的破坏环境的行动而受到伤害或侵犯的个人，就通过对你的行动范围实施限制的新制度安排而得到了解放。如果我从你那非我所欲的行动中解放了出来，这也就意味着我突然之间可以免于原先强加于我身上的非我所欲的成本。如果我的行动范围通过集体行动(如通过立法确立了一个新的政策)得到了扩大，也就意味着也许可以通过向集体力量(权威系统)呼吁而帮助我做到过去对我来说是困难、昂贵和不可能的事情。也就是说，我的行动范围的扩大(expansion)意味着，由于突然间在某些我所欲想的行动方面成为我的盟友，国家愿意时刻准备着帮助我实施这些为我所掌握的行动。

有些人往往只看到了这些新的制度安排的一个方面，从而认为这些新安排形成了对“自然状态”——这些自然状态是他们这些人所更愿意接受的——的“规制干预”。的确，对市场的“政府干预”似乎是此处的一个恰当用词。尽管如此，需要指出的是，这一用词其实是那些不能再为所欲为地转嫁自己的成本的人所提出的，是为他们的自我利益服务的构造物(及语言艺术)。如果食品制造商被新法律(新制度)所约束，从而不能在不安全的设备和环境下加工食品，那么消费者将因此免于误食被污染食品的恐惧。如果雇主被新法律所强迫而为他们的工人提供医疗保险，那么这些工人将免于承受自我保险带来的昂贵花费。如果煤矿主被集体行动(新法律)所强制要求去改善其煤矿的安全状况，那么矿工便可免于在不安全的环境中工作时所面对的严重潜在危险。

值得一提的是，新的制度安排——它们被称为所谓的“政府对市场的干预”——一旦缺席，则很少人会说，那些暴露于不安全食品危险下的消费者、那些缺乏医疗保障的雇员以及那些生活在极度潜在危险中的矿工，在这种“维持现状”的制度状态中“被干预了”。在我们日常的词典中，找不到一个叫“市场干预”的词。有一个东西叫“市场失灵”，但这个词并没有背负像“干预”这个词所具有的沉重负担。这里的一个问题是，非自愿地暴露在他人行动的侵害下是否可以被视为一种被强迫或被干预的状态呢？人们好像很少这样看。刻画这种情况的通常办法是说，这只不过是一种(正常的)现实存在而已。许多人甚至会坚持说，这种现状的存在，表明“市场在起作用”！我们可以看到，换句话说，经济学在研究公共政策时所使用的语言，为特权——即维持现状——提供了特别的偏爱。的确，人们常常在一定程度上把已存在的现状看成是“自然”的，因此倾向于坚持说任何对此状态的改变必须在经济学基础上进行验证，以确定其是否合法(Buchanan，1972)。在这种看待公共政策的传统途径中，演绎法的应用对其正当化起到了重要的作用。

我们被告知，科斯定理“证明”了，让那些在先前的制度安排下受到不利影响的人通过讨价还价，付钱以改变他们所不想处的位置，是一种更好的解决办法(Baumol, 1972; Burrows, 1980; Fisher, 1990; Hartwick and Oleweiler, 1986; Pearce and Turner, 1990)。经济分析中对制度变迁问题的标准途径向我们保证说,在事情发展到让制度转变是有效率的时候,制度安排就会变化,而当此条件并未达到时,维持现有的制度安排不变就被认为是最优的。注意,这一通常的途径好像致力于这样一个命题:若制度变迁没有满足如下条件,即对制度变迁的支付意愿总额大于这一变化的成本,则这一制度变迁就不可能是符合公共利益的。对这个命题的正当化辩护是说,这种带着经济学眼镜的途径能够使我们确定哪些政策是社会所偏好的。作为对这一说法的回应,E. J. 米山(Mishan, 1980)坚持认为,我们不可能通过依赖于诸如 $\sum V_{\mathrm{II}} > \sum V_{\mathrm{I}}$ (其中 $\sum V$ 为在选择性社会状态下个人货币估值的加总)之类的福利计算,来显示关于"社会状态Ⅱ是否相对于维持现状(社会状态Ⅰ)更为符合社会偏好"这种问题的任何东西。其他类似的反驳意见则认为,"一个人不可能仅仅依靠个人间不可比的偏好的满足程度,来对政策、制度或事务状态作出评估。福利并不仅仅是偏好的满足,看起来,自由、平等和公平也同样涉及其中"(Hausman and McPherson, 1996, p. 99)。

最近的一项意在克服制度变迁标准途径的概念缺陷的努力,提醒我们要引入新的价值判断(Coate, 2000)。奇怪的是,尽管各种福利主义*的生范真理法则存在着根本性问题,许多经济学家仍然坚持把公共政策当作下面这样不为人信服的主张的"人质",这些主张坚持要对何种制度结构是社会所偏好的进行评判。

赤字是否太高了呢?如果是这样的话,那么也许需要调高边际税率(从而产生一个新制度);或者,也许需要重新考虑某个公共支出项

---

* 福利主义(welfarism),本书指一切政策评价均以福利经济学为标准计算损益,注意与"福利国家"与"福利社会"等词中的"福利"一词的"提供社会福利"的含义并不相同。下同。——译者注

目——其操作结果可能是这一项目的消失或者至少在规模上的缩减(这两个也都是新的制度安排)?空气太过污浊了吧?所以,也许需要一个新的制度安排以改变汽车和工厂向大气中排放尾气的标准。那些数以百万计的没有健康保险的人,是否暴露于严重疾病所可能带来的个人财务压力下呢?是否存在道路被汽车拥塞,大众交通项目却停滞而没有达到能顺利提供起码的服务的情况呢?是否有儿童在极度的贫困和绝望的环境中成长呢?

无论对这些问题的最终裁决如何,关于它们的讨论应被认为是关于现存制度安排的工具性效能(instrumentality)的合理的、有意义的讨论。我所说的工具性效能,是指现有的制度安排是否能产生为我们全体居民——社会——所欲求的行为。换一种说法,在我们称为"社会"的运行实体中划定个人选择域(行为空间)的现行日常规则,在通过个人加总(以及跨时加总)之后,是否产生了可接受的合理的社会后果呢?市场辩护者的预设是:现存的,就必为社会最优的,因为如果不是社会最优的话,那么它必然早已被改变了。而同样是这一群人,他们又坚持认为任何对现存"市场"的改变,只有当它被表明在所谓的真实福利分析下是一个"帕累托改进"时,才能被认为是合法的。由此可见,这群人前后意见是矛盾的。

回顾一下当代福利经济学、特别是那些和帕累托最优相关的概念,问题更加清晰。在帕累托经济学的核心中,存在着两个价值判断。第一个价值判断是,只有个人可以作为社会评判标准;第二个价值判断是,个人对两种可能状态(政策安排)的评估足以让社会断定,拥有比较高的个人评估的状态是帕累托最优的(或帕累托优先的)。这种对方法论个人主义的忠诚——即认为个人已足够作为所有分析的出发点的看法,通过对在所谓的"自由市场"舞台上就价格和数量展开的原子化讨价还价行为的颂扬,被注射到经济活动的王国中去了。这一过程包含着对交易的价值判断。我称它们为"交易价值判断",因为它们传导了一种关于人们应当如何在经济事务中相互接触的规范性规定。事实

上,“交易价值判断”不是别的,正是福利经济学的直接和间接“定理”:

1. 每个竞争市场均衡都是帕累托最优的。

2. 在给定某些产权的初始设定和某些现存的制度安排下,每个帕累托最优状态都可以通过一个竞争性市场均衡达到。

称它们为“定理”将掩盖它们只不过是价值判断这一事实。如果考虑第一个交易价值判断,我们可以发现,一个人可以通过竞争性市场的存在解释(从而正当化)各种帕累托最优状态。在这里,竞争性市场并不是帕累托有效状态的理由;它们仅仅是这些状态的机械性原因。一个帕累托有效状态可以被一个竞争性市场机械传导式地解释,且就帕累托有效状态可以被认为是伦理上的好东西而言(经济学家实际上就是这么看待它的),竞争性市场也就自然变成好的了。

现在,考虑第二个交易价值判断。注意,在这个与前一定理的方向相反的、通往最优状态的定理中,也没有把原因换成理由。也就是说,竞争性市场仍然是机械性地导致了一个帕累托最优状态,同时,通过使用给定某些产权的初始安排和某些既存制度的假设,这个最优状态获得了它的正当性。这第二个交易价值判断可以被适当地重新表述如下:指定某些(或任意一个)初始的产权安排和伴随的制度设定——包括相关的收入和财富的分配,一个竞争性市场便将能产生和维持一个帕累托最优状态。我们可以从这个解读看到,此时对一个帕累托最优状态的解释,也就是该状态的原因,仍然是竞争性市场。通过竞争性市场,任意一套初始条件都将产生一个帕累托状态。忽然之间,帕累托状态就被看成是从任意的初始状况出发,都能由一个机械过程自动达到的不可避免的后果了。

那么这些初始情况确切所指的是什么呢?它们就是既存的制度设定和由此伴随而来的收入流和财富流。对于任意一个初始设定,我们可以依赖于一个竞争性的市场及其原子式讨价还价产生并维持一个帕累托最优状态——即不存在在不损害他人的情况下改善每个个体的处境的状态。正因为我们——就像那些“客观的”科学家那样——不能对这种直接的收益或损失的权衡作出评判，所以这个状态在帕累托意义上不可能得到“改进”了。虽然，那些一本正经的福利经济学家肯定为上述这种观点的盛行感到无比兴奋乃至飘飘然，但事实上，这种观点不过是空洞无物的东西。正如格特鲁德·斯特恩(Gertrude Stern)说过的：“那里并不存在‘那里’这个东西。”如果从任何一个可能的初始状态出发都可以达到一个帕累托最优状态，那么，有什么样的规范上的重要性，或有什么样的诱人的吸引力，使得这众多帕累托最优状态中的一个显得与众不同呢？其实，由于有无限多的初始点，所以有无限多的帕累托最优状态。这时，急不可耐、忙着开出指点江山药方的经济学家会怎么处理这种情况呢？最有可能的——其实也是必然的，这些经济学家很快就会把眼光放在当前的制度设定上——而他们的依据仅仅是“因为这个现状是现在正存在着的”。这种武断的选定，便带来了一种同样武断的“真理断言”：任何对这个被武断选定为基准的现存制度的偏离企图，必须要证明自己在效率上是更优越的。否则的话，它就是“无效率”的，因此也不是“社会所偏好”的(Buchanan，1972)。那么，在一个武断选定的基础上，又有什么东西能保证所谓的“效率”呢？从逻辑上讲它也是武断的。由此可见，帕累托(福利)经济学家的那些信誓旦旦的生范论断在所有方面都是武断的。

上述这种以特定的方式去解决具体的政策问题——它们无一例外地被称为“市场失灵”——的途径已经广为人知了。有趣的是，这些生范论断以及经济学家们为合理化他们所推荐的政策所做的辩护，却经常不为公共政策决策者们所理睬。经济学家群体对当政者这种令人不快的冷落所做出的解释是，政治家们都不够聪明。我们经常把政治家和其他公共决策者描绘为行事最古怪的人——因为他们被认为是在“做民众(选票)的生意”。许多经济学家认为政治家只不过是近视的“选票最大化者”。他们怎么可能愿意去知道什么做法是理性的呢？更不必说期盼他们辨别出以最清晰的方式呈现在他们面前的理性建议。我们可以把经济学家的上述说法称为“呆瓜猜想”(dimwit conjecture)。

这个猜想认为，政治家从其定义上来说，就不可能学会对重要的社会问题做出推理和理性思考。因此，想指望这群充满错误想法，甚至口是心非的家伙们接受经济学家们的生范性真理论断，根本就是白日做梦。经济学家群体内部对这种看法的普遍接受，使得他们的语言和行动反过来强化了政策制定者拒绝经济学家们关于"什么是公共政策上的合适行动"的建议的趋向。我们经济学家对这些政治家面对清晰的经济学"真理"所表现出来的固执的嘲讽，于是就成了一个自我实现的寓言。这又更导致了我们一方试图努力让他们相信自己做错了事。沿着这种趋势循环发展下去，结果是经济学家和实际事务操作的严重分离，以及对公共政策的重要问题所投入的优秀经济学资源严重不足。

其实，存在着另一种不同的、关于为什么福利经济学所确信的生范主张为决策者所拒绝的解释。也许，我们经济学家的那种确立信念的方法，并不能产生合适的理由、解释、建议和推论，以使那些担负着决定我们公众群体未来的责任的人产生共鸣。请注意，这里我并不是认为某个具体的解决方案或生范规定是不恰当的——尽管也许我曾有所暗示——相反，我在这里是希望唤起读者注意经济学家得出那些解决方案的具体方法以及他们提出这些方案的方式。也许，经济学家们讨论集体选择问题的根本框架就是错的，因此，我们由此找到的答案与真实问题相关的可能性就很小了。我们也许可以把这种反思态度称为"认知猜想"(cognitive conjecture)。

如果认知猜想是对决策者拒绝经济学家基于帕累托经济学的建议这一现象的合理解释，那么，也许就真的到了重新反思的时候了——我们凭什么说，我们知道我们认为我们知道的东西？这种反思将极大地挑战我们过去用于确立信念的办法——我们公认为标准的那种认识论。也就是说，我们是如何知道那些我们认为自己所知道的东西的？我们又如何能够坚持如此的信念，宣称我们针对众多公共政策议题所提出的正确的——我们常常称之为"最优的"——解决方案，是不容置疑的真理？

这里的答案，在于我们自鸣得意的万古不变的“真理”，是由我们藉以构造和选择问题的方式所决定的。我们那种塑造和选择问题的方式，会不可避免地产生所谓“最优”的选择解，这并不是令人惊奇的事情。其实，我们恰恰是从这个目的出发来构造我们的选择模型的。真正让人惊奇的是，居然有如此众多的经济学家仍然对其循环论证保持着高度的无知，而且表现出真诚的困惑（的确，很多时候是愤慨），不相信他人对我们的选择法则带着倾向性的成见。也许，更为奇怪的是，被认为是适合于分析个人选择问题的分析框架，被不加修改地套用到集体选择的领域。某种隐喻式的“社会计划者”被像变魔术一样地制造出来——而他的任务是最大化社会福利。而我们却惊讶于那些“外行”对我们这种研究方法的惊讶。

在许多方面，确立信念的核心问题——它为政策建议提供基础——源自于人类事物的复杂性。对此，布洛克（Brock）和科兰德（Colander）写道：

> 复杂性……剥去了理论为市场辩护的依据。以复杂性眼光来看，并不存在证明市场就能解决问题的论据。不存在能清晰划分“外部性”和“非外部性”的办法，也不存在肯定市场能产生一个众人所欲的均衡的保证。因此，以演绎为基础的理论并不能为对自由放任的辩护提供一套基础。（Brock and Colander，2000，p. 82）

人类事务的复杂性，向我们否认了对于我们所提出的那套有倾向性的关于人类最优行动的帕累托最优建议来说必不可少的可控性和可预言性。优化模型并没有给人类行动领域——无论是个体行动还是集体行动领域——带来任何迫切或必需的东西。

生范性和预言性的信念

如果我们能够从对标准正统福利经济学所声称的最优处方的过分

专注中解脱出来，那么，就存在着提出一致的、连贯的政策建议的希望。回忆一下，当我们使用演绎法来寻求合理的信念的时候，一个特殊的行为标准被强加到分析系统上，从而使得原本简单的分析引擎变成了一套意在推导出被假设为欲求的（社会所偏好的）后果的最优演算方法。在那些被声称为“市场失灵”的情形下，上述做法最为常见——此时，最优化的条件被强加于分析结构之上，从而经济学家可以打着“纠正‘无效率’”的旗号规定人们应当做哪些事情。换言之，我们确立了一个最优化问题——其目的在于最优化效用或“社会福利”，然后由此问题的解中推导（演绎）出逻辑结论。经济学家经常会兴奋地从分析引擎中“逻辑地”、必然地得出“政策含义”。这其实就是“生范性信念”（prescriptive belief）——它预设了要去解决的问题，然后，如果解决这一问题能带来某种收益的话，这一信念又指示出那些必须采用的解决问题的步骤。注意，这些政策含义往往是在一套缺乏实际经验数字、由诸原理堆砌起来的设定中，通过应用一套演绎推演得出来的。经济学家们居然能把这些描述性的、虚幻的洞见贴上“政策含义”这种标签——这充分显示了，在他们那里，“政策含义”这个词的意思是如何从一种关于如何在具体的设定中解决具体经济问题的清晰和连续的建议，蜕化成一套诸如“这一分析引擎显示了在这些具体条件下，最优方案是去做X、Y或Z”这类让人眼花缭乱的手法的。

从标准的（演绎的）分析引擎中得出所谓的“政策建议”的例子，包括关于原子式讨价还价具有互利性和有利于效率的断言（科斯“定理”）；庇古税在解决污染问题上的种种优点（一个与科斯定理相对立的发现）；最低工资制度会影响就业率的“发现”；关于劳动力市场和“自然”失业率（及代理人问题）的研究；自然资源的“最优”消耗；代际公平和资源消耗；关于污染控制上的社会成本-收益分析；等等。演绎法从一系列类似的现象出发，进而寻求为那些看起来似乎能套用其分析引擎的公理和假设的其他情形推导出一般性的结论。

而溯因法则从某一个具体的需要解释的现象出发，从中培养疑问。

比如说,为什么这架飞机会失事？需要注意的是,这两种确立信念的方法(演绎法和溯因法)都会——如果工作进展顺利的话——提出各自的一套关于将搜救工作集中于何处的建议,并会提出一套关于此飞机失事原因的解释。这两类推断方法(演绎和溯因)也会各自发展出自己的预测性信念(predictive belief)。在回答如下问题的过程中——这架飞机是如何失事的(这样也许我们能够确认搜索幸存者的最佳地点)？为什么这架飞机会坠毁(今后可以在某些方面加以改进,防止未来发生更多的坠机事件)？——科学家们将引入大量的辅助假设和应用性假定。人们在研究工作中引入这种东西越多,那么达到一个合理的解释就越快——之所以有此效果,是基于这样一个事实,即手中的数据越多[即使它们的作用只是维护假说(假设)],则我们就越容易排除那些有缺陷的备选解释。当然,随着时间的推移,通过研究群体——一个学科——对被解释事件所做的大量工作之后,学科成员会倾向于某种方法论共识,认为某个假设或某种经验数据更具有解释力。随着这种共识的兴起,缩减解释模型(可以是演绎的也可以是溯因的)的数量,并通过更节约的方式产生合理的解释成为可能。我们可以说,奥卡姆剃刀(Ockham's razor)周期性地被应用于产生出最节约和最精炼的解释。

当对某个具体现象的解释感到基本满意的时候,经济学家们就会着手转入预测工作了。事实上,人们会注意到,解释带来了某些(虽然是有限的)种类的预测:"我预测搜索失踪飞机的最佳位置是这一地点";或"我预测,飞机是因为……而失事的"。注意此时,"预测"(predict)这个词就是"假说"(hypothesize)的同义词。更一般地,我们会称,从演绎式信念中得出来的预测会有如下一类说法:"未来,如果如下的……条件具备的话,则此型号的飞机将沿这个特定的运动轨迹在这一特定的空间位置坠入水中。"而溯因式信念将有这种预测:"未来如果下述……条件具备的话,那么这种型号的飞机将可能坠毁。"

如果比较优势这一信条是自由贸易的理由,或者说,是自由贸易理论上的正当依据的话,那么就不是自由贸易,而是比较优势这个概念需要被仔细的查验和评估了。由于鼓吹自由贸易的依据来自于符合比较优势逻辑的行为所具有的所谓效率，于是比较优势的逻辑就成为自由贸易被认为是值得追求的理由。那么，问题就变成，对比较优势信条的追随是鼓吹自由贸易的充分理由吗？换一种形式说，“比较优势”这个概念是否在逻辑和伦理上都足够坚实，以便承受自由贸易所带来的沉重的负担呢？如果比较优势本身是一个人为的概念建构而已，又会怎么样呢？此时对自由贸易意味着什么呢？自由贸易的理由——比较优势——能否被正当化呢？

当我们为行动蓝图开出药方的时候，我们其实不可避免地在赞同这些行动的理由，但是，如同豪斯曼所提醒我们的：“有好的行动理由，也有不那么好的行动理由。”(Hausman, 2001, p. 22)这一难题使我们转向寻求对这一问题的回答：什么东西可以作为具体行动的理由呢？

结语

生范建议建立在解释的基础上，并试图找到理由，以解释为什么某种结果被观察到(或不被观察到)。换言之，生范建议与改变当前的那划定个人或群体的选择域(行动空间)的制度安排有关。在如下意义上，建议也是预测(预言)：只要施行这个建议，那么(与当前)不同的(通常假设是为人们所更欲求的)结果就能(在施行新政策之后)发生。但是，好比“具体的后果需要一个好的理由”一样，发动制度变动的具体政策也需要一个好的理由——这正是我们的下一个话题。

第九章　能动的实用主义

一个人经济生活的历史，是一个调整(行动)方式以适应目的的累积性过程——而目的本身也随着这一过程的行进而相应进行累积性的演化。在任何一个时点上，行动个体以及他所身处的环境，都是作为过去的历史进程的结果而存在。他今天的生活方式，是被他昨天的生活习惯以及昔日生活的机械式残留所设定的环境强加于其身上的。

——索尔斯坦·凡勃伦：《为什么经济学不是一门进化的科学》(1898)

行动的理由

我们现在已经准备就绪，可以考虑勾画集体行动的实用主义理论的大概轮廓了。这一理论，将与主宰当前经济学的在政策制定问题上的具有倾向性的生范式途径相对立。那种对生范结果主义的坚定信仰，构成了所谓的"真理论断"的贫乏而脆弱的基础，而这种"真理论断"自以为定义了什么是人们可以做的，好的或社会偏好的，因此也是最善的事情。当公共政策制定者由于其他理由忽视了这些生范建议时，他们就常常被指责为其行动是"无效率"的，或是出于某种政治动机，或是非理性的，或是不顾公共利益的。

从中我们可以看出，经济学家在"什么是应该加以考虑和实施的公共政策"这一问题上，其思考方式与实际的公共政策考虑与实施的方式之间的断裂。谁是对的呢？通过对生范结果主义的应用，经济学家是否给公共政策领域提供了什么永恒不变的真理吗？经济学家们的论断是否具备了充分的权威，从而能成为合法的教条标准吗？——据说，这种权威性足以成为改变民主社会的集体决定的理由。这里讨论的这一话题其实引向了一个争论，这一争论是关于谁有为一个政治共同体的人们规定“他们应该做什么”及“什么是‘他们该做什么’的评估标准”。在生范经济学中，对此的论断有以下几个常见的例子：

- X政策应当被追求，因为它增进了社会福利。
- Y政策不应当被追求，因为它的净现值收益为负。
- Z政策是为社会所偏好的，因为可以证明，这一政策的得益者能够补偿这一政策的受损者，而且补偿以后得益者还有经济剩余（虽然实际的补偿并不必然发生——其实，从来就没有发生过）。
- 当变迁是有效率的时候经济制度就会变迁。如果变迁是“无效率”的，那么它们不会，也不应该发生。

眼下的问题在于，上述这些论断的正当性——即它们的可接受度到底有多少。正如我们将看到的，正当性包括两个组成部分，其中一个来自于提出这些论断的学科群体内部，另一个则和这些论断的听众有关。第一个组成成分是依据这些断言的所在学科所承认的标准，作出的针对这些断言的论据恰当性、正确性和自洽性的评价。也就是说，这些关于公共政策的断言在它们所处的学科内部是否具有正当性。而第二个部分则由作为这些断言试图说服的目标——公民群体的标准所决定，公民对这些断言的内部一致性和“切题性”作出评判，即，经济学家为公共政策舞台带来的政策建议是否可以被证明是正当的？这个问题事关能动的实用主义的两个核心概念——“共识信念”和“价值信念”。

共识信念

一个共识信念（一个与之紧密联系且更常见的词语是“共识断言”）是一个由学科共同体中的大部分（或所有）成员所认同的判断。任何一个学科断言，都来自于该学科共同体。整个学科从业者共同体（认知共同体），扮演着其诸分支子学科中众断言的裁判官的角色。这里要注意的是，对于这些断言的评判，并不仅仅从属于提出这些断言的分支学科本身。例如，虽然是应用经济学家更经常提出各种断言（政策建议），但却是在更大范围内的经济学科中的那些理论经济学家，具有独占（且充分中立）的资格来扮演裁判官的角色，从而帮助我们决定从经济学某一分支中提出的断言是否有足够的理论基础。由此引申的含义是，没有哪个学科能够因为一个人是某科学学说的提出者就完全信任他，更不必说学说的鼓吹者了——因为这些人对于那些他们所希望推销给人们的种种发现和论断，总有一种既得利益。上述实现学科的内部认同、实现恰当化的具体方法，应用到经济学上，就意味着环境经济学家、卫生经济学家、发展经济学家或宏观经济学家必须对整个经济学科，而不只是自己分支领域内的同行负有解释的义务——这可以避免可能出现在一个学科分支内部的小群体对其政策建议的适当性做出过分的自我强化或自我认同。通过这种方式，理论经济学家和应用经济学家互相补充，共同成为这一学科某些分支提出的信念（或断言）的最终裁判者。这并不是说，对某分支的工作的评价必须在其所在的学科同行之中达成一致，而是说，在这一学科中同行（尤其是理论家）的意见必须被严肃地对待。我们可以用帕累托最优这个概念作为例子——这是一个被许多应用（即为政府提供政策建议的）经济学家所特别钟爱的所谓真理——让我们看看一些理论经济学家对它的评价。

举一个例子，请考虑下面的问题：自由市场和良好界定的产权边界是否就使社会变得更美好了呢？从复杂性的观点来看，对这个问题的回答变成……（一个）经验的、而不是如同在通常经济理论中那样的演绎的事情。它（即复杂性观点）并不用下面的方式来处理这个问题，即在X、Y、Z的假设下，我们是否可以证明竞争性均衡是一个“帕累托最优”呢。作为替代，复杂性观点把它看作一个经验性问题来处理——它的回答所在的领域，是过去那简单化的一般均衡理论所从未涉足过的。要举另一个例子——遗憾的是这个例子并没有改变那些自作聪明的经济学家们的世界观——请想想弗兰克·哈恩（Frank Hahn）的……著名的挑战……“你如何断定一个经济是否处于帕累托最优状态呢?”这个挑战展现了演绎式途径的固有局限性,也说明了存在一个更为睿智的世界观。(Brock and Colander, 2000, pp. 78—79)

这里,布罗克和科兰德引用了弗兰克·哈恩——一个著名的一般均衡理论家——的怀疑,来阐述他们关于和帕累托最优——一个对于福利经济学家来说无比重要的工具——有关的预设断言的观点。

在能动的实用主义者看来,只有那些由学者共同体——这个词指一个学科(一个认知共同体)——经深思熟虑之后达成共识的断言,才能被授予预设断言的地位。当一个学科在具体的话题上开始用同一个共识说话的时候,能动的实用主义就认为,此时我们才有足够的理由认为,这些声音是共识信念。相反,如果学科内部还缺少共识,或者一个共识曾经存在,但现在却开始瓦解,那么那些相关的论断也就失去了他们所被赋予的恰当性。而在当前的语境中,正是因为已经存在大量针对结果主义的福利主义的怀疑,所以基于福利主义所预言的那些生范论断不可能成为共识信念。对于那些试图寻找当下对生范结果主义的广泛质疑证据的人,以下文献也许是有所帮助的:Blackorby and Donaldson, 1990; Boadway, 1974, 1976; Boadway and Bruce, 1984; Bromley, 1989, 1990, 1997; Chipman and Moore, 1978; Coate, 2000; Coate and Rappoport, 1984; Diamond and Hausman, 1994; Field, 1979, 1981; Gillroy, 1992; Gorman, 1955; Graaff, 1957; Lewin, 1996; Little, 1949, 1950; Mishan, 1969, 1971, 1980; Samuels, 1971, 1974, 1989; Samuelson, 1950; Sen, 1977, 1982; 以及 Vatn and Bromley, 1994, 1997。

其实,对达成共识的能力(warrantability)的信心的消散已不限于经济学家。哲学家也久已对基于结果主义福利经济学的生范论断感到困扰和怀疑(Bromley and Paavola, 2002)。法学家也对福利主义和成本-收益分析颇有微词(Posner, 2003; Tribe, 1972)。在一本关于成本-收益分析方法的内容详尽的文集中,法学家和哲学家们一起对成本-收益分析中的福利主义滥用作出了反思——而反思的结果并不乐观(Adler and Posner, 2001)。在对此文集的书评中,我们看到如下文字:

> 这是一本由经济学家、法学家和哲学家所写就的关于成本-收益分析的蔚为壮观的论文集……许多人都会惊讶……对于这一深受经济学,尤其是芝加哥学派经济学影响的主题,这一系列论文,相比于经济学和政策分析的生范性文献中的主流讨论,其总体意见更倾向于质疑这种成本-收益分析在事关健康、安全和环境的日常政策间的适用性……可以恰如其分地用以下归纳来概括他们(文集作者)的结论:(1)政策制定者应该去审视成本与收益,但以“最大化净收益”作为决策标准会经常出问题;(2)对一些最有疑问的议题,成本-收益分析所提供的决策机制往往把现存私人偏好当作公共选择的唯一初始材料;(3)我们应该比过去的成本-收益分析方法更多地关注政治考量。(Kelman, 2002, p. 1241)

过去的学科共识——宽到福利主义,窄到具体的成本-收益分析,已经瓦解到这种地步,以至于其生范性真理断言已经不再能成为共识信念了。但即便上述的学科危机没有发生,也就是说,即便生范结果主义依然是一个在经济学家中间被广泛相信和接受的真理法则,这也并不自动让它具有在更大的群体——即它的建议所实施的对象——里面的合理性。为了说明这一点,我们必须转向对个人所形成的政治共同体的探讨。

价值信念

能动的实用主义认为,一个价值信念是这样一种赞同或评判,它们只能由那些作为这些论断(信念)的潜在听众(接受者)群体所赋予。其含义是,在一个民主社会中,作为意见接收者的大众有权利坚持要求某个权威断言(如某个学科群体提出的“权威性”断言)必须向他们证明自己的合理性。恰如前面所论及的,福利主义的诸多论断的普遍失败,使得它们无法获得政治共同体(政治家、官员和人民大众)的严肃对待,从而无法像它们原来所设想的那样成为通往“理性”集体选择的向导。

请回忆一下,对一个理论(或某具体的陈述)的学科内部认同,依赖于它的公理、假设、引申范畴、建议、预言和解释的可预设性,内部认同的形成有赖于某个具体学科——一个认知共同体——对一套概念、相互关系及其含义的设定达成一个日常共识,这一日常共识是我所说的共识信念的充要条件。这一持续不断的演变的科学群体共识是学科的内在核心,从而可以说代表了在每个时点上,某个认知共同体对一个具体的理论话题所形成的一致性意见;具体说来,就是这个学科的成员对其考虑的具体事物,都以一个声音说话,而其他人则好像会被建议去严肃认真地对待和采用该学科所提出的论断。如果天文学家提供了一个关于行星运动的共识性理论——一个固定下来的信念,好像没有什么理由能让我们这些普通人去怀疑这一天文理论——我们只有接受的份,直到出现一个更好的理论(一个新的确定性信念)来取代它为止。但能动的实用主义坚持认为,这并非总是一个顺理成章的要求。

具体来说,某些共识信念在更大范围的公众群体内,可能会受到合理的怀疑。如果一个音乐理论家告诉我们,某个作曲家的作品是完美的典范,我们并不因此就有义务去赞赏这个作曲家的作品。如果某个律师声称,某一司法决定饱含着博学的法律知识,闪耀着惊人的智慧,我们也没有义务就依从他去认为这一司法决定一定是正确、公平或合理的。如果心理学界广为接受的某个高明的理论宣称,某类曾经在监狱中服刑过的人员在某一特定的环境下并没有危险性,但是,普通公众因为看到这种人员在儿童公共活动场所游荡而感到紧张,也不会因为这种心理学理论就变成什么不可原谅的事情。如果世界植物遗传学会发表一项报告宣布,根据科学家所掌握的知识,转基因西红柿是非常安全的,许多人也并不会因为这一新闻就被说服,他们仍然可能选择反对这种基因操作。这里的关键问题是,如果天文学家关于行星运动的理论错了的话,很少会有人在意或者注意;但是,如果心理学家、律师、音乐理论家、遗传学家犯错的话，很多人都会因此受到影响——而这种影响是我们可能不可接受的。于是可见，一个学科的学者共同体内部所达成的共识——美其名曰成为托马斯·库恩所谓的“正常科学”——并不构成充分理由，能够让我们这些学者群体以外的公众停止过去的行为方式而立刻去按照某种学科内部达成的共识重塑我们的信念。尽管如此，公众还是看到，一些学术界达成的共识的确修改了一些过去的社会常规，典型的例子包括饮食结构上的观念、对吸烟和体育锻炼的态度、投资策略、对一些药品的态度以及第二次世界大战后期对观摩核试验的认识等等。

关键在于，一个信念为相关的专业学科群体内部所接受，这只是它被其他广大公众接受的必要条件，而不是充分条件。事实上，我们对一套固定信念及相关论断的接受，是必须依赖于另外一套论证体系的，这一体系不同于那些把此学科的原则奉为圭臬的专业人士的论证依据。如果没有这套论证，那么任一准则的鼓吹者都没有资格去希望我们这些公众接受他们的论断——即便这些论断已经被它们所属的学科所接受。这一点对公共政策的意义是显而易见的。而与此对立，结果主义本性的福利主义的确定信念所认同的“标准智慧”，恰恰就是要去教训公民群体，哪些行动能提高总体福利——从而是“最好的”、“最优的”、或“社会所偏好的”。大多数正统经济学者对于公众对他们的这种自信只是付诸一笑的态度感到震惊和沮丧，这是为什么呢？

公平地说，福利经济学家并不是被公众所轻视的唯一群体。这里的关键在于，任何科学家共同体——事实上，任何（在某一专业领域）有权威性发言权的机构——都必须在当前这一民主的、脱胎于竞争市场的社会中为自己的意见谋求市场，因为这个社会里的个人从小就被教育对任何别人告知的东西要先进行思考乃至挑战，而不是仅仅盲目地被动接受。如果科学家希望别人能接受他们的结论，那么他们就必须提供（能为公众所接受的）价值判断，告诉人们他们的结论的正当性何在。当然，这并不是说，这些科学家必须要说我们希望和喜欢听到的东西。这只是说,他们必须告诉我们有哪些令人信服的理由值得我们采用和他们相同的角度看待世界;他们必须向我们展示他们论断的正当性,而不是仅仅甩出论断,然后企盼我们自动采纳他们的逻辑。具有思考和观察能力的个人将接受那些他们认为有好的理由的论断。威廉·詹姆斯(1907)把这种论断称为具有"现实价值"的论断——即它对某些听众有一定的价值。而对于约瑟夫·拉兹(Joseph Raz)来说,我们的思考正在于考察什么是支持某个特定信念的最好理由。

价值性论断这一点非常重要,因为正如我们前面所看到的,正是公共事务官员和公众经常表现出对福利经济学开出的处方的不屑一顾,导致一些帕累托经济学家对于民主市场经济中的政治过程发出"不理性"、"不可理喻"以及"让人惋惜"的哀叹。但一个更丰富、更具现实性的公共政策理论,能为上述那些经济学家所抨击的政治现实提供一个更公正的评价。换句话说,如果我们发现,那些声称政策制定过程是"非理性的"的指控,实际上仅仅是那些把经济学家的头脑训练成为特定模式的教条性的人为构造物,那么,这将意味着什么呢?其实,如果民主市场经济中的政策制定过程有着自己的逻辑和合法性依据的话,那么,从任何一个学科共同体出发的对这一政治过程所进行的评判或者指控,都显然缺乏正当性。问题在这里变成,尽管经济学家对其政治过程指责不断,个人和集体的选择是否存在自己的合法性呢?是否有这种可能,即从另一个(与正统经济学家)不同的角度考虑,现实中的个人和集体的政策选择还能被认为是具有逻辑一致性或者说理性的吗?

实用主义此时提供了合理途径用以描述一个对个人和群体决定什么是最好的选择的过程。由于没有这种(与他们通常思维所)不同的描述的帮助,那些批评集体政治选择的经济学家其实是在依赖于一套自我辩护的教条论断,来做出"'应当'如何做出选择"的断言。显然,寻找一个适当的关于"集体选择如何进行"的描述,在知识上是更坦诚真实的。只有在得到这个适当的描述之后,经济学家才能拥有一个做出该政策过程是否为"非理性"的判断的经验基础。换句话说,知识上关于某集体行动是否具有连贯一致的合理性的评判，需要先对该过程做出无偏见的考察。不管哪个学科的专家，只有在做到这一点之后，其对此过程做出的"是理性的"或"是非理性的"的论断，才能为大众所接受。

但这样一个对集体行动的新的理解，需要一套全新的分析视角。请回忆一下，公共政策应被合理地理解为，通过集体行动使个人行动或受到约束或得到解放，或其行动空间得到扩展。与这种理解相反，正统经济学眼中的集体行动，常常仅仅被认为是一群个人自愿地聚集起来，以完成一个他们在市场上以个体行为所无法完成的任务。事实上，许多经济学家把集体行动视为某种市场失灵的信号。我们这里所说的集体行动的概念引自约翰・R. 康芒斯——他观察到了大量发生在立法部门（或议会）、行政部门和法庭上的集体行动（Commons，1924，1934）。这些政府实体的决定显然是集体性的——因为这些实体在其立法、行政和执法过程中都是面向，并且代表政治共同体的。一个国家的所有成员都受到这些决定的影响，并且正是在这个意义上，通过立法、行政、司法当局的集体行动，我们或受到牵制，或得到更多的自由空间，或重新组织人与人之间的关系地位。

既然现在我们已经有了关于集体行动的重新定义，那么，我们就可以发展一套能动实用主义的核心原则，用以勾画出一个关于人类行动的一般理论、一套达到确立信念的过程的学说。下面将展示的这套理论，其想法来源于杜威、尼采、詹姆斯、维特根斯坦、乔阿斯、皮尔斯、布兰德姆和罗蒂这些哲学家。

作为人类行动理论的能动实用主义

前面我已经提到，也许能通过把公共政策形成的过程看作一套经验推断的三段论，从而得到对于这个过程的某些重要方面的理解。在这样一种描述的角度下，个人通过设想一套能动前提（volitional premises）（即他所希望得到的某种未来结局），然后再建立一套认识论的联系，把建立在合理信念基础上的行动和其所想要的结果联结起来。用经验推断得到三段论式的结论，也是实践过程中的必要条件（von Wright，1971，1983）。虽然这一思维模式从直觉上看是合理的，但它其实隐含了一个能动前提的强假设作为基础：个人能够认识、确定自己所要追求的事情，并且有能力去实施它。也就是说，这一假设把“个人知道他们未来想要什么”作为个体为必要的行动寻找合适方法的前提条件。整个流程可以表达为：

欲念⟶信念⟶行动

其实，这就是哲学上所说的“欲念—信念”模型。不过，对于实用主义哲学家以及许多并非实用主义者的哲学家来说，这一模型已经被认为是不太自然和过于机械呆板了。可以说，欲念—信念模型已经不是哲学界的共识信念。不过，除此之外，我们还有另一套行动理论可供选择。

当我在前面强调，除非我们开始确定——其实是逐步了解——我们可能由某个行动得到什么东西时，我们并不知道我们想要什么。我们是通过了解“可能有什么”来了解“我们真正要的是什么”。这就导向了能动的实用主义的另一个基本的思想，即所有的行动，其本身就是对待认同的价值信念的确认过程——而这一为大众所认同的价值信念，也是唯一能为人类行动提供充分理由的一类信念。

能动的实用主义通过溯因法来对人类行动进行考察。我们现在已经知道，溯因法把某一观察到的现象（结果）和某一个的原理（规则）结合到一起，从而得到能够为所观察到的现象提供合理理由的一套假说和假设（事件）。溯因是唯一一种把新的假说引入到对行动或事物的理由寻找中去的推断方法。在经济学中，正是因为我们能够为行动或事物确定它们的理由，我们才拥有了为该行动或事物提出解释或做出预测的恰当基础。当个人或由诸多个人形成的集体，面对需要做出选择的时候，溯因法正是我们用以抓住所谓新的、让我们惊讶的现象的过程——这一惊讶（以及它的理由）组成了我们的选择和行动的必要前提。在这里，诊断性思维被用于确立信念这一目的，而所谓的信念，正是也只能是我们赖以采取行动的基础。

注意，溯因并不仅仅在科学家建立因果联系时有用。作为一种智慧生物，我们对自己周围世界的环境（即我们所理解的“事实”）有着持续的观察。与这种理解同时发生的是一个把握我们自己在这个世界中的处境的过程。这里需要指出的是，这一把握和引导，从本质上来说，是一个对自我境地的诊断（溯因）行为，而我们在其中形成的观察和诠释，组成了我们的信念——正是在这些信念之上，我们完成了关于周围世界的环境及我们与之的关系的溯因式推理过程。事实上，我们之所以会对周围环境产生观察和诠释的兴趣，还在于我们有这样的理念，即生活的本质就在于不断地去行动、去努力，而我们总在努力实现这一理念。每当我们被新出现的环境赋予“新印象”的时候，这些新印象总能激起我们的新想法、新评估、新诠释以及相应的反应。一句话，我们总是处于“惊讶”之中。

与上面这种诊断认识思维相反，另一种为正统经济学家所更为熟悉的笛卡尔式的认识思维，采取了这样一种态度，即对这些“感性印象”保持怀疑——直到它们能被经验的独立检验所“证实”为止。在这种经济学正统思维看来，所谓拥有某个确定的信念，就是对一个“外在于那里”的世界有一个准确的、无可争议的映射——或者说描绘。对于这个思维方式的忠诚信徒而言，世界上的“事实”只可能有唯一的一种“真实”的描述和诠释，而科学的任务就是去发现那所谓的“事实”，然后做出不变的描述和诠释，再回来告诉我们这些公众，他们这些科学人员所发现的“外在于那里”的世界是什么样子。在这种观点看来，所谓科学真理就是要得到“正确”的描述和诠释。一旦这种“正确”的描绘工作完成，就能够得到我们周围这个世界的普世真理。笛卡尔主义者认为，一旦科学达到“正确”的地步，则人类（的思维）将成为反映自然（“真实”事物）的完美无瑕的镜子。

实用主义者则坚持认为上面这种带有强烈的表达主义（representationalism) * 的认识角度在逻辑上是不一致的。注意，标准的笛卡尔主义是从“只存在一个真实世界”这个基点出发的。由此，在他们看来，人类的语言——词语、句子、段落——只是一个连接那所谓的“真实世界”和人们之间的一个媒介工具。在某一个历史时点上，若一个关于“外在世界”的描述把握了所有“可供被把握的”相关信息，那么这个描述（在这个历史时点上）就是“真实”的。后世的新的描述不断地补充原有的描述，如此反复，直到有一天，（描述已经如此充足以至于）能显而易见地让所有“关切于此”的人们都发现，真正的真理——也即真实的现实（real reality）——已经达到了。一旦达到这一步，人们便可以接着转移到另一个领域，重复上述过程，去提高、加厚对它（该领域的“真实世界”）的描述。人类的历史被笛卡尔主义者看作是一个让描述不断逼近“真实”的连续过程——人们的认识努力，就是要让描述接近于所谓的“正确”。

实用主义认为，上面这套认识世界的观念是过时、无用和宿命论的。在实用主义者看来，我们是在满足对实现自身和“现实的”周围环境的协调的需求过程中，形成我们所称为“现实”的概念的。我们永远不可能让自己的认识达到所谓的“恰好正确”的要求，因为在这个世界上本来就没有什么“恰好正确”的东西。换言之，我们永远达不到所谓“恰好正确”，是因为在面对诸多彼此不同的、相互竞争的描述的情况下，我们无从判断谁是“正确的”。并不存在一个外在独立于我们的权威来帮助评判“正确性”，也没有“他人”可以为我们调停各种竞争性的描述。相反，当出现某种描述能够足够好地服务于当前的某个目的从而获得大家认可时，我们就会暂停进行新的描述——即暂时不再为现有的描述增加更多的内容。此时，我们终于有了一个可用的描述了。

---

* “表达主义”指的是认为科学的任务是被动地反映自然和世界的观点。这种观点认为，科学的任务只是追求对外在于人们的世界的一种“正确”刻画，就好比努力去制造一面镜子忠实地反映出“真实世界”。一旦刻画完成，那么科学也就掌握了世界上的真理。——译者注

这个描述便有了所谓“现实价值”。比如说，一个空间科学的方程系统，可以把一艘太空飞船，经过几年时间的运转，运送到一个遥远的行星上去。没有哪个外在的“他物”能作为客观证据以用于判定这个方程组是否是“正确的”，或宣布这一方程组代表了什么“真实世界”。在实用主义者眼中，只要这一方程系统把飞船发射到了计划目标，那么它就可以被称为所谓“正确”的。工程师希望飞船到达某地——正是为了追求这一目标让他们写下了方程式——而这方程式又完成了他们被寄予希望的任务，那么这一方程组就是一个正确的系统——因为它已经证明自己是(对人们)有价值的。除此以外，难道还有什么别的评价标准吗?

那么，现在让我们考虑一下关于个体选择和行动的一般思想。

能动的实用主义和个体行动

实用主义从一开始就否定这样一种观点：人的思想只是像镜子一样简单地反映自然。作为替代，实用主义者认为，我们每个人对我们所处环境的理解，必然受限于这一周围世界给我们留下的印象。而且，最重要的是，不同的个人必然将形成和持有不同的印象。当然，世界肯定存在着“外在于那里”的事物，但并不存在一个纯粹“客观”的、放之四海而皆准的对这些事物的“真实”描述，而是只有各种关于它们的印象而已。在实用主义者看来，那些认真考察世界的观察者并非只能得到唯一的真实和可信赖的考察报告。换句话说，所谓“真实”，只是关于世界的各种说法的一种属性，而不是外在事物“物自体”(thing in itself)的性质。它确确实实只是关于事物的描述的一个属性。个体所讨论(乃至争论)的并不是事物本身，而仅仅是各种关于事物的说法或者描述。

作为智慧生物，我们每个人都会去了解我们所处的环境，但当我们遭遇新环境时，这种体悟尤其深刻。这种了解成为我们对环境的印象，它是我们在思考自己在这一环境中的处境时所得到的感觉信号。这些印象是我们用以理解自己处境的原材料，但只有我们把这些印象转化为能够向自己或别人表述的逻辑通顺的故事时，它们才有价值。当我们把这些印象描述给自己或他人听时，这些描述——以及不断的重复描述——就组成了我们对周围世界的表达。换而言之，我们把我们从处境中形成的印象，转换成一种表达（expression）——关于我们的处境的陈述——说出来。在某种程度上，这与达马西奥的“传记式自我”是一致的（Damasio，1999）。这些表达就是我们对自己和别人述说的故事。更为重要的是，这些表达形成了我们生存的精神舞台。这一舞台是由我们个人所思考、创造和自认为的“现实”所构成的。这就是所有可以说的——这不是你的“现实”，也不是我的“现实”。某一特定的现实，“属于”那个思考和创造了它的人。我们也许可以说，这一特定现实就是它所属的个人（它的创造者）的组成部分。

我们把自己醒着的时间用于体悟印象，并将体悟的所得转化为我们的表达。前面提过，生活的本质在于不断地行动。正如皮尔斯所说的，激发起我们对周围世界的印象的是“惊讶”。惊讶是让我们开始注意周围世界，并开始加工和思考从而得到印象的必要条件。如果一个人不能够注意到某个环境，那么这其实意味着他已经对这个环境非常熟悉，因此观察所得转瞬即逝。注意，环境要么被个体忽略（忽略本身也是一个行动——只是这一行动是把印象抹掉并没有进一步的行动罢了，因为这些印象并不令人“惊讶”），要么被加工成一个“奇异”的新印象，后者再转变为新的表达。为什么那辆汽车向我开来呢？这个房子内部是什么景象？我过去从来没见过这种莠草，为什么它们居然如此疯长？为什么我的屋顶漏水？可见，惊讶使得本已形成的习惯想法生发出了新的思维过程，并引导我们形成溯因的三段式思维。个人的思维和行动都是以溯因的方法形成并实践的。惊讶使我们对本已固定的信念——我们原有的习惯思维——产生怀疑，并带来思考，而思考的目的就是要解决这个怀疑，从而再次确立信念。

当我们在对自我处境进行溯因式反思的时候，我们也在试图把对处境的认识融合到这些新的印象中去。从这些印象与对当下世界的推断，以及我们在世界中的位置的结合点出发——也是从我们赋予这些印象、推断和自我处境的意义出发——我们便经由溯因法，利用这些刚形成的溯因式理念构造了关于需要做什么的反应行动，以及什么是最好的行动的合理推断。沙克尔的“创造性想象”概念用在这里非常贴切(Shackle, 1961)。“表达”是我们对我们自己讲的关于当前处境的故事，而“创造性想象”则是我们对我们自己讲的关于未来处境的故事。

需要指出的是，表达的实质功能是形成(构建)一个精神舞台——在其上我们可以计划关于未来后果的设想，并考虑这些后果将如何得到实现。这一实用主义想法的核心在于，它并不是把创造性想象作为一个抽象的东西束之高阁，而是要把它映射到我们表达的舞台上去。正是在这个舞台上，我们形成了理由，而理由为我们在一系列各种各样事关未来的想象中进行选择提供了基础。个体的选择和行动，就是(对当前处境的)表达和(对未来处境的)想象之间的角力和斗争。我们必然身处在一个由我们的自我感觉所构造出来的现实中(即表达)，而我们同时又处于对各种不同的关于未来的想象的不断思考之中。这一思考将把这些对未来的设想与我们对现状以及按现状发展下去的处境的表达进行比较。能动的实用主义认为，当我们发现有的可行的关于未来的想象与我们对未来的期望相符合的时候，我们就会去行动。当然，如果我们否决了所有的设想(也许它们看起来都不可行)，我们其实也是在行动——我们的行动就是继续沿着我们当前既有的行动轨道前进。无所行动其实也是行动之一种。

能动的实用主义和联合行动

通过上面对于个体行动的解释，我们现在可以考虑有多个人参与的行动的问题了。这里的困难是相当明显的。联合行动(集体行动)中最大的困难是如何处理互相竞争的不同的表达——而这是实现行动的必要步骤。我们每个人都必然对周围的世界形成一种个人表达——这也是个人的本能。我们对自我周边事物的表达都互不相同。当然，我们都会同意“灯是灯”这样的命题，但是在这浅显的事物辨识之外，还有更多的其他相关的命题：这盏灯是歪的吗？这盏灯的价钱是如我所估计的那样的吗？灯的主人如何买得起这么好的一盏灯呢？灯的外罩是因为脏了而成这个颜色呢，还是它本来就是这个颜色？灯的主人为什么在本来令人赏心悦目的房间里布置这么一盏极不协调的灯呢？

注意，上面一系列疑问中构成表达的元素：古董、明亮、歪斜、主人收入、购买费用、模糊的灯罩、不协调、赏心悦目……我们可以看到这盏灯已经不仅仅只是一盏灯了。它已经是一系列感觉效果的组合——这些感觉效果由那些处境不同的观察者对它的表达所形成。正如皮尔斯所认为的，一个物体对我们的含义不是别的，正是它所引发的对人的影响（感觉效果）的综合（Peirce, 1934）。通过收集、分类以及对自己重新描述那些给我们体悟感觉的物品，我们创造出自己的表达。美丽，并不是一个物体本身的内在属性，相反，用路易斯・梅纳德（Louis Menand）的话说，它是由特定物体在一些人身上引发的影响效果。而这种影响对不同人的冲击很不相同。类似地，不同的人会问自己关于一盏灯的不同问题。在这个意义上，这盏灯将使不同的人产生极不相同的表达。此时，难道还能说灯仅仅是一盏灯吗？

联合行动的最显而易见的困难，在于所有人都着眼于同样的事情，但这件事情对每个人的影响效果却很不一样。于是，我们对各自处境的体悟都互相不太一样，因此每个人都有自己的一套关于这个世界“是什么”，以及自己在这个世界中的位置的独特表达。这是必然的，因为我们每个人本身就是互不相同的生物体。那么，这也就意味着在试图进行联合行动的时候，并不存在一个单一的舞台（单一的表达）来反映我们各自互相独立且迥异的对未来的设想；相反，将有许许多多的“舞台”（表达）——和一个共同体的成员数目一样多——只不过，这个共同体最终要找到一个单一的未来行动决策。这里的共同体，可以是一个议会、一个立法委员会、一个董事会、一组法官、一个陪审团、一个家庭或者一个村庄委员会。这意味着，诸多独特的关于未来的创造性想象要映射到同一个舞台上来。为什么集体行动容易引发成员之间的争论呢？就是因为集体行动要求意见本不一致的成员，在诸如“保留这盏灯会有什么影响后果”这类问题上，在大部分人当中达成一致意见。

可见，集体行动的核心挑战在于，决策群体如何在如此之多的表达和对未来的想象之间达成妥协。值得注意的是，这里的问题并不是要确认在这些互相竞争的创造性想象中，哪一个是“正确”的，也不是要确认哪个是适应现在的表达的“正确想象”。相反，正如前面所提到的，“正确”这一概念的传统含义，实在是不适用于描述那些面临集体行动的选择过程。这里的任务，其实是要关注不同的表达和想象背后的形形色色的理由，而这一艰难的（达成妥协的）过程，正是通过理性的讨论达到的。实用主义者把这归纳为理由的询问和给予（Brandom, 1994, 2000）。而那些头脑已经固化的人，在面对这一问题时，只会乞求于一套绝对真理来帮他们对理由按好坏排队。对这些参加者来说，这些“真理”也正好是他们的理由。不过，这些所谓的“绝对真理”所做到的，只不过是让它们的信奉者免于在困难重重的选择中所需要进行的繁重思考。只有在实用主义中，个体才必须要进行认真的分析，以决定此刻如何行动更加合适。实用主义者认为，那些信奉所谓绝对真理论断的人，他们自信的理由并不比我们所拥有的多。用汉斯·乔阿斯的话来说，就是：

> 在实用主义理论中，正是因为它对任何人行动的考察，都是由这些行动的功能开始的，所以，以此观点，便不可能认同这样的命题：一个目标的设定本身具有独立于行动内容之外的自我意义。相反，实用主义倾向于认为，目标的设定只能是对由源自于不同思考方式的行动所带来的冲突进行思考的结果。它证明，想同时实现多种彼此互异的行动目标是不可能的，一些支配性的动机必然产生并形成目标，从而优先于其他动机——这些其他动机只被允许在从属的地位上发挥作用……行动只在模糊的意义上具备目的论的性质。甚至，我们的见解也受到我们的行动能力和可能性的约束。（Joas, 1993, p. 21）

由此可见，存在多种关于行动的想象，同时，独立于行动内容而想设立目标在心理上是不可能的。也就是说，创造性想象只有在行动个体真正处于一个行动的位置上（具有行动的内容时），才可能被具体化。而对于集体行动来说，某个人处于行动的位置上（行动的内容）时，也被具有其他表达的个人所包围着，但此时该个人仍然不断形成自己独特的关于未来的想象。那么，我们为什么又一定要（像主流经济学那样）去假设所有人对于周围世界——正是在这一世界中他们逐步发现自我处境——的表达是同一的呢？联合行动是极具争论的，因为现实中人们的表达是相互冲突的。因为联合行动最终总是要实现一个单一的选择（即相互协调和一致的行动），因此，人们互相竞争的表达必然要面对相互竞争的创造性想象。这就难怪集体行动——公共政策——是如此困难了。参与这一进程的人们对于当前的状态有着不同的表达，而对未来又有着如此不同的设想。

与其滞留在这由众多杂乱表达组成的不和谐之音中，冥想如何能够生出一个可行的综合方案，我们不如认可这一综合方案总是要出现的——因为如果没有它，也就不会有集体行动。因此，这里的问题并不是怀疑这个综合方案——人们间达成的决议——是否可能存在，而是我们要如何看待它，如何描述它。这就把我们带到了对于这一决议（综合）的认识上。这一综合方案，这个从众议中生成的决定，总会有一个特征：它是被那些负有构建未来世界责任的人们所共同接受的。

那么，这一接受又象征着什么呢？我们能够说这一过程——及其中的众多参与决定者，只是做出了一个没有人想要的决策吗？这是令人怀疑的。以“此决策仅仅是（政治集团间）一个妥协”为理由来贬低一个集体决定，这是合理的吗？应该认识到“妥协”这个词本身并没有什么令人鄙夷的天然特征，对这一过程更好的描述是这一决策代表了群体达成的一种“共识”。那么，这里共识又意味着什么呢？实用主义者建议，这一用词只是关于如下事情的简写：这一决策在所有（大部分）参与者看来，是在当前环境下能做到的最好事情。那么，这是不是“无论当下做出了什么决策，都是此时的正确行动”这种辩护说辞的另一套说法而已呢？而且，如果这个行动就已经是“最好的”或“正确的”，那么还有什么空间留下让我们去评论呢？此时实用主义者会建议，这里并不存在自相矛盾，因为我们也能够在过程中逐渐认识到这一决策的好坏。在这一过程中，实用主义者把人们逐个做出的“决定”看作是逐渐达到关于“什么是应该做的”固定信念的过程中的佐证。请回忆一下，“真理”并不是我们所处其间的诸事物的性质，“真理”只是我们对这些事物的表达和断言——也即“人为意见”的性质。换句话说，在达到“共识”时，我们之间已经生成了一个关于未来的某方案的共同允诺——此时，这一方案的“真理性”在我们之间暂不再有争论。

那么，我们能够称这个决定是关于“最优的未来出路”的“真理”么？我们自然可以称其为一个“真理断言”。也就是说，这一决策及其带来的行动，被参与者认定为是最好的事情。正因为“真理”只是命题和论断的一个属性，因此，关于某行动是(或看起来像是)当前环境下可做的最好事情的断言，就成了关于某事物的论断。它是一个有着自认为“真理”内容的命题。实用主义者告诉我们，“真理”，不过是对我们已达到的思考结论的另一个好听的称呼。

作为确定信念的理论的能动实用主义

> 可以说，真理只是一个集体判断，而通过成为在集体行动中作为评判其他断言的标准，这一“真理”才被稳当地确定下来。
>
> ——史蒂文·沙平：《真理的社会历史》(1994)

上一节提到，集体行动(决策)过程是一个调和相互竞争的表达和想象的过程，其实质是形成一个在个人(或群体)眼中看来“什么是最好的可做的事情”。个人或群体，是通过在找出“实现后看起来最好的”过程中，发现哪些事是可能的，从而达到“什么是最好的可做的事情”这一结论。这一过程不仅是要找出“什么是最好的办法”,还要找出“什么是最好的目的”。注意,这一点和大部分经济学家所看待的决策过程大不相同。在标准的正统经济学框架下,个人(或群体)以一个已经在头脑中明晰的目标作为出发点,然后再搜集种种达到此目标所需的手段的成本和信息,最后再从中选出达到事先选定的目标的最优手段。在那里,所谓“最好的”、“最优的”,指的是让“经济净值”(即目标上的好处减去手段的成本)尽可能最大。请注意正统经济学对“目标”和“手段”之间的幼稚划分;也请注意在整个计算“最优”手段的过程中,目的和手段本身并没有多少改变。在这种观点看来,经济学仅仅是算计既定目标下的最优选择的工具罢了。而目的本身不作探讨,并实际上被看作处于经济分析范围之外。这一途径的确与莱昂内尔·罗宾斯及其跟从者所坚持的观点相一致。这种观点认为,“经济学是在诸多相互竞争且无限欲求的目的之间分配稀缺资源的科学”——在他们看来,目的本身不是一个经济学问题。

具有讽刺意味的是,这一过程,其实与真正的选择毫无关系,它只是一个计算而已。正如我们前面所看到的,在讨论经济学的范围时,沙克尔有如下的评论:

> 我们所提供的出路,并不是放弃理性,也不是放弃分析在选定目的后去寻求可达到此目的的手段,我们只是要放弃那种认为目的是事前给定的这种教条。摆脱过分的决定论……在于“目的本身的创造”,而这是可能的,因为目的,只要它们仍然是可以被选取或被拒绝的,就必然是经由想象或期望的经历而产生,而不是外生给定的。选择,不可避免地,是在想法之间进行的,而想法……并不是事前给定的。(Shackle, 1961, p. 273)

选择是在思想(想法)之间的选择,而想法不是给定的,是从印象和想象中创造出来的。沙克尔在他的《决策、秩序与时间》(Shackle,

1961)一书中所表达的选择理论,正和这里所发展的能动的实用主义理论相一致,而且还是它的核心成分。要发展这一理论,我们所需做的只是考察一下那些“正确的”和“理性的”决策是否可以生成。换句话说,现在要探讨的问题变成如何判断公民群体已经形成的共识——在福利主义断言被用来(或应该被用来)纠正那些来自公民群体的、据说存在缺陷的决策之前,这个判断就是必要的。对于结果主义的福利经济学家来说,他们的生范断言是把人们从不合理和非理性行动中拯救出来的救世良方。但正如我们已经看到的那样,福利主义本身就不满足逻辑一致的必要条件:它不仅在自身学科内部没有得到普遍的接受,而且在许多哲学、心理学和法学界的学者看来也缺乏合法性。它的概念、关系以及推论都被相当一部分此特定领域的理论经济学家认为缺乏一致性。因此,福利主义及其政策判断首先就不能通过“共识信念”的资格考察一关。

第二个需要探讨的问题是,后果福利主义,尽管不具备学科一致性,但它是否能“足够接近真理”,从而也许能够为个人或集体产生更“理性”的决策提供必要的指导呢?后果福利主义是否能通过“次优”决策计划而为我们提供一点帮助呢?为了回答这一疑问,我们必须从另一个稍微不同的角度考察一下决策问题。

标准经济学的处理方法是,为达到正确的决策,首先要明确一个正确的决策框架模式。其逻辑是,如果遵循了这种“正确的”决策框架或思维方法,那么由此得到的决策结论就必然是正确的;也就是说,正确的决策模式是得到正确选择(决策)的原因,而正确的决策正是采用正确的决策模式的效果。这一观点看起来符合西蒙的所谓“程序理性”(procedural rationality)。这种模式也潜存于那些被断言是理性的选择中(Simon, 1987)。实用主义者则认为,许多经济学家把原因和影响混淆在一起了。在实用主义者看来,确认一个决策是否正确,要通过在“什么是最好的做法”这一问题上达成集体共识来达到。此时,一个决策之所以是正确的,其原因并不是某种外生的“真理法则”(即因为其满足某种“正确”的决策框架)，而是因为它是针对当前的情况，我们所能找出的最好的办法。一旦做到这一点，则由此生成的选择也就是一个正确的选择——一个通过努力探求而得到的选择。毕竟，如果一个人(或群体)所决定要做的某件事情，不是他(他们)所认同的最好的事情，这很奇怪！皮尔斯早就说过：“那个最终为参与发现过程的全体人员所认同的意见，就是我们所说的‘真理’，而代表这一意见的事物，就是平常所说的‘真实的事物’。这就是我对‘真实’一词的诠释。”(Peirce, 1934, p. 405)

追求较好做法的共识的过程，总是依据一个清晰、但时刻在演化的关于未来的目的——以及为达到此目的今天所需要做的事情。请回忆一下，这就是哲学家们所说的目的因。目的在实用主义中具有核心地位。而关于目的以及如何达到此目的的信念，则代表了关于合理的行动的“正确”想法的实质。理查德·罗蒂认为，应该问的问题是：持有这一信念对什么目的来说是有用的？(Rorty, 1999, p. XXIV)。在他看来，这一问题和问“把这个程序装到我的电脑中对达到什么目的会是有用的”是相近的。实用主义者认为，科学和宗教都是获得和分别正确与错误信念的合法活动——尽管它们的目的很不相同。由此可见，科学和宗教之间有时近乎敌对的争论，其实是双方各自认为自己站在真理一边的坚定信念导致的结果。如果能够认识到，此时“真理”只是那种看起来信它是“最有用”的东西的话，而且认识到所有的真理都不过是服务于某个特定的目的的话，那么宗教信念和科学信念完全可以和平共处。而对于我们，其含义更是简单明了：不要让牧师负责减轻痔疮或胃病病人的痛苦，也不要请科学家来主持婚礼或葬礼。

让我们回到价值信念，当经济学家为集体选择提供他们的诊断意见时——指出什么决策是有效率的、正确的、理性的、最优的或社会所偏好的，我们看到，一个学科强行挤入众人的相互竞争的表达及对未来的想象中，为判定其中哪个是这些人(及他们的后代)最好的选择负责。而一个实用主义者将挑战这样的真理断言。他将问这样的问题：这些自称真理的论断可否向所有人证明其合理性呢？如果可以，那么这个真理论断就是有价值的——之所以说有价值，是因为此论断所涉及的群体认为它对他们发现当下情况里最好的做法有帮助、有用处；如果不可以，那么这些论断就是冒牌的——之所以冒牌，也是因为群体认为这些论断和他们所面临的当下任务不搭边，没有帮助。

值得强调一下，这里的问题也就不再是所谓真实性，而是可否证明其自身合理性了。实用主义者会向一个将为经济学家所谓“社会偏好的”或“最优的”政策所影响的个体询问：在他看来，福利主义的真理论断是否能够证明其合理性？实用主义者希望能提出及探讨一下那种主流的生范经济学的无上权力。这里的“无上权力”，指的是福利主义的“统治性”。具体说来，实用主义者会问这样的问题：“准确地说，为什么福利经济学的真理断言就比诸如心理学的真理断言在这一选择问题上更具有发言权呢？”而且，实用主义者将立刻排除来自经济学家的不假思索的回答：因为经济学是“选择的科学”——这是一种带着偏见的语言，自身就要遭到实用主义式的挑战。具体说来，就是要问，“经济学是‘选择的科学’”这句话本身是一个正确的陈述吗？这个断言可以得到心理学家、社会学家、精神病学家的认可吗？看起来很难。另一方面，对其一个很小的改动倒是可以让它变得更真实：“经济学与哲学、精神病学、心理学，乃至星象学一起，是事关人类决策的科学之一”。看起来，后一个命题更能得到更广大的群体的认同。

经济学家不必认为自己是因滥用学科断言而遭批判的唯一受害者，事实上，很多学科也存在着类似的对特定选择做出“什么是最优做法”的莽撞诊断的问题。可以想一想，水利工程师、生物学家、规划师、律师、水质检测员等，都在水污染问题上开出了自己的“最优解决方案”的处方。我们可以想象，律师、社会学家、历史学家、社会工作者、心理学家各自也对贫困问题开出了自己的处方。尽管如此，由于大部分经济学家认为自己的学科是“选择的科学”，于是，因为自己的真理断言被决策者忽视，就深感集体信心受到打击，从而常常抱怨和指责政策制定者反复无常。当然,的确存在对于污染或减贫政策来说得失攸关的经济问题——就像所有的政策问题那样。但是,事关经济问题这一事实本身,还不足以赋予经济学优势地位。

我们已经作了关于"真实"这一概念以及如何确认一个断言是否"真实"的讨论。我已经指出,在实用主义看来,"真实"这个词并不是用于世界事物本身,而是用于关于这些事物的陈述。换句话说,真理不是(一般人们所认为的)一组命题(语言)与它所谈及的具体事物之间的"准确映射"——即不是一种语言与事物(符号与物体)之间的性质。"真理"不是一种符号指称性的性质;相反,真理是一种关于某一事物的某一种陈述(语言)的性质——一种在相互竞争的言语论断中生成的性质。"真理"是带有暗示性的东西。

明白了这一点以后,我们便可以回头反观一下那些自称某种政策是"最优的"、"理性的"、"有效的"或"社会偏好的"的真理断言了。实用主义者会问,这些用语是否是关于世界现在或未来状态的合理指称?也就是说,可否说在这些诸如"最优的"描述用词与那些专家开出的药方(比如经济学家青睐的新制度)之间存在着清晰的、有效的联系呢?我早先的论证认为,并不存在这样的映射。这些艺术用语不可能描绘真实世界里的实际后果。相反,这些用词(最优的、有效的、理性的、社会所偏好的)指的是那些分析引擎(演绎模型)的性质——而这些演绎分析引擎造出来就是为了"神圣化"所谓"最优的"(或有效的、社会偏好的)政策。这些真理断言整个就是自反的——自己引用自己和自我辩护的。

结语

人类的选择和行动,合理地刻画,应被看作是一种前瞻意志——即一种行动中的人类意志,它时刻关注于未来,努力去确定未来应该是什么样的。随着这一过程的展开,个人(以及个人组成的群体)之间就会对选择和行动产生竞争性的表达和想象。个人(及群体)在他们能够找到看起来未来可以拥有的东西之前,都并不是很清楚他们想要的是什么。惊奇激发了行动。这个试图寻找到合理的未来的过程,导致了对关于未来的想象的思考,以及对现在和未来处境的表达。集体行动,比个体行动更加复杂,因为它需要协调竞争的个人表达和想象,直到产生一个共识。共识的性质在于,它被认为是当前可行和最好的做法。这一过程也可以被认为是经由恳求、反抗、劝说、谨慎接受并最终达成共识的历程。

共识的两个性质,当前情况下的可行性和"最优性",代表了那些负责集体行动的人所作出的判断。注意,这一判断,常常只有在肩负着对不同表达和想象进行协调这个任务的个体(及群体)之间才会出现。生成共识的第一步必然是局限在由立法者、行政官员和法官组成的人群中的。在一个民主社会中,第二步则是向政治团体——这个共同体中的个人会因为政治决定受到影响,或受到制约,或被解放,或因此而扩展了自己的行动空间——证明那第一步达成的初步共识的正当性。如果没有这一步正当性的证明,那么,集体的行动就会缺少合法性。正是由于这个向大政治共同体(群众)做出正当性证明的必要性,故而需要对决策的理由做出说明,而给出理由的过程必须小心谨慎,以使给出的理由能够与那些集体行动会影响的群众所希望的理由相契合(Brandom, 2000)。这一活动可以被认为是为达成共识服务的一个正当化过程。

选择(及行动)理论,与决定论的线性模式——它是标准理性选择理论的特色——截然对立。根据对理性选择理论的批评(Bowles, 1998; Field, 1979, 1981; Hodgson, 1988, 1998; Rabin, 1998)以及后果福利主义在理论前后一致要求上的失败,我们已经无法说,在大范围的经济学科内部对于个体和集体选择已经建立了确定的信念。实用主义认为,如果既有的学科主流信念连最起码的学科一致性要求都达不到,即在其所属的知识群体中还没有达成共识,则它就不能成为施加于大众的可信赖的断言。实用主义者进一步认为，断言即使在其所处学科中达成了共识，但要想把它贯彻于社会政策选择，仍然存在着很多不确定性，从而要视情景而定，直到可能受这一断言潜在影响的大部分群众接受了它才行。作为智慧生物的个人，总要有自己的理由，且保留着拒绝任何真理断言的自主权利。而价值信念，正是受到政策潜在影响的群众赋予某一论断的性质。价值信念不是一个仅由那些论断提出者所属学科的教条就能够提供的性质。这些论断的制造者顶多能说的是，他们的信念可能在其所属的认知群体（学者群体）中有较广泛的认同——甚至，即便如此，这种共识信念，也是需经该学科中较广泛的学者来赋予，而不是仅仅由这些断言的生产者自己说了算。

我们看到，试图应用到公共政策的后果福利主义其实在两个方面都无法满足实用主义的要求。首先，福利经济学在经济学内部就通不过一致赞同的检验，也就是说，当帕累托经济学家为集体行动开出福利主义的药方时，他们并没有使之成为学者间的“共识信念”。其次，他们所认定的“最优”和“社会偏好的”政策断言也常常为这些政策所针对的民众群体所忽视。这些断言之所以不为政策制定者所理睬，我认为是因为政策制定者认为它们的正确性令人怀疑，或尽管不令人怀疑，也无法为其向民主社会中与此问题相关的更广大的群众群体提供充足的理由，以证明自己的正当性。而政策制定者知道，群众只有用与之利益一致的理由才能说动，极少会有人坐等经济学家来告诉他们某个政策是帕累托最优的，或某个政策是经过应用某种潜在的补偿测试能够被证明是社会所偏好的。对于大部分听众来说，这一策略在成为充分理由的资格测试中失败了。

当然，这并不意味着，经济学的概念或关联关系不能为（当前的）问题提供有价值的信息。但这的确意味着，如果经济学家只会用帕累托最优等概念来论证自己的论断的话，他们最好免开尊口。这也意味着，经济学家最好不要随意以“非理性”、“无效率”、“非最优”或存在更能增进福利的政策为理由，去批评公众讨论所做出的决策。

能动的实用主义认为，没有任何合法理由可以使公共政策成为由经济学家开出的生范真理论断所把持的人质。能动的实用主义使用溯因法去揭示某个具体政策选择背后的理由。当我们找到选择的理由时，我们就走上了一条发展出一套自己的有关集体行动和制度变迁的理论的道路。这一理论必然将明确认识到印象、表达和对未来的想象这几个概念。这一理论也将认识到，政策舞台上的联合行动，需要先在互相竞争的表达和想象间形成某种一致意见。它还将认识到，人们不可能在与具体的选择内容相隔绝的情况下人为地为自己设想出一套一致的、智慧的、自欲的目标——只有在具体的情景下，他们才能通过逐渐认识“他们能拥有什么”而认识到他们所想要的是什么。脱离了具体的情境，关于“什么是人们所想欲求的”的断言将仅仅是空谈。

公共政策通过制约、解放或扩展行动空间来修改和调整个人的选择域。政策，并不是一种对某些作家描绘为“神奇万能”的“自由市场”的外生干预。事实上，这些人所愿意称之为“市场”的那个东西，只是先前历史上既已发生的某些集体行动造出的一个构造物罢了。“政策”不是别的什么东西，只是我们用以指代的一个不断重新定义的——重新构建的——新的集体行动领域的连续过程的简称罢了。公共政策，在过去的经济学中，已经由于那所谓的“理性选择”的小说般虚构的逻辑而被不必要地变得神秘起来了。如果我们避开它的沾染，仅仅把政策看作是一个描述不断调和人们生活中的惊讶的人类努力探索过程的简写的话，那么政策也就不会看起来那么神秘。政策，只是一群人所得到的关于“在当下什么是最好的行动和选择”这一问题的结论罢了。我们不需要福利经济学家来告诉我们这些可能的未来中，哪一个是“为社会所偏好的”。我们通过找出调和自己的群体中相互竞争的表达和想象，为自己找到答案。实证主义在这里是无用武之地的。实用主义者则让我们确信，在“什么是更可欲的”或“什么是更好的做法”这个问题上拿不定主意，是完全可以接受的，没有什么可以奇怪的，且完全合乎自然的。因为这种疑惑——或者说“惊讶”，正是我们找出“什么是更好的做法”的第一步。

能动的实用主义敦促和迫使我们去直面“他者的神话”。在人类的早期历史中，上帝——作为一个他者——为我们规划好了哪些是好的和对的事情。现代主义把上帝请下神坛，而近代哲学又迅速取而代之为人们提供真理教诲，并成为我们新的“他者”。当哲学家显然不再能承担这一重任时，在20世纪中叶，福利经济学家们接过这一庄严使命。能动的实用主义认为，如今我们对这种靠外在的“真理规则”告诉我们什么是更好的依赖，已经超过了我们的实际需要。“他者的神话”恰恰告诉我们，我们不能把关键选择交给上帝、哲学家或福利经济学家。没有“他者”——其他人——可供依赖，只有我们自己！能动的实用主义要求我们通过慢慢了解自己可能拥有什么来得到我们想要什么的答案。只有这样，我们才能够使自己为自己的决策负责。在慎思完成之后，我们将给这些由此确定下来的想法涂上圣洁的膏油——它们看来就该是此时最合适的选择了。我们应该为自己的这一抉择而高兴，直到下一个“惊讶”掀起新的思考和选择。

第三部分

能动的实用主义:应用

第十章　像实用主义者一样思考

实用主义行动理论的基本前提……就是不把行动看作是慎思的主体先确定一个预设的目标，而后去实现它的努力过程；这个世界并不仅仅是一个外在的可由人类的意向随意支配的事物。恰恰相反，实用主义者认为，我们是在寻找我们在这个世界上的目标，而且在确定任何目标之前，我们已经——通过我们的实践——嵌入到各种不同的情形中去了。

——汉斯·乔阿斯：《实用主义与社会理论》(1993)

寻找理由

能动的实用主义意在解释个人和集体的行动以及与之相关的经济结果，因此涉及个人以及集体与经济结果相关的行为的解释。从这一点上来说，能动的实用主义所关心的是寻求并且给出理由。为了阐明像实用主义者一样思考意味着什么，并从能动的实用主义的角度来思考公共政策，我将在下面以泛论的方式探讨几个问题。

公共场所吸烟问题

众所周知，管理公共场所吸烟行为的法律在相当短的时间内发生了相当大的变化。当然，很多法律调整非常频繁，但对于吸烟这种广泛存在(并且上瘾)的行为的制度安排，我们仍然有必要对其变化速度做出一个解释。我们是否能轻易地忽略这种想法，即简单地把这种变化解释为吸烟者和不吸烟者之间相对“力量”的突然转移？对于这种快速的制度变化是否存在着有效解释？如果我们否认把这种变化仅仅解释为不吸烟者的寻租行为，我们对这种制度变化的理解是否更进了一步？或者说，如果把这种变化简单看作是从吸烟者向不吸烟者重新分配利益流（财富地位），我们是否就对此问题有了更清楚的理解呢？对于这些问题，实用主义者提出了不同、但却更有前途的方法。回忆一下溯因法的三段论：

观察到令人惊讶的事实 C；
但是，如果 A 是正确的，C 将是理所当然的；
因此，有理由怀疑 A 是正确的。

在这个问题里，“令人惊讶的事实”指的是吸烟者与不吸烟者在法律上的相对地位变化非常快。事实上，在所有的公共场所里，吸烟者曾经处于一个合法的特权地位，而其他人则处于无权利（要吸烟者不吸烟）的地位。在餐厅里，如果一个不吸烟的人抱怨旁边的一个家伙吸雪茄（或是烟斗、香烟），餐厅的经理很有可能会提醒这个生气的用餐者，说他没有权利要求那家伙停止吸烟，这个经理还可能错误地告诉他那个家伙是有“权利”这样做。也许我们可以原谅这个经理，因为他不了解他的霍菲尔德式权利。但是，这个问题与吸烟者的权利的快速变化有关，至少在美国是这样，原本吸烟者拥有吸烟的特权地位，而现在必须承担责任，即不能在大多数的公共场合吸烟，而那些反对吸烟行为的人则从没有权利的状态转变为拥有可以自由的反对吸烟的权利。实用主义者将如何开始寻找对这个问题的解释呢？

在这个问题里，“令人惊讶的事实”指的是快速并且普遍的制度变化（C）。溯因法让我们将注意力集中到了 A 的构成上。也就是说，A 中的哪些假设构成这种现象的理由并且可以解释它？这样的研究将从认真地重新描述吸烟的背景与环境开始。

从一开始(大概是在 1975 年),大多数的吸烟者知道他们的习惯并不健康。尽管他们从越来越多的信息里了解到吸烟可能会提高他们在未来患肺癌的几率,他们仍然认为吸烟所能给他们带来的快感更重要。现在,吸烟和癌症之间的“因果机制”(注意这里因果关系的机械性质)已经被科学家们很好地确立了。尽管还有一些医生(可能自己本身就是吸烟者)仍然在怀疑吸烟让身体发生变化的证据,但医学界似乎已经公认了这种令人信服的观点。美国癌症协会发起的一个主要活动,就是向吸烟者说明肺癌很有可能就是他们长期吸烟习惯的一种表现。吸烟者难道是根据他们的偏好来决定他们的福利吗?部分经济学家认为这是不可能的。显然,许多的吸烟者更看重他们的“长期福利”,并且认为吸烟才是他们更好的选择。实用主义者不会引用福利或是偏好这些神秘的概念,他们只会简单地说,尽管医学上关于吸烟与肺癌的关系是一种令人信服的观点,但是大多数吸烟者显然不认为这是个有价值的观点。

更进一步,从这些详尽的细节中我们可以看到制度变化所体现的工作中的能动的实用主义。回想一下,吸烟曾经被看作是地位尊贵的象征,并且被看作是社交礼仪的一个精华方面。这种固化的信念和习惯很大程度上是被创造出来的,并且通过其产业的广告轰炸延续下来。在那些广告里,富人和花花公子配合着他们一流的装备,炫耀着长长的香烟,而穷人则拼命试图得到香烟,在严重的预算约束下,他们甚至会为了购买香烟而舍弃一些必需品的购买。毫无疑问,吸烟在当时是一件正确的事情。社会状况以及与吸烟有关的制度安排,二者共同促成和制定了当时的主导信念、习惯思维、风俗以及日常惯例。吸烟者按他们的信念而行动,也以他们的行动为信念。请注意,流行的信念使某些特殊的社会习惯合法化,而这些习惯又为与这些信念相符合的制度安排提供了正当的理由。当时没有人会问:“为什么坐在我旁边的那个人会(在一架飞机上)吸烟?”不存在因疑问而引起的恼怒,因为从未有过这种疑问(可能偶尔一些哮喘患者是例外)。

但是,这种固定的信念没有维持很长时间。当公共观点开始转为反对在公共场合吸烟时,他们的争论常常被限制在吸烟者与不吸烟者相互矛盾的利益上。但是很显然,仅仅公开宣称自己在一些场合下的利益,双方都不可能从公共政策的讨论中得到任何的支持。有一些更好的语言是可供利用的。特别地,那些吸烟者迅速地坚持说吸烟是他们的“权利”,与其他人无关(从而否定了他们吸烟行为的外部性)。同时,不吸烟者则坚持说他们有“权利”享受无烟环境。他们应该表达并且想要表达的是,他们有权利生活在一个没有烟尘萦绕,并且没有烟尘进入他们的鼻腔和肺部的环境中。于是突然地,本已经形成的习惯想法开始产生分歧。

当医学研究提出吸入二手烟可能对不吸烟者有害时,吸烟者与不吸烟者第二阶段的斗争也就开始了。突然之间,吸烟者更难对那些“仅仅是”不满意的不吸烟者视而不见了。先前,那些不吸烟者只是抱怨他们不能忍受吸烟的房间与机舱,虽然他们的不适并不是很严重。只有那些哮喘患者和那些呼吸相对困难的人对吸二手烟的不适已不仅仅是一种不快。一旦二手烟的问题不再局限于那些被哮喘所折磨的人群,而是被看作为一个更一般的问题,那么,从前看起来值得相信的道义边界开始变得模糊了。如今,那些先前确立的关于吸烟的信念,就不能很容易地仅仅放在吸烟者的愉悦和不吸烟者的不快的框架中加以讨论了。新的信息使已确立的信念产生了混乱,由怀疑而引起的愤怒开始出现。

与此有关的制度变迁的第三个阶段是由一些重大的非正常死亡案件的诉讼引起的,这些诉讼是由那些代表死于不同类型的肺癌和喉癌的长期吸烟者的亲戚所提出的。在这个阶段,吸烟的拥护者(烟草公司)所采取的策略是把这场争论导向这样的判断,即吸烟是吸烟者自由选择的结果。这些公司声称吸烟者是自愿的,因此公司怎么可能有法律上的责任呢?在这期间,香烟包装上出现了警告标签。这些事实表明,无论有没有警告,吸烟者仍然会继续吸烟,这也被吸烟的拥护者们所利用。这把烟草公司卷入了这场斗争。这期间,司法努力获得了新的信息，有资料表明，烟草公司在几十年中长期从事着让吸烟者失去戒烟能力的活动，即投入大量的花费让吸烟更容易上瘾。

这些让吸烟更容易上瘾的长期策略的证据，决定性地使先前的信念变得愈发混乱。并且，这种决定性与实用主义者对于目的的强调有关。比如，“烟草公司这样做是出于怎样的目的？”用目的因的语言来表达，就是：行动由它们的目的来解释；或者，用更加正式的术语来表达，目的是未来的一个结果，这个结果使得现在的某个特定行动变得重要。现在我们看到，这个故事中新的“令人惊讶的事实”不再是一般的公共场合禁烟令发布的速度。事实上，我们现在面临的问题是，怎样的情况（设想或假设）可能解释这个新的惊奇之事（即烟草公司致力于使香烟变得更加容易令人上瘾的发现）呢？这个令人惊讶的结果的理由是什么呢？一个可能的假说是，烟草公司希望吸烟者更难放弃他们吸烟的习惯。与其他任何的消费品产业一样，假设烟草行业将烟草产品卖给消费者的目的是合理的。但是顺着这样的思路，烟草行业希望增加和保持销量的愿望，将让烟草商做出一系列的努力，其目的（正当理由）是将吸烟者锁定在他们的习惯里面。当大家发现烟草公司关于它们的产品说了谎，并且采取了行动使得香烟变得（更）容易让人上瘾，愤怒——以及更加合法的要求——就紧接着来临了。

这让我们进入了向新的确定信念演化的最后一个阶段。这里的中心思想是，烟草公司的目的从把烟草提供给烟草需求者变成了一个非常不同的追求，即确保现在和将来的消费者都失去自我控制烟草消费的能力。烟草公司看起来好像是在卖上瘾品而不是普通商品。拥有了这些新的信息，反对在公共场合吸烟的人立刻拥有了比在斗争开始时所掌握的更好的理由，来制定限制公共场合吸烟的制度。并且，因为这些理由，公共场合吸烟的禁令迅速地传播开来。一时间，吸烟不再被描述为没有法律约束的情形，而是变成了不吸烟者享受无烟环境的权利以及吸烟者只能在少数地方（大多数在户外）吸烟的义务。

在一时一地更值得被相信的理由为人们的行动提供了动机。就像沙克尔提醒的那样，制度的变化与思想的竞争有关，而思想是只能够被想象的。但是对这种竞争性思想的思考立刻引出了一个观点，即制度的改变与思想的竞争有关，即看哪一种思想能够列举出更有说服力的理由，让现存的思考习惯（不变的信念）被抛弃。制度的改变是从给人们提供新的并且更有说服力的理由，从而产生新的确定信念开始的。公共场所吸烟的事例中，烟草公司的卷入在信念的改变中起着决定性的作用。而制度的改变也就不远了。

疯牛病问题

考虑到疯牛病带给人们威胁的实际几率，有关疯牛病在英国以及在西班牙、德国爆发的新闻在大众中造成的反应可以说是极端且无理的。仅仅一头被感染的牛在西班牙或德国被发现，就足以激起民众以及政府最强烈的愤怒了。当这则新闻刚刚开始传播时，德国的啤酒销量下降了百分之五十，这种低销量水平在那之后又持续了一段时间。如果用传统的方法来处理，我们很容易得到结论说，这些反应过度了。毕竟，因为食用感染了牛海绵状病（BSE）的牛肉而真正患上克罗伊茨费尔德-雅各布氏症（简称克-雅氏症，nvC-J）的几率是多少呢？传统的风险评估可能会认为大多数人（以及一些欧洲政府）对这些小事件的过度反应是不理性的。但是，面对由感染引起的死亡几率有关的简单的统计数据（通称为“风险”），怎样的反应才是理性的呢？如果我们想理解并且解释这些过度反应，我们就需要进一步的分析。在这里，我们看到一个“取景效应”（framing effects）的例子，这个例子来自于前景理论（Kahneman and Tversky，1979；Tversky and Kahneman，1987）。实用主义者将从溯因法的三段论开始：

观察到令人惊讶的事实 C；
但是，如果 A 是正确的，C 将是理所当然的；
因此，有理由怀疑 A 是正确的。

在这个问题里，令人惊讶的事实指的是政府对疯牛病爆发的小概率以及对感染克-雅氏症人数的过度反应。什么原因有可能解释这种过度反应呢？也就是说，什么样的A如果是正确的，将使得C变得相当可能，而不是反常的？一个假设是，在公共健康危险面前，政府不愿意被看作是漠不关心的。另一个假设是，“普通的”风险评估方法不适用于整个国家的食品供给。更进一步地，这里的溯因法要求我们坚持去研究比表面更深入的内容。

通过寻找疯牛病的起因，我们发现，饲料中的一种蛋白质补充物源自羊或者是牛的部分身体。就像我们在前面看到的，香烟产业表现出的行为——努力使消费者失去选择是否继续抽烟的能力——作为一种可能解释社会迅速反对烟草公司（吸烟者）的决定性因素而出现。在现在的情形中，消费者对其他动物的身体器官被用来饲养牛这一事实感到非常惊诧（甚至是震惊）。难道没有其他的蛋白质原料是可利用的吗？这样做的目的是什么？有必要一定要这样做吗？

当大家都知道了牛因为食用了受感染的羊肉而得上疯牛病的时候，许多人的问题是：“准确地说，为什么牛——严格的食草动物——会吃动物的身体器官呢？”这个问题的答案显然与省钱有关。有人将毫不犹豫地指出这样做显然是“有效率的”，否则饲养产业也不会这样做的。虽然看似合理的辩护显然使一些人得到了满足，但却使其他的一般大众感到惊讶和震惊。这种惊讶为这个突然出现的疯牛病政策的争论提供了一个决定性因素。一时间，一部分大众、医学界的一些担心的人士以及愤怒的政治家开始质疑，是否真的有必要用有害的羊肉来饲养牛。一些人迅速地发出以下一连串的疑问：食品体系的目的究竟是什么？这是否是对本来多余的羊肉及器官的再利用？公众对于疯牛病爆发的过度反应，一方面表现了人们对不安全食品前景的明显恐惧，另一方面也表现了人们对用动物器官饲养牛这种行为的愤怒。掌握了这些新的信息（这个“令人惊讶的事”），疯牛病立刻从事故变成了丑闻。牛吃动物器官是偶然发生的吗？这样做真的是有必要的吗？

当然,随着对用动物器官饲养牛的禁止,许多制度发生了改变。在这里,制度变迁很容易归因于令人惊讶的信息的出现。这些信息迅速地刺激集体行动去为畜牧产业重新定义其行为的可接受范围。结果,这个产业在牛饲料的选择上立刻有了新的限定,于是我们(或我们希望)不会因为最近享受过一块牛排或是汉堡而有患上克-雅氏症的危险了。食品体系仍然存在着风险,但我们因为食用牛肉而患上克-雅氏症的几率却在某种程度上降低了。那么,这算是“理性的”公共政策吗?是否采取了一种效益-成本研究来评估这种集体行动?实用主义者将回应说,理性意味着按照显示偏好来行动;并且有证据告诉我们,对牛饲料的显示偏好已经突然发生了剧烈的变化。顽固的经济学家会追问这样的问题:如此剧烈的偏好改变是否是理性的?在这一点上,实用主义者可能会逐渐指出经济学家根本不知道什么是偏好,因为我们已经观察到选择,又从选择中推断出(经济学家将会用“重新获得”这个词,就好像那里真的有什么要去寻找一样)偏好。最后,实用主义者将会坚持说,如果一个人一方面相信消费者主权,一方面又相信大多数消费者会根据他们得到并处理的信息而做出合理的改变,那么经济学家无论说什么都是矛盾的。确实,我建议经济学家采纳实用主义者的看法,这个看法就是,关于如何更好地处理牛饲料的成分,现在已经产生了新的确定信念。于是,在下一个惊奇来到之前,这件事就到此为止了。

被篡改的基因

人们常常从能动的实用主义的角度来看待有关转基因生物(GMOs)的争论。与有关吸烟和牛饲料的法规相比,我们在这个案例里看到的是技术可能性和社会谨慎性之间的对比。这里的道德问题是,“我们能够做的事情,我们是否就应该去做?”另一个对讨论很重要的想法是这样一种预设,它认为社会福利的提高不可避免地需要伴随着科学事业的进步。很少有科学家所从事的研究工作是由创造对社会有严重损害的东西的承诺所推动的。就像淘金者寻找黄金一样，科学家们被他们每天都在逐渐接近某种既有实用价值又有科学价值的东西的想法所推动。因此，当我们听说对创造转基因生物负有责任的科学界确信这项技术有多种好处时，我们不应该感到惊奇。这点我们可以从科学家们如何谈论他们的工作以及他们通常如何描述科学追求中看出。科学就是对新知识的寻求，而知识对于所有人来说都是奇妙并且有益的，对于这一点很少有人能够给出认真的怀疑。

当新的知识涉及比传统工作更好的方法时，特别是当这些更好的方法比原来的方法更加便宜、更加简单、更加迅速、更加安全时，大多数人都会持欢迎的态度。但是，当新的知识以一种新的物体而表达时——一个种子、一种特殊的发电站——那么，对新知识的兴奋情绪就常常被矛盾的情绪所替代了。那些新知识的发现者往往会夸大他们的成就，说这新事物几乎对所有人都是有利的。这些声称常常伴随着一些保证，这保证往往是说“这个新发现目前还没有发现有什么风险”。不过，往往可以预见，其他人会把这种保证仅仅当作是又一个技术乐观论的断言罢了。在转基因生物的案例中，那些对于这项技术很谨慎的人将会强调它的新奇性，并怀疑它的副作用可能会在相当长的时间后才显现出来，这也就意味着没有可靠的方法来衡量并且评定这些潜在的风险。

再进一步，这些对转基因生物持谨慎态度的人将会否认先前对这项技术所做的风险评估。也正因为此，他们将被指责为不接受科学界的逻辑和证据。那些赞成这项技术的人会说，他们自己仅仅是在讨论事实，而他们的对手不过是些厌恶技术改进的冥顽之人，是一群只会感情用事的家伙。确实，常常可以听到新技术的支持者强调说，关于技术变化的公共政策应该被“科学”，而不是科盲们所偏好的感情或政治所指导。还有一点值得注意的是，新技术的支持者常常将“目前不存在有关风险的证据”立刻偷换为“不存在有关风险的证明”。

但是，这个问题不像科技乐观主义者所希望的那样直截了当。对转基因生物各种神奇的怀疑，将不会因为缺乏证明风险的数据而消失，也不会因为指责对手是冥顽之人而消失。反对转基因生物的人有时被指责要对这个世界上数百万计脆弱人群的饥饿和痛苦负有责任，而科技乐观者常常指责这些人太感情用事，却声称自己“忠实于事实”，这就很奇怪了。

让我们从能动的实用主义的角度来考虑这场争论的两个重要的方面。首先，注意存在两个非常不同的创造性想象类型。我把它们称为“想象类型”，是因为人们对每一个重要观点诸方面的表达会遵循一定之规，让它们看起来是一致并且有联系的。很容易设想，负责科学发现的人将极力表达一种认为我们当前处境是“极好的”看法，在此基础上，他们会为我们展示一系列蔚为壮观的设想，这些设想以过去的成功科学发明为类比，告诉我们这个发明将对人类生活的巨大改进产生作用，从而教导我们应该为这个发明而欢欣鼓舞。一点也不令人奇怪，这些人在谈论其发明将使人类生活不可逆转地向美好未来前进时，常常会引用巴斯德(Pasteur)、居里(Curie)、鲍林(Pauling)、索尔克(Salk)这些前辈的名字。另一方面，怀疑论者将熟练地营建另一个争论的阵地，提出和描述一些虽然不同但却相互联系的思想，认为新技术有一些已知的缺点，或者可能在未来会带来令人不悦的结果。注意，辩论双方并不是在谈论某个已知的未来，就像沙克尔所提醒的，除了思想和想象，未来的结果是不能被客观了解的。同时，注意争论将遵循皮尔斯实用主义的格言：“当我们思考我们所需的构想实体时，我们先考虑怎样的效果可能有实际意义；然后，对效果的构想就是我们的构想实体的全部。”(Peirce, 1934, p. 1)

很明显，这里争论的双方都将依据争论背后目标的结果来构建他们的想象。对于科学家来说，所有的效果都是正面的；对于怀疑者来说，所有的效果都是有害的。这场争论的“真相”是什么呢？不幸的是，在这场争论中，没有真相。双方都可以被指责为夸大了“事实”或者“扭曲”了真相。但是这样的断言是没有任何意义的。实用主义者将催促我们去寻找真相之外的东西；如果有人假定真相有可能出自两个竞争立场当中的一个的话，这点将是非常重要的。实用主义者将要求我们把注意力集中在下面的问题上："争论的双方是出于怎样的有利目的而持有不同的信念？"这种思考途径并不保证思维的清晰性，因为它不解释不同的创造性想象的来源。但它可能是有帮助的。同时，为了探究这两个竞争的想象中哪个看起来可能给我们提供更令人信服的理由，以确立我们的信念，实用主义者建议我们必须深入发掘这两个故事的内涵。每一个立场都建议或是暗示着新的探究方法，理清一些混乱。但是事情终归要由唯一的解决办法来解决——即只能由一种创造性想象来提供理由，这个想象提供了一个更值得占据的论据高地。

注意，像以往一样，目的这个概念扮演着一个角色。那些对转基因生物的神奇力量持不可知论观点的人将从它的介绍中推测它的目的。关于终结者基因（terminator gene）——它让农民无法保留或是利用转基因种子——的争论，显示了目的这个概念在经济政策中有多么的重要。怀疑者迅速推测出种子公司的"真实"目的是引诱农民去购买它们的种子，就像烟草公司对烟民所做的一样。当然，转基因生物的拥护者也可以找到这些产品反对者的一些同等有害的目的，如他们是社会的害虫，不断寻找办法引起麻烦，阻挠进步——这就是他们的目的。

问题并不在于转基因生物是好还是坏，而在于公共政策每日的内容就是像这样的争论。福利方面的考虑不仅与这些争论无关，而且它们对寻找并且给出理由的必要性是有反作用的。

走向清晰的思考

当涉及特定的制度变迁时，比如公共场合吸烟的社会习惯、牛的饲料、食物体系中转基因生物的应用等，集体的思考和行动要求真诚的交谈并且寻找到确立信念的合理理由。能动的实用主义者坚持我们应该先听取科学界的主张，然后寻找自己的理由以使自己或者被科学界说服，或者仍然保持怀疑态度。很难收集到有说服力的理由来真正挑战已经被认定为科学真知的“权威”。当今世界，来自于科学界的主张有着相当的重要性。就好像曾经是教堂告诉我们关于周围的世界我们应该相信什么一样，现在是科学告诉我们关于模糊且复杂的问题什么是应该相信的。

但是，对待那些挑战科学界技术乐观论的人，不应该是简单粗暴的拒绝（比如说他们是冥顽之人），或是因为其行动依据是某种像“情感”一样不可靠的东西就嘲笑他们。仅仅以科学“真理”胜过那些所谓漏洞百出的“业余意见”为理由而对这些反对者不屑一顾，对于建立良好的对话关系是没有帮助的。那种认为所有技术进步都是人类福音——除非有明确的证据否定，否则这一点就永远成立——的技术乐观主义，对于帮助发现到底什么做法是更好的科学探索工作也是没有什么帮助作用的。注意，这种争论的标准状态是把证明的负担放在了弱势的一边（即反对采纳未知科学技术的一边），而它在寻找支持自己论点的有力反对证据上，是受到其科学能力的严重阻碍的。如果来自科学界的支持者被允许自己定义争论的条款——也就是定义什么是或者什么不是“合理的”理由，那就显然给予了争论一方（科学家）某种特权。当然，科学家仍然可以发展他们的预设论断。但实用主义者坚持认为，是科学家群体以外的人（大众）才保有判定哪些预设论断是可以接受的权利，并且他们是以和大众自己利益相关的理由来作为判断依据的。民主主义与这种微妙但普遍存在的科学独裁主义是不相容的。能动的实用主义者坚持，那些主张科学权威的人应该把判断他们的主张——他们真实的要求——的权利留给科学群体以外的我们，让我们按照自己认为有说服力的理由去进行判断。在民主市场经济中，只有大众群体才具有判断某种科学结论是否或在何时是“有价值的”审判权威。

第十一章　能动的实用主义与解释

经济学上的进步并不仅仅来自对数据的假设检验的机械应用，与建立新的模型有关的创造性行为对于这个进步也是至关重要的。

——保罗·罗默：《内生增长的起源》(1994)

信念的确立

这里的主要主题涉及对于特定的事件和结果，经济学家是怎样“知道”什么是我们认为我们知道的。在很大程度上，保罗·罗默了解有多少经济学家曾经对付过解释的困难问题。通常，演绎模型是建立在一些经济学公理、一些看似有理的假设以及一些应用性假定的基础上的。不可避免地，这个分析引擎受到经济学家从他们相信的可利用的二手资料中得到的数据的支配。需要注意，在很大程度上，数据的选择预先决定了模型的结构(分析引擎)，因此也决定了将出现在经验工作中的“解释”要素。如果将要包含的解释变量数据并不理想，那么就有必要重新定义这些变量，以使得它们与数据一致，或者只有使用并不理想的数据。一旦模型估计出来，其中的一些变量(在某种程度上，我们可以认为这些变量就像假说一样，在模型所限定的范围内得到检验)被发现是具有统计显著性，并且具有“正确”的符号，另一些变量虽然显著，但是符号是“错误”的，还有一些变量不显著。注意，对“正确”或是“错误”符号的判断出现在经济学家最初的理论模型中。我们把模型做得像正式公理的样子，以表达我们对世界是如何运行的想象——或者它应该如何根据我们所设定的标准化形象运行。

当这项工作完成时，经济学家就准备好宣布已经“解释”了（或者未能“解释”）他们着手解释的问题。注意，看似相关的假说（解释变量）被引入同一个模型结构中（并且排除了其他假说），从而被固定在某种不可避免的关系之中，而这样的做法仅仅只是把这些假说放在一起而已。相对于这个结构中的其他假说，我们可以从经验结论中得到一些安慰。但是我们究竟有没有解释现象呢？或者我们是否只是建立了一个人为的逻辑结构，并应该对它与真实世界的联系持谨慎的态度？大多数对这样的事情有经验的经济学家首先会承认这最多只是个带有不确定性的努力，他们以相当的谨慎态度对待他们的结论和“解释”。

但是，那些总是热衷于发现有趣事情的人，对于他们的结论就更热心了。这里我试图解决的问题涉及确立信念的标准方法，并且这种方法的应用怎样引导我们远离，而不是接近对事件和环境的全面理解和解释。更一般地，这里的重点是考察这种演绎方法，并把它与溯因法进行比较。在经济学里，我们确立信念的方法已经成为一个公众猜测的话题，即经济学是否正在经历一个早该发生的认知论上的转变。《纽约时报》甚至将这场斗争描述为“经验主义者”和“理论主义者”之间的斗争（Uchitelle, 1999）。不幸的是，因为我们在讨论的问题很明显并不是“经验主义者”对“理论主义者”的问题，所以这样的描述是不准确的。一组人（“理论主义者”）使用理论，而另一组人（“经验主义者”）不使用理论，真实的情况并不是这样的简单。同样，“经验主义者”使用数据，而“理论主义者”不使用数据的情况也不是真实的。经济理论对两种确立信念的方法都是很重要的，详细的经验工作也是任何科学工作的一个重要组成部分。抛开术语不谈，《纽约时报》的这篇文章接下来详细叙述了演绎主义者与溯因主义者之间的创造性交互作用，即溯因法对演绎分析方法的发展很重要，同时，演绎法对溯因法的核心——示意性模板——的发展很重要。但是这两种确立信念的方法必须找到相互加强的所在，而这点常常是困难的。

就像前面说明的那样，相对于已经确立的公理以及经济学的假设，演绎法带来了有可能是错误的预设结论。当演绎法得出的解释和预言与经济学家所相信的情况不相符时，他们将努力找到“更好”的数据，这些数据将至少支持他们的理论模型（他们的分析方法）。就像罗默对这个问题的描述，这个策略“将经济学正统思想放在了神龛中，而且不会被任何的挑战所伤害”（Romer, 1994, p. 20）。我曾经把这种情况称之为辩解主义（validationism）。溯因主义者不会把自己限定在一个特定的模型（关于“解释”的一个特定的认知结构）里，而是会自由地从一个更开放和更有创造性的认知角度来处理问题。从 20 世纪 80 年代出现的内生增长理论中，我们可以看到这种方法的应用。在讨论内生增长的时候，保罗·罗默写道：

> 这项工作与古典的增长理论不同之处在于它强调经济的增长是经济系统的内生产物，而不是外界冲击力量的结果。因为这个原因，它的理论工作不把外生的技术变化看作是工业革命之后人均所得成级数增长的原因，而它的经验工作也没有停止在仅仅估计不同国家以不同速率提高的增长残差上*，而是试图揭示私人部门和公共部门的选择如何使得增长残差的增长率因国家不同而不同。与古典增长模型一样，内生增长模型集中在将经济作为一个整体加以考察。因此，这项工作与在行业或者企业水平上的调查和研究既互补，又有所不同。（Romer, 1994, p. 3）

罗默对古典增长理论的追随者（主要是演绎主义者）与推行内生增长理论的经济学家（主要是溯因主义者）之间的交互作用的考虑不仅仅只是经济思想史上一个有趣的逸事，也说明了这两种确立信念的主要方法是可以对经济学做出很有价值的贡献的。既然这样，挑战古典增

---

* 此处的“增长残差”，指的是索罗国民经济增长核算模型中除劳动力和资本等要素投入的贡献之外的没有得到解释的增长余项，通常也叫“索罗残差”。——译者注

长理论的刺激物就来自于“包含许多国家长期收入增长信息的新数据库的创立”(Romer, 1994, p. 4)。在那时,新的数据与原本占支配地位的理论出现了不一致。对于溯因主义者来说,这种情况构成了一个重要的“惊讶”,这种“惊讶”促进了对新的解释模型的寻求。怀疑的出现引出了另外一个研究问题,而这个问题可能已经在之前的传统解释出现当初或在其占统治地位时被拒绝了。为了使其与新的经验数据更加的一致,占支配地位的模型中的标准古典假设必须被修改或者替代。为了得到对观察到的现象看起来更合理的解释,这样的过程将在接下来的努力中继续进行下去。有一些修改是有好处的,而另外一些则不是。这里,宏观经济学家不得不放弃为实例寻找理由的演绎法,而使用为结果寻找原因的溯因法来替代它。

但是,对于已经在古典模型中投入了大量精力的人来说,要放弃这种模型并不是一件易事。

> 这项工作的含义是,如果你相信古典模型,那么,图 1 和图 2 中的那些数据(它们是新增长理论进行思考的基础)不会让你放弃古典模型。它们不能强迫你放弃完备市场模型中的诸多便利。它们也不能强迫你去处理对生产、技术、知识以及信息传播的经济分析中产生的复杂问题。(Romer, 1994, p. 10)

罗默认为,所有研究者对基本事实的看法相当一致。“不同研究者的不同之处,在于我们应该从这些事实中得到的模型的推论是不同的。就像常常发生在宏观经济学中的那样,许多不同的模型推论都可以符合同一个统计回归。”(Romer, 1994, p. 10)。接着他给予了认知问题适当的位置:

> 经济学家常常抱怨他们没有足够的数据来区分可利用的理论,但是,什么构成相关的数据,这是内生的。如果我们把相关数

> 据的标准定得太高，并且把检验设置在狭小的范围内，我们的数据将肯定太少，从而我们可以把经济学正统思想放在神龛里免受任何挑战的威胁。如果我们没有符合数据的模型，那么对合理的证据设定高标准将是有诱惑力的选择，因为我们只能选择不去拒绝我们拥有的唯一模型。(Romer, 1994, p.20)

可以看到，演绎主义者与溯因主义者之间不可避免的张力，常常未必提高学科的一致性。但是，如果相信一致性的理解将获得最后的胜利，那么，我们就仍然要致力于寻求一些模型和理论，希望它们能对我们在周围的世界里观察到的现象提供合理的解释。

为了在实际政策背景中说明这个问题，我们现在转向另外一个例子。在这个例子中，相当标准的演绎法明显不能提供与重要的经验现象一致的解释。

热带雨林的采伐

加速的森林退化是位于发展中国家的热带森林地带所主要关心的问题。这种现象不但造成了大规模的土地退化，也对当地居民的生活造成了威胁，并且全球气候也因为失去了重要的可以吸收温室气体的赤道雨林资源而恶化了。为了阻止滥伐行为，一系列试图理解它们之所以持续的原因的学说出现了。也就是说，出现了对森林采伐现象的解释的探寻。不可避免地，这个问题与下面一些要素有关：农业的"刀耕火种"、道路在森林深处的延伸、人口的快速增长、非森林地区其他可行的经济活动条件的缺乏、家畜的放养、薪柴的收集、"荒芜地带"薄弱的财产制度、强大的伐木业的利益以及常常软弱或者腐败的政府。

这里将要考虑的问题涉及经济学家如何尝试去确立关于这个重要问题的信念。对这个问题的标准研究方法以一些经验研究为代表(Allen and Barnes, 1985; Barbier, Burgess and Markandya, 1991;

Deacon, 1994, 1995; Deacon and Murphy, 1997; Kaimowitz and Angelsen, 1998; Sandler, 1993; Southgate, Sierra and Brown, 1991; Vincent, 1990)。这里,我的目的不是回顾这些文献,而是利用热带雨林退化的问题来说明演绎法与溯因法的区别,并且举例说明溯因法如何帮助我们理解和解释这种有害行为,并找到造成热带生态环境毁坏的合理理由。如果不理解一个结果的理由,我们必然无法提供有意义的政策处方。

回忆一下,当标准的演绎法被采用时,理论模型必然要反映已经可以利用的(可以很容易被计量化的)数据。在森林采伐的背景中,这意味着标准的“解释”变量很有可能包括国家水平上的人口增长率、现行的贴现率、森林地区(以及其他地区)的家庭收入、通向市场的途径(森林地区的道路)、农业方面的投入和产品价格、木材价格、农村的工资、农业技术改善指数、财产制度指数(可能是一个或一些虚拟变量)以及外债等指标。这种分析的问题在于,我们把注意力过早地集中在所设想的决定树木采伐的先行条件上了。能动的实用主义者将坚持认为,应该更加小心地去寻找人们采伐树木的合理理由。就像我们现在所知道的,对于先行条件的过分关注将把机械论的原因与目的论的理由(某个目的)相混淆。能动的实用主义者则认为只有通过给出对可能服务于这些特殊结果的目的清楚认知,才可能理解——及解释——像森林退化这样的事件和结果。展望未来,这就是人的意志的体现。最明确的是,森林退化不是因为道路或者“扭曲”的价格而发生的,而是因为它要满足的目的而发生的。寻找这些目的是智力上的挑战。溯因法则将帮助我们确定这些结果的理由。

比如,人口增长常常被看作为森林退化的原因,但如果我们仔细考虑一下,就会发现不是这回事。显然,人口增长并没有被计划来导致森林退化。就是说,人口增长或者向森林地区移民并不是为了引起森林退化这个目的而发生的。当然,人口压力可能与热带森林消失的速率有关,但是人口增长不可能是采伐热带森林的理由。回想一下,为了在今天采取某种特殊的行动,未来的结果就是理由。对解释——森林退化的理由——的寻求要求建立一个特殊事件(森林退化)与这些事件需要满足的目的之间的联系。相反地,对森林退化原因的传统探求倾向于寻找与这个事件有机械性关联的先行条件或境况。

再让我们考虑一下修建通向森林深处的道路这个行动,森林退化发生在道路到来之后。我们能够因此而推断是道路"引起"了森林退化吗?假设向森林深处修建的道路正好是为了得到木材的通道。这里,对木材通道的渴望是修建道路的理由,但是注意,尽管道路确实使得收获木材更容易了,道路不可能构成收获木材的理由。对木材的需求构成了修建道路的理由,所以道路是森林退化的机械性原因,但它不是森林退化的理由。道路仅仅是对更容易获得木材有帮助。

现在假设修建向森林深处伸展的道路的目的,是让定居农业在当前还长着树木的地方发展起来。由此而导致的土地用途的转换引起了多方的疑虑。这里,定居农业是道路的理由。我们现在可以看到,说道路引起了森林退化,与道路引起了定居农业的说法是类似的,但这看起来是难以置信的。道路使得在森林中定居成为可能,但是结果,也就是森林退化的可能的合理理由还需要更仔细的考虑。也可能有人主张说,人口增长和农民的贫穷产生了对农业用地的需求,而通路被密集的森林阻挡了,因此就引起了对森林的采伐。道路开辟了新的领地,木材被砍伐,然后定居农业开始了。但是这个"解释"仍然把机械论的解释与目的论的解释相混淆了。

对于找到结果(森林退化)的理由的强调提醒我们,一致性的解释不但要求要注意近似的原因(机械论的解释),还要注意森林退化和土地转化的目的(意图)。也就是说,我们必须研究森林退化和土地转化对谁的利益有利这个问题,以及这些利益是怎样促使政治体系帮助它们达到目的的。

标准的经验方法

前面的讨论表明,对森林退化理由的分析因为无法区分机械的和目的论的解释而裹足不前。与后者相比，经济学家更擅长于定义前者。罗伯特·迪肯（Robert Deacon）的经验工作尤为明晰和突出，他写道：

> 在森林退化和表征所有权不稳定性的政治变量之间存在着相当一致的相关性……尽管如此，模型的解释力非常低，因此还没到形成确定的结论时……仍然有待发展一套分析模型，从而能更好地发掘森林退化的根本原因。这个更好的模型必须认识到，目前的许多，甚至可能绝大多数被当作解释森林退化的原因实际上都是内生的……包括这里研究的不稳定产权的政治指标，也不应该被认为是外生的……弄清楚这个因果关系链对于想要控制森林退化或者是其他自然资源的使用，都是非常重要的。缺少了对这些原因的理解以及得以区分原因和相关性的坚实基础，在这方面的政策将无法对症下药。（Deacon，1994，p. 429）

一年后，在一篇相关的文章中，迪肯评论道：

> 虽然关于所有权问题的知识对于理解森林退化的过程来说是很重要的，但这些知识并没有指出直接的方向。巨大的地理尺度、多种进入途径以及热带森林公共服务的不便使得对产权的监控和执行在一些情况下变得昂贵，在另一些情况下甚至事实上是不可能的。在书面法律中修改无效率条款的方法来重新定义名义权利可能在某些情况下获利，但是一种依靠这种方式处理环境保护问题的方法却是更直接针对现象而不是原因。同样地，在运用庇古税或者可出售的许可证的时候，政策也可能遇到监控与执行的问题，这些问题使得提供森林服务的市场变得无效率。（Deacon，1995，pp. 16—17）

另一个研究者，托德·桑德勒（Todd Sandler）则展示了更多的自信：

> 热带地区的森林退化是一个复杂的问题，其原因可能来自于毁林开荒、畜牧放养以及在森林地区进行大规模的基础设施建设。这些举动背后的动力来自于人口压力、相当扭曲的土地所有制以及/或者被误导的政府政策。(Sandler, 1993, p. 232)

作为不那么自信的一个例子，请看下面一段文字，它来自一篇对大量森林退化文献的综述文章：

> 我们对已有的全球回归建模工作表示怀疑，也对某些高度程式化的一般均衡模型的价值表示怀疑，它们建立在关于经济行为和经济如何运行的人为假设之上。我们希望看到更多的研究，这些研究把对家户行为的现实描述与地区或国家层面的一般均衡效应(如内生价格)结合起来，并且两者都考虑移民以及空间因素的作用。微观模型应该尝试研究贫穷、社会差别、制度等方面的内容……最后……本综述完全集中在数量模型上，这样可能给某些人造成错觉，使他们认为这样的方法比其他用来理解森林退化的模型更好。我们相信，使用描述性统计的数量分析和研究对正式模型是一个补充。定性模型提供了重要的在数量模型中很难得到的见识，这种见识还可以激发建模者在他们的模型中添加新的变量和因果关系。定性模型对于在森林退化研究中加入历史因素以及强调那些曾经给模型带来困难的制度问题时都是特别有用的。而另一方面，数量模型对于核对一些争论的内在逻辑是很有用的，这些争论包括：一组给定假设的含意是什么？或者，特定政策要发生效果，其必不可少的假设是什么？经验的数量模型可能对于验证关于森林退化的原因的假设以及不同要素之间的相对重要性是有用的。(Kaimowitz and Angelsen, 1998, pp. 105—107)

这里要注意一些问题。标准的演绎方法据称将导致“数量模型”，而另一种方法则被认为与“定性模型”有关。有人会怀疑这样的术语将使得经济学家对所谓的“数量”模型这样的“精确”工作比对更主观的定性模型更感兴趣吗？有趣的是，定性模型提供重要的见识，鼓励研究者在他们的模型中引入新的变量，并且鼓励研究者注意那些被证明对于模型来说是很困难、但却重要的历史和制度问题。从这样语言来看，精确与现实相关性之间持久的二分法就产生了。但是，因为“定量”与“定性”的分类在描述上、因此也在其标记上是严重错误的，所以，理所当然，这样的二分法是虚假的。这里的问题并不是某一个严格并且客观的数量模型与主观的定性模型的对立。确切地说，这个问题是用作确立信念的演绎法与溯因法的分别。对森林退化的常规研究中存在的问题，并不在于它们采用了数量方法，关键在于它们是在错误的地方寻求错误的对事物的解释。这些模型可能是数量的，因此可能带着精确性，但这是错误的精确。关于森林退化的标准解释的问题所在，是那些为这个过程建立演绎模型的研究者错误地把森林退化当作了需要解释的最终状态，因此，他们将分析的注意力集中在那些第一眼看起来是森林退化原因的先前发生的事情上，如人口压力、向边远地区延伸的道路、缺乏土地的农民，以及不安全的财产权利等等。但是，如果我们将采伐树木看作这个因果链的中间步骤，而不是结果，那么我们就能够更好地寻找到清晰的思路，它对于寻求森林退化的解释——理由——是非常必要的。

通过提出未来森林的退化将服务于什么样的事件或情形这样的问题，实用主义者开始了对解释的寻求。当我们确定了事件和情形的范围，我们将找到热带森林采伐的理由（不是原因）。缺乏了这些，因为只是集中在先前的情形上，常规的演绎式解释是机械的。当我们理解了森林退化只是为接下来的一些目的服务的，那么，推断出只有两个关于森林退化可能的解释能构成理由在逻辑上就是必然的，而这两个可能的解释是：(1)从采伐树木中获得收入；(2)将森林转变为其他的用途。第一种解释将树木当作政府（以及那些可能非法侵占这些收入流的人）

的收入来源，而第二种解释认为现在的森林用地如果继续保留森林覆盖，将要承担不可接受的机会成本。确实，这两个理由可能真的会合二为一——森林用地具有高的机会成本，把它转化为农地可以增加稀缺土地的供给，同时，转化的成本可以部分(或者全部)通过出售木材来支付(Deacon, 1995)。

上述推理的显然结论将把我们带回到人口增长，它是土地继续用作森林用地的社会机会成本高的真实原因。但是，这样说可能太简单了。政府之所以会产生要清理土地(采伐树木)的想法，其理由可能是许多政府不愿意规划并且执行其他的行动来缓解土地的缺乏，从而降低保持高森林覆盖率的机会成本。这些现在被认为是禁止进入的土地，对于贫穷的农民和那些拥挤的住在城市周围贫民窟里的人来说，可能无法得到政治上的支持用来为他们的定居所用。换句话说，因为政府没有(不愿)以其他的经济方法来解决土地匮乏的问题，林地才会具有高的机会成本。如果大部分的农村的非林地都被有钱有势的少数人所拥有，并且，如果政府不愿解决这个因为这种特殊所有权结构所带来的土地缺乏的问题，那么林地的机会成本就会因此人为地提高。也许这就是政府支持那些必然引起森林退化的行为的合理的理由。很有可能，许多政府都发现允许采伐森林要比面对那些现在拥有大量土地的政治和经济力量要容易得多，然而，如果能够实行土地改革，这些土地原本是可以提供给那些无地者和被困在城市贫民窟里的人们的。

突然间，我们看到故意的意图(目的)迫使我们承认，在很多情况下，所谓在稀缺土地之上发生的人口压力不能成为热带雨林退化的一个合理的理由。它之所以看起来像个合理的理由，是因为政府希望这样的感觉持续下去。确实，如果政府可以说服其他人承认人口压力是森林退化的理由的话，许多政府都非常有可能得到更多的财政利益。这样做可能使它们获得更多的外国财政援助来解决由人口压力带来的严重“问题”，而这些问题大部分是它们自己造成的(Ascher, 1999)。因为这样的“解释”也对许多国际环境组织的路子，因为这样的“解释”

也合乎它们的利益。

我们看到,问题不能简单地描述为在数量模型与定性模型中作出选择。确切地说,这里的中心问题是建立逻辑上自洽的演绎模型的困难,这个模型必须解释像发生在不同区域且极其不同的经济和社会环境中的森林退化这样的经济现象。经验分析上的问题是显然的:要让政府承认它们不愿意——或者不能——采取措施来解决与无地人群有关的问题是很困难的;而要让政府承认它们需要(或者想要)森林退化所保证的、由收获木材以及土地用途转变所带来的大规模收入,也是同等困难的。也就是说,政府政策的目的很难被包含到经济学模型中。虽然很困难,但是在其他框架下进行数量分析并不是不可能的。如果经济学家顺着这里提出的逻辑链开始把森林退化看作是政府促使或者容忍的行为,那么就能在一些数量模型中检验这个假说了。这里的解释变量可能包括:(1)无土地的程度;(2)收入和财富不平等的程度;(3)地方、地区或者国家政府对农业收入的依靠;(4)与其他国家的贸易平衡水平。与演绎模型不同,我们可能发现森林退化不是“有害政策”的结果——即不能被“有害政策”所解释,而是“好”政策的结果。这里我们需要记住,有利与有害的判断总是与目标有关。给定政府的目标,它对采伐树木的促进就是完全合理的。许多人可能不喜欢由此引发的对森林(将要砍伐)的推论含义,但这是别的问题了。经济学家的工作是去解释一个特定的结果(森林退化)——为之寻找理由。我们的工作不是保护森林(尽管从个人的角度我们可能会尊重这种行动)。

注意,虽然经验工作可能从森林退化需要解释这样的思想开始,从演绎法向溯因法的转变则使得研究者不断寻求结果的理由。回忆皮尔斯的溯因法概念:

> 观察到令人惊讶的事实 C;
> 但是,如果 A 是正确的,C 将是理所当然的;
> 因此,有理由怀疑 A 是正确的。

这里C被认为是热带森林的退化。解释的任务就是确定关于A的内容的信念,即找到可以解释C的A的构成。皮尔斯把这称为假说法,并且我们看到构成A的东西确实是一些假说。在前面的章节里,这些被作为假设和应用性假定而提到。溯因法涉及一个从结果(一个已知的经验现象)和规则(公理)到事实(假设和应用性假定)的过程。这些假设和应用性假定包括一些假说,或者我们可以认为它们是理论命题。有人可能会说:“我有了一个关于森林退化的理论。”另一个人则可能会说:“我有了一个(或一组)关于森林退化的假说。”还有人虽然对那种所谓“普适真理”的想法十分谨慎,但仍然被这种分析的完整性所说服,他可能会宣布:“我知道为什么印尼会发生森林退化。”撇开这些术语不谈,听众也会注意到,这些说法预示着讲话者将提出一个有关森林退化的“解释”了——一个断言(一个“真理主张”)就要产生了。讲话者可能认为即将说出的断言是预设信念,但同领域的其他人可能认为这些断言看起来合理但却不够成熟(没有被其他人所验证),这并无不可。

但是,这里的关键是要记住,在没有关于意向的详细说明的情况下,对人类行为的解释是不可能自洽的。所有其他所谓的解释都只是机械的,它们不会给政策改革提供任何洞见。也就是说,从机械原因得到的规则将不可避免地只处理问题的症状——观察到的现象——而不是这些现象的发生理由。只要某个政府受到从采伐树木中获得收入的渴望的驱使,或者只要无地的情况——它本身就是其他具体政策作用的结果——促使政府对森林深处进行开发,那么通过建议国家停止修建道路,或者完善财产权保护,或者采取限制人口政策,或者整顿政府腐败,或者限制强大的伐木业的利益,我们能够得到的将会很少。面对森林退化,唯一的可行方案是将注意力集中在它现在和未来将要服务的目的上。

我们也看到,森林退化常常是现实中一系列活动中的一部分(奇怪吗?也许吧!),这些活动包括修建森林道路、帮助无地的穷人搬到森林里的定居计划、给予移民自己清理开发的林间土地的所有权证书，以及支持这一措施的贷款政策。认识到这些后，我们可以看到，需要解释的不是森林的采伐，而是道路、所有权证书、贷款政策以及移民计划。仅仅指责导致森林退化的有害政策，或软弱的政府，或不安全的财产权，已经不够了。实际上，对目的因的确认允许我们了解到，政府必然故意让森林退化发生；否则的话，政府将能制止森林退化的发生。溯因法让研究者假定森林退化服务于政府的特定目标。这不是错误政策的问题，也不是对森林退化无知的问题，甚至不是无法改变森林退化现象的问题。毋宁说，森林退化是为国家及其政府的目标服务的。这些其他目标是森林退化和许多其他结果（如道路、定居计划）的理由（目的因）。

对一些社会科学家来说，对解释的这个新的阐述可能并不受欢迎。我们常常在下述两个隐含的假说下进行研究的：(1)大多数政府寻求去做他们的公民认为恰当的事情；(2)改进公共政策唯一的阻碍是缺乏信息以及对它们的细致分析——如果能够弥补这两点，那么政策改进就是可能的。在森林退化这个案例中，上述观点的含义就是，政府确实希望被学者告知，森林退化的原因是不安全的财产权、道路的修建、人口的压力、强大的伐木业的利益和其他的有害政策。相信这些诊断后，我们就可以通过纠正这些被认为是造成森林退化原因的情形来帮助政府。以上就是那些开处方的正统经济学家所做的事情。但是，这个方法是误导性的，因为这些预测是基于对森林退化的错误解释做出的。对发展中国家森林退化的仔细评估显示，大多数政府都知道他们在对他们国家的森林做什么，也知道他们为什么要这么做(Ascher，1999)。如果是这种情况，那么，告知政府应该停止从森林获利或者不应该去解决土地饥渴问题，将是一个非常不同的挑战。另一方面，意识到这些后，就可以采取其他方法帮助政府处理森林退化问题。其他政策改革可能可以解决土地饥渴问题。换句话说，相比于就事论事地讨论森林和农村土地问题，森林退化可能和更一般的经济政策的关系更大？

给寻找正确理由的建议

如果我们从一开始就意识到森林退化并不是偶然和不经意发生的，而是政府有目的的计划，那么我们就可以相当清楚地阐明这个问题，而这个问题曾经被归咎于许多不同且可疑的原因和情形。再一次，它给政府官员的讨论带来了一个不同的视角——可以理解，这些政府官员不会痛快地承认那些明摆着的事实。如果我们假定一些政府真诚地想要改变持续了几十年的森林退化趋势，那么就有必要坚持认为，政府措施必须伴随一系列事实的和法律的严肃革新。换言之，我们可能观察到政府曾经在过去对滥伐森林表达过关心，但是政府不愿意或者不能够阻止它的发生。大多数的观察者身上都还存在着这种语言与行动上的不一致，并不时导致一定程度的犬儒主义，这必须得到纠正。

结语

本章的讨论从古典增长理论中演绎法的应用开始。用演绎法进行经验研究时，研究者极希望找到适用的理由，这个倾向往往会加重问题。就像罗默指出的那样，这促使经济学家为充足数据的缺失而悲伤，从而允许产生与占统治地位的理论一致的理论结果。在这个研究计划中，经济学家常常可以找到“好的”理由来为得到的假设——传统的智慧进行辩护。

我们以森林退化为例考虑了一个简单的问题。尽管大部分研究者承认标准的演绎法对于解释森林退化不是有益的，但他们仍然不愿意采用标准模型以外的模型——部分原因是他们担心这样做会放弃了精确的东西（定量模型），从而被迫转向某些主观（从而不“准确”）的东西（定性模型）。但是，从皮尔斯式惊奇开始，我们发现溯因法似乎能为诊断结果提供某种解决的希望。通过对森林退化理由的不断寻求，经济学家可以为发展中国家使用自然资源的争论带来清晰的思路。森林退化的理由不再是一个谜，而且把森林退化归咎于热带地区数百万贫穷且分散的农民和伐木工人的无法控制的贪婪，不再是可信的了。当我们意识到热带雨林采伐的发生是因为政府希望它发生时，我们就可以开始更有针对性地与参与者进行政策对话了。如果发达世界的人希望热带雨林的退化停止，那么，政治压力和经济刺激的指向就很清楚了。此时，热带国家的政府再沮丧地摊手，简单地声称他们也不知道如何来制止森林退化，也就不再会有什么人相信了。

第十二章　能动的实用主义与制度演化

只有那些经济利益是有法律支持的权利……这种权利是否是产权,确实是个需要回答的问题。

——杰克逊大法官:《柳河电力公司》,324US 499, 502 (1945)

竞争的财产关系

前面我已经提出,我们只有首先接受这样一种观点才有可能清楚地理解经济制度的内容和含义,即经济学研究的内容是弄明白社会是如何组织自己的基本事务。现在,经济学的大部分教学都有一个共同的特点,即好像这个学科只研究如何在一组制度的“约束”下的算计行为。甚至新制度经济学家都将制度看作是“约束”(North, 1990)。新制度经济学家也试图使制度变迁内生化,从而让它在价格理论的那套常用来解释个体优化行为的算法基础上自动地机械展开。这个研究途径有两个缺点:(1)它忽略了目的在人类事务中的中心位置;(2)它没有认识到经济总是在变化的过程中。如果要理解经济制度,我们就不可能忽略目的以及目的的演化;并且,如果要理解为什么经济总是在“变化”,我们就必须理解,在重新定义民主社会如何专心于并且实现自我管理的连续过程中,必要的目的演化是怎样不可避免的。

在习俗、日常规则和财产关系这三类制度中,一般认为最后一类代表了最清晰、最持久的一类制度。习俗的发展不需要集体行动在演化的方向和内容上达成一致,日常规则可以通过不同形式的民主过程——立法机构、行政规章和法庭——来修改,但产权的结构(我们称之为财产关系)常常被看作是不可变的。确实,财产关系被认为带有如此的持久性,以至于对它们的任何改变都不可避免地伴随着政府的补偿。财产关系的持久性要求强调个人自由权利的概念,它也是资本主义的基本法律基础。

但是,如果我们仔细阅读大部分民主国家的法律历史,就会看到,其实财产关系发生了相当的变化;并且,这些变化并不总是伴随着政府的补偿。曾经,奴隶是他们主人的私人财产,妻子被看作是她们丈夫的私人财产。尽管美国的奴隶主尽了他们最大的努力,他们原有的产权的变化并没有得到补偿。作为一个例子,美国宪法中的“财产条款”(第五修正案),可以用来说明财产制度的神圣性。该条款以一般的方式规定,如果不能给予财产所有者恰当的补偿支付,则不能将私人财产占为公用。这是美国国家治理体系中非常高的一级权利。赋予这一权利的理由看起来很明显。首先,这个规则防止政府采取武断或随意变更的行动侵害公民的财产;其次,这个规则要求政府不能无偿地要求民众履行义务;最后,这个制度安排确保社会的必要成本不会由某个人单独承担,也就是说,补偿使得必要成本分散在相关权限内的纳税人头上。

这里的中心思想,是美国宪法要求当私人财产为公共用途所征用时,国家需要支付补偿。但是,注意这个陈述没有详细说明在实际操作中的三个关键点:(1)私有财产;(2)征用;(3)公共用途。因此,一点也不奇怪,法庭在试图解决冲突之前,首先需要竭力搞清楚这三个概念的准确含义。如果这些思想的核心概念本身是矛盾而不清楚的,法庭怎么能够“保护”私人财产不受侵犯呢?对于很多观察者来说,这可能看起来有些奇怪:我们不是确切知道财产是什么吗?它是被人拥有的东西。我们也确切知道是什么构成了“征用”(它不遵循市场价值),我们也知道公共用途对于财产持有者来说是一种经济损失,它将经济利得转移到了其他地方。虽然这些对于我们是非常清楚的,但是对于法庭却并不总是清楚的。这种清晰性的缺乏可能会造成一种不确定性,从而会窒息生产力——成为一个经济上的麻烦。对于风险厌恶者,制度的不确定性就代表着财富的损失。但是，如果从另一个非常不同的角度来看，经济总是处于变化过程中，而所有的规则，包括财产关系，都仅仅是诸多变化中的一个例子罢了。企业家们紧盯着多种多样经济变量和参数的瞬息变化，他们也应该对经济制度的变化保持敏感，这些经济制度对于他们的活动领域——机会集——是如此重要。

通常，我们建立模型时将价格和产量当作内生变量，在给定的稳定的偏好、技术和禀赋的前提下，它们被其他因素同时决定。但是，就像亚历山大·菲尔德（Alexander Field）所问的，这样的模型可以解释价格和产量吗？他的回答是：仅就价格和产量是先定参数的产物的时候，答案才是肯定的（Field, 1979）。也就是说，在消费者问题中，不同的边界条件必然产生不同的“解答”，因此，将会有不同的价格束和产量束。福利经济学的两个基本定理说明了这个思想：对每一组初始条件（禀赋、偏好和技术）存在一个帕累托最优配置（第二或者间接福利经济学定理），并且，这个配置可以被一个竞争均衡所支持（第一或者直接福利经济学定理）。

制度的改变可以以两种可能的形式进入这些模型。市场出清价格反映了行动者对他的未来价值流现值的预期，而未来价值流是包含在他的消费选择中的。从某种程度上来说，新制度改变了消费某种产品所得到的未来净收益，改变价格可以被看作是新制度改变消费结果的一种方式。本质上，瓦尔拉斯拍卖者（Walrasian auctioneer）宣布了一个反映新制度安排的价格向量，与旧的制度结构有关的价格向量与这个价格向量是不同的。举例来说，拍卖人可能会宣布一个价格向量，其中汽车的价格反映了可预见的汽车尾气排放的变化，而这种变化可以反映在汽车的汽油英里数上的表现。

第二，“禀赋”这个词描述了每个行动者在拍卖中的资产地位。如果资产持有者面临着将会改变他们禀赋的制度上的改变，那么他对应的这个过程的解决方法（消费和价格的向量）就不相同了。本质上，市场的协调者——瓦尔拉斯的拍卖人——宣布一个规则向量 r（保持价格固定)，那么个人在做消费决定时，都会留意这个新的制度。无论何者，我们都需要认识到两种不同的制度，一种制度改变频繁并且不可预计，而另一种制度的改变是与新的社会背景和情形相适应。就我们相信行动者消息灵通并且富有理性而言，很难说他们不知道某种环境标准正在被重新定义。现在，很少有土地持有者可以随意地在湿地上进行投资，并且宣布对土地失去排水作用不负责任。如果土地是某种濒危生物的重要栖息地，土地的持有者不能宣称自己不知道与生物多样性和生态完整性有关的社会思想。同样，工厂拥有者也不能宣称，自己对正在建造的厂房内的卫生和安全问题没有责任。

回顾先前的思想：因为经济总是处于变化的过程中，所以社会的制度安排按照新的稀缺性而改变，或者按照关于现在更适合做什么的思想而改变。在前面的章节里，我已经提到了一系列的制度变迁，它们是由过去两个世纪不断演进的社会规则所造成的。这把我们带回到对土地以及所有权的社会涵义的讨论。从历史角度看，一个政治共同体里的个人拥有或控制财产——不管是土地还是其他什么东西，需要该社会中其他个体隐含的同意。这就是政治哲学家们所说的“共识问题”(Christman, 1994)。在如何达成对私人产权的共识这一问题上，考虑英国历史学家 R. H. 托尼(R. H. Tawney)的评论：

> 财产是对创造性工作的一种帮助，而不是它的一种替代……村庄的法令把农民限制在土地上，并不是因为农民发现这样做可以得到最大利润，而是为了产出村庄所需的谷物……简而言之，财产的设置不仅仅是出于便利或者求利的欲望，而是基于道德的法则。它不仅仅是为保护财产所有者，而且是为保护劳动者以及那些他们为之提供劳动的人(消费者)。如果没有财产安全，那么财富就不能被生产，社会的商业运转也无法继续下去。

这里可以看到，理解一个社会的制度变迁的基础总是围绕着一个最为持久的制度(在上述例子中,土地产权)展开的。从历史角度说,公民社会赋予个人以土地产权,是为了从中能形成更大的社会利益。这一权利是为我们所有人服务的——我们中一部分人拥有着土地并供给着社会,而这些社会供给为另外一些人保证了更好的生活。但是,对所有权的赐予——或许诺——总是建立在能带来更多社会福利的预测基础上的。财产关系是一个社会构造物,因此,像土地和资产之类的东西不是因为它们仅仅是“财产”就要受到保护。准确的说法是,这些东西(比如说土地)是因为它们是人们为了社会福利的有意识的构造物——“财产”——才受到保护。在这里,因果关系的方向很重要。本章开头的引语——“这种权利是否是产权,确实是个需要回答的问题”——恰当地表明了这一点。

那个关于个人主义的哲学大辩论时期——也就是现在被我们称为启蒙运动的时期——不但与新大陆形成的时期相符合,同时也激活了美国式思维。并不奇怪,此时个人会要求,对他们以土地为基础的行动领域所进行的任何重新定义,都需要给予他们补偿,而这个补偿的来源是作为公共财产的税收收入。然而,其他人将会同样固执地坚持说,不能这么做。为什么土地会激起这些对立的情绪呢?显然,土地是特定自由思想的象征。确实,对于大多数人来说,土地和产权的观念,是一个固定并且持久的观念。有些人只是希望不被干扰地呆在他们“想象”中的“他们”的土地上。其他人希望能够因为土地而变得富有。土地的产权这个观念的一部分持久吸引力就在于,许多人似乎认为,其他东西可能可以改变,而产权却不曾改变,不会改变,也不能改变。当然,这种认识并不是真实的。我们中的大多数人都生活在由城市规划所确定的土地边界内,而规划本身就是一个被法庭接受并且意义深刻的制度变迁。更进一步,土地持有者曾经认为他们可以控制下至地核、上至天空的所有东西。如果这是真实的,那么空中旅行将不再可能,或者会因为航空公司需要设法与飞行线路上的每个土地持有者协商而变得非常昂贵。

通过考虑一些有重大意义的产权案例，我们可以学到一些与制度改变有关的东西。纽约中央火车站诉讼案提供了一个在土地使用冲突中进行困难选择的例子(*Penn Central Transportation Co. v. New York City* [438 U. S. 104(1978)])。佩恩中央运输公司(所有者)想要在旧车站处修建一座高层办公大楼。这个被提议的办公大楼将毁掉历史性的中央火车站，并且占据这块曼哈顿中部最后保留的"空中"区域。如果这样做，就会减少纽约市中心两种有价值的东西——历史性建筑物和高楼峡谷中的开阔空间。法庭阻止了佩恩公司在历史性建筑物所在地进行修建的计划(它被上诉到了美国最高法院)。而且法庭也不认为，因为改建计划不可行，佩恩公司就需要得到补偿。在某种程度上，这似乎对佩恩公司是不公平的，它不但被要求保护一栋对大多数公众来说有重要意义的建筑，而且为了建筑周围居民的利益，它还被要求保留空中空间。当经济学家研究这个案例的时候，他们可能会观察到两种外部性。第一，历史建筑的保留，将有益于许多目前不需要为车站所带来的正的外部性(即空旷空间)付费的人。确实，这场争论出现在法庭上的原因，准确地说，是因为有纽约市地标委员会的存在，这个委员会的任务包括确保对历史建筑的保护。第二个外部性，以保留车站上部的空间的形式出现。附近居民将从这块空间获益，而附近大楼的租金将因为没有更多的办公大楼而持续走高。

法庭如何就能够否定佩恩公司修建高楼的"权利"，而又不给予补偿呢？对于佩恩公司来说，财政上的损失将是巨大的。实用主义者要求我们考虑佩恩公司所面对的对闹市中心的历史性建筑和空中空间态度的改变。通过引用早期法庭关于领空权(air right)以及飞行器飞越领空的判决，美国最高法院只是判决佩恩公司不拥有中央火车站的领空权。注意，法庭并不是说佩恩公司曾"拥有"那些权利，而现在被剥夺了。法庭只是说，佩恩公司不可能像它所希望的那样保有领空权。并且，因为佩恩公司本就不拥有修建大楼所需要的空间，法庭没有理由对纽约居民收税来对佩恩公司进行补偿。当然，佩恩公司保留了中央火车站的经济资产，但是它不能在这个建筑上获得一个新的收入来源机会。

显然，佩恩公司会坚持认为，它为周围的居民对这个空中空间（和一个历史性建筑）提供了好处，但是并没有因此得到偿付，这一点是最不公平的。同时，经济学家可能再一次地考虑这个问题，并且宣称它不但对佩恩公司不公平，而且也是“无效的”，原因是佩恩公司为纽约市提供了无补偿的公共产品。但是从另一方来考虑，有益于空中空间和意义重大的历史性建筑的公共产品已经存在了，而佩恩公司仅仅只是被拒绝了破坏那些利益从而伤害其他人的机会而已。注意这里微妙的语言区别——提供新的公共利益与无法中断提供已存在的公共利益。如何理解这个问题，与考虑它的角度有关。

这点重要的区别对另一个与自然保护有关的案例非常关键。为了建房，威斯康星的一些土地主想要排干并且填满一个湖边的一块湿地（*Just v. Marinette County*[56 Wis. 2d 7, 201 N. W. 2d 761(1972)]）。填占湿地的行为将削弱环境的营养过程，而这个过程在湿地生态中有重要作用（这点到最近才被理解）。县政府拒绝给这些土地主排干湿地的许可，结果他们把县政府起诉到了法庭。最后，威斯康星高等法院支持了县政府的行政行为，而土地主们的行为被禁止，他们也没有得到任何补偿。威斯康星高等法院裁决，土地主最初购买的是一片湿地，在排干湿地的请求被拒绝之后，他们仍将拥有他们所购买的东西，而县政府拒绝发放破坏湿地的许可，并没有剥夺他们曾经拥有的东西。土地主确实被阻止通过改变湿地来获得更高的收入，但是法庭并不觉得有理由要求本县纳税人因为会破坏自然的发展计划无法实现而补偿土地主。就像上例中的佩恩公司，土地主坚持说因为他们保留了湿地，为湿地的水质净化提供了益处，因此他们应该因为这些服务而得到补偿。相反地，县政府坚持说湿地的过滤特性在创世之初就已经存在，而土地主通过他们希望的排干行为实际上将会破坏这种生态服务（功能）。他们的行为将破坏自然原本自由提供的服务，为什么他们应该因为这样的破坏行为无法实现就得到补偿呢?

经济学家可能会质疑这些决定的激励效果。在上面的两个例子中,我们看到法庭(像本章开头杰克逊大法官的引语所指示的那样)试图决定是否确实存在需要补偿的财产收益,在一个例子中它指的是"领空权",在另一个例子中它指的是"排干权"。在两个例子中,我们都看到了一个渐进但决定性的公众观念转变,它改变了法庭对于诉讼案件中资产的理解和认知。在佩恩公司的例子中,领空在变得越来越稀少的过程中也在变得越来越有价值。如果是 20 年前,佩恩公司想要修建高楼,那么我们会料想,这不会有问题。但是,最终这种领空的稀缺确实影响到了那些想要建造高楼的公司。在湿地的例子中,新的科学理解显示湿地不仅仅是沼泽,而且还提供有价值的环境服务。如果是在 20 年前——那时还没有这些理解,湿地主人想要排干这些湿地可能就是没有问题的。确实,许可要求已经延伸到县一级的水平,这是对湿地价值的认识发展的清楚的政治(社会)上的证据。

从这两个例子中我们看到了一些非常清楚的证据,某些安排和情形——我们周围环境的物质方面——实际变成了有价值的资产。曼哈顿中部的领空并不总是稀缺并且有价值的,但是在 20 世纪下半叶它确实变成了这样。湿地也并不总是稀缺并且有价值的;确实,在大部分的人类历史上湿地被看作是农业生产的障碍、蚊子等害虫的温床,也是沿海城市扩张的不受欢迎的栅栏。但是,新的科学发现引起了人们对湿地认识的改变,这种改变帮助人们将湿地从社会的障碍转变为——重新定义为——社会的资产。在这些"获利"的案例中,经济问题引发了一个问题:谁应该为这个新的经济情形进行补偿支付?佩恩公司无法毁坏现在具有极大社会价值的资产(空中空间以及未被破坏的历史性建筑景观),纳税者应该对它进行补偿吗?湿地所有者无法破坏这些潮湿区域的过滤服务,纳税者应该补偿他们吗?

从一个方面来看,这两个问题的答案都应该是肯定的。难道集体行动(法庭)没有从他们那里拿走什么吗?但是,从另一个方面来看,二者都还拥有它们已经拥有的东西——佩恩公司仍然拥有车站，土地主仍然拥有他们的湿地。他们失去的是从他们原计划的投资中得到新收入的可能性，而那些投资将会破坏现在具有新的社会价值的资产。实用主义者促使我们提问：市场经济是否不能保证土地持有者从他们的计划和安排中得到回报？通过对反事实(counterfactual)的考察可以得到清楚的解答。在佩恩公司的例子中，公司或者可以从大楼获得新的收入流，或者可以从不能修建大楼的价值损失中获得补偿。现在看起来好像出现了一个有趣的策略机会。法庭规定的对佩恩公司的补偿支付可能使它在两种情况下是无差异的，一种情况是允许它修建大楼(从而让它成为未来收入流的拥有者)，另一种情况是不允许它修建大楼，但从纳税者手中收税并补偿佩恩公司(补偿的金额由它所报告的因为修建机会被拒绝而造成的经济"损失"决定)。此时，佩恩公司在任何情形下都将获得相同的收入流。对于经济行为人而言，这确实是一个难得的激励机会。除非政府保持谨慎态度，否则类似的敲诈行为就有可能再发生。

如果因为不被允许占据曼哈顿稀少的空中空间，佩恩公司应该得到补偿，那么怎么能阻止另一个渴望增加收入的土地持有者继续修建另一处高楼呢？或许有人会问："为何法庭不能这样做，即先补偿佩恩公司，然后再发布一条法令，规定从今以后不再支付补偿呢？"答案是，法庭不制定公共政策。法庭只处理摆在它面前的事实，并给其他人发出一个信号，说明什么样的行为是被社会所接受的。因为佩恩公司的案例，那些打算破坏历史性标志建筑并且占据空中空间的人，会改变他们的经济预期。他们有了新的信念。同样，因为威斯康星的案例，那些打算排干并填掉湿地的人，大概也会改变他们的预期。这样，社会向前发展并且对新的稀缺和新的社会福利设施(新的"资源")做出反应。与我们的讨论相关，我们看到法庭承担着确定信念的任务，这个信念是关于财产持有者拥有何种财产收益的。这是配给交易的关键之处。

回忆行动的实用主义理论，我们看到，财产权是按照法庭上出现的创造性想象而形成的，这些想象的背景是在一个特定的争斗中，有争议的事例中哪一方的利益将获得胜利。法庭必须考虑这些可能但相互排斥的未来，并且按照这些想象的未来来决定哪一个要求者的主张更有说服力。法庭的任务是确定信念，这些信念旨在决定在与产权有关的竞争性主张中，哪些是更值得相信的。伊曼努尔·康德（Immanuel Kant）当然不是一个实用主义者，但他有一个深刻的财产概念，与实用主义理论中的“事实”非常接近。康德坚持认为，权利不是切实的现象占有（possessio phenomenon），而是本体占有（possessio noumenon）。* 它不能通过感官（视觉、触觉、听觉、嗅觉）而理解，只能通过理由设定的本体来理解。像溯因法所要求的那样，康德询问道：为了让个体将一些本性是外生的东西（结果）内化为自己的想象，哪些条件（情况）是必需的？这里的关键概念是归属。通过理解归属这个概念，一些对于个体来说外生的东西（土地和物质环境）被内化了。然而，是什么因素决定某些外生的东西是属于个体的呢？

一个人可能只是以古典的洛克主义方式宣称，某些特定的物品和情形是属于他的。注意，这样的说法可能会遭到拥有物品和情形的人的反对。发布这样言论的人希望说服其他人，他就是标的物的合法的（合理的）拥有者和管理者（“主人”?）。一旦发布这样的言论，通过单方面宣布的力量，一些外生的东西对于发布者来说就内化了（至少在发布者的心中是这样）。但是康德注意到这里重要的地方。他意识到，那些言论代表了对同一个社区中其他人利益的否定。并且他提出，虽然一个人可能确实宣布并且表现出对外生东西在物质上的拥有，但这并不等于说，社会公认的权威也会宣布对其他希望内化同样东西的人实施限制。就是说，拥有者发布他的主张，除非那些直接的听众预先就尊重这个主张，否则这个情形将是不稳定的，因此不可能期望这个问题被一

---

* 在康德哲学中，“现象”是对意识而言真实的事物，不论它的存在是否被证实或其本质是否被理解；“本体”是只能由理智设定而不能靠感官察觉的东西。——译者注

次性解决。康德注意到，只有得到其他人的赞同之后，一个人才能内化原本外生的东西。因为，如果一样外生的东西需要属于一个社区内的某个人，我们需要怎样的思维转换才能让它变成那个人内化的东西？为什么其他人应该自愿接受一些人自私论断的约束，仅仅是因为他们已经拥有（或者正在寻求控制）一些有潜在价值的东西？

康德认为，这些断言只是对经验拥有的肯定。并且，仅仅基于现象拥有，他们把物质上的控制与一些更深刻的东西相混淆了。这些更深刻的东西就是康德所说的“可理解的拥有”（或本体占有）。如果一个理智的社区达成一个确实是公正（合乎道德）和有益的（深谋远虑的）共识，认为某个人应该可以内化迄今为止是外生的东西，此时，我们就看到了明智的拥有的例子。我们立刻可以看到，经验拥有的本质是拥有一块骨头的狗。没有也不可能有狗的社区会承认——所有的狗都对那块骨头垂涎三尺——因为这块骨头现在在那只狗口里，它就“属于”那只狗了。顶多能说的是，狗们承认那只狗的拥有。为了超越经验拥有，我们需要应用康德论证（Williams, 1977）。狗们无法理解本体，就像它们无法理解昨天这个概念一样。

由于这个原因，什么是属于我的东西，不仅仅取决于我说是属于我的东西。更确切地说，属于我的东西由于借助其他人的声明而变为我的。通过这些声明，其他人默许了对他们与事物和情况相关的利益的剥夺。其他人给了我本体，我不能自己创造它。康德帮助我们理解在稀缺的情况下拥有土地（“财产”）有些特殊的要求。如果洛克式的土地获取和占有违背了社区里其他人的利益——这些人因为来迟了，发现上帝的所有赐予都已经被正当地（justly）占有了，那么，稀缺将造成剥夺和排斥的恐惧。既然土地（“资产”）不可能被正当地获取，我们怎么能解释对土地（“资产”）的持有，并且证明其是正当的呢？

当代洛克主义者对这个问题有个现成的答案：让后来者从已经正当地获得土地的人（或者那些早先购买它的人）手上购买它。我们看到，一旦最初的获得物以应得的报酬（一个购买价格）转移到另一个手上，这个逻辑看起来就很有说服力而且没有尽头——所有未来的获取物必须通过给现在的土地（“资产”）的持有者支付应得报酬而调停。而且，以这种方式转移的东西并且必须是先前的获得者得到的东西(Bromley，2004)。这样公正的获得和持有可以持续到永远。这个看似从稀缺性那里的逃脱，遗留了一个仍需解决的基本问题：如果现在的土地拥有在长期导致了无法得到社会支持的土地使用行为——改变和毁坏历史性的车站，把稀缺的湿地排干并在其上修建房屋，那么会产生怎样的情形呢？

给定这样的可能性，为了引导现在的持有者停止以反社会的方式使用其土地（他的“资产”），什么样的偿付将是合理的呢？换句话说，什么才能阻止这类土地持有者对社会的勒索呢？我们看到，正当获得的土地可能演化为不正当持有的土地——它现在的使用不再满足它应该做的“最好”的情况。这里，“最好”可能是合乎道德的，也可能是深思熟虑的。这里，洛克与康德都承认，在某些情况下获得与持有之间的利益联系是可以满足的。回忆一下，洛克假定正当获得的土地将会以有助于整个社区利益的形式被利用，并且这个事实也是正当获得和继续持有的一部分。但是，如果事实不是这种情况呢？康德以命题的形式回答了这个问题：社区本身必须决定正当获得的土地是否仍然是正当持有的。这是怎样做到的呢？它是通过出现在资产阶级社会——公民社会——里的理性完成的。社区本身必须制定标准来判断继续持有正当获得的土地（“资产”）是否仍然是正当的。

这把我们带上了另一条路，看起来我们似乎需要一个关于持有的理论。这个理论必须对困难决策提供解释（正当的理由），这些决策是对在未来正当并且谨慎持有的资产做出的。在更实际的意义上，这个理论需要解决，当现在的持有导致对公共利益的正当损毁时，社会应该怎样做。必须用公共支付制止这种损毁吗？这是一个本质的“获取”问题。为了得到一个关于这个问题的一般性理论，演绎主义者将从某些公理开始他们的理论工作——这些公理将被后来一些辅助假设所加强，并提出一个“理论”阐明在没有政府补偿的情况下如何对待土地（“资产”）价值的退化。当一些人制造一个“理论”，声称如果没有补偿，政府就不能部分或全部剥夺正当获得的土地时，我们看到了一个演绎链条。注意，这里讨论的是规制方面的“征用”，并不是本质上的征用，把土地从正当的持有者手中夺走。

在理查德·爱泼斯坦（Richard Epstein，1985）的著述中我们可以看到这个理论的应用。爱泼斯坦和其他一些人提出了一些公理和假设，这些公理和假设允许他们推断出，任何造成正当获得的土地的价值的削减都需要公共收入的补偿。当然，这个思路最重要的公理是洛克主义的，即“产权”是从一个“创造过程”获得的，所以它先于国家而存在（Kreuckeberg，1999）。只有当财产存在之后，国家才变得可能，并且，保护产权就成了国家极其重要的义务，而这些义务也加强了国家的合法性。

对于那些为一个不那么绝对的方法寻求合理基础的人来说，演绎法也是一个关于选择的认识论。也就是说，这些法学家想要利用一些公理和辅助性假设，更清楚地区别正当获取和没有补偿的土地价值的削减。这群学者的“理论”借助了许多给予他们的“理论”明晰性的假设（假说）。我们可能见到的假设（解释性假说）包括：（1）利益的互惠；（2）合理的以投资为依托的预期；（3）有益的使用；（4）比例性；（5）阻止坏处和提供好处的区别；（6）合法的公共目的；（7）“所有经济价值”减小的程度。这些演绎主义者显然认为，他们掌握了一个关于正当获取和没有补偿的价值削减的理论，这个理论比理查德·爱泼斯坦这样极端的理论更一致和连贯。这些理论家仔细研究“征用”案例，细致地阅读司法判决，以便看清那么多的“原因因子”中哪一个能解释特定的结果。有时，这些因子中的一个就足够了。但在其他情况下，为了“解释”判决，许多因子都是必要的。但是在大多数案例中，法学家可以利用足够的假设让他们得以提出关于特定案例的“理论”。

通过仔细的思考可以发现，这里存在相当奇怪的事情。这类解释解释了特定的决定，但是它们显然不能提供一个一般的理论使我们理解美国产权的主张和现实。每个“理论”都是一种特定的理论——因此也就不是一个理论。每个“解释”只是重新描述了特定的结果，通过这样做，告诉我们一个或者多个假设就足够“理解”一个特定的判决。刻薄者会把它称为想当然的经验主义（ad hoc empiricism）。我称之为确认主义（verificationism）。

注意，演绎主义者会问：“这个最高法院尊重（保护）——或者不尊重（保护）——产权吗？”演绎主义者将求助于假设（假说），而这些假说可能会得到这个问题的一个试验性答案。或者，这个演绎主义者将提一个有些微妙的问题：“关于产权，这个最高法院的立场是什么？”注意，这两个问题都是以产权本身显然是清楚和确定的概念开始的，然后研究者通过仔细阅读以及解析某个司法决定（法律的“神圣条文”）来回答他自己的问题，他会特别注意脚注，因为在脚注中，法学家可以找到法庭决定背后的“真实”情况。溯因主义者发现这两个问题是有严重缺陷的，缺陷在于它们预先假定了需要解释的事物（产权）的性质和范围。这就好像问一个两岁的小孩，她是否在说实话。

再一次地，溯因主义者拥有更有前途的认识论。溯因主义者将观察一系列最高法院的决定，这些决定表面上对产权的含义（预先的概念）有非常不同的暗示。下面是一些有关“征用”的经典案例：*Euclid v. Ambler Realty*，*Teleprompter Co. v. Loretto*，*Hadachek v. Sebastian*，*Mugler v. Kansas*，*Penn Central Transportation Co. v. New York City*，*Agins v. City of Tiburon*，*Lucas v. South Carolina Coastal Council*，*Keystone Bituminous Coal Association v. deBenedictis*，*Nollan v. California Coastal Commission*，*Pennsylvania Coal Co. v. Mahon*，*Palazzolo v. State of Rhode Island*，*and Tahoe-Sierra Preservation Council v. Tahoe Regional Planning Agency*。对于演绎主义者来说，这些案例中的结论可能显得特殊而且没有逻辑一致性，它们是那些冗长且极具曲解意味的法律回顾文章的材料，这些材料也许对寻找统一的解

释思路有帮助——毕竟，最高法院肯定会有一些导向性原则来解决产权的纠纷吧？难道不存在持久的法律教条，可以用来规范这些重要案例中的裁决吗？

在《资本主义的法律基础》(1924)一书中，约翰·R. 康芒斯想要通过研究争论和冲突最终是如何“解决的”而阐明一个经济制度变迁的理论。康芒斯坚持认为，当亚当·斯密指出从交换中可以得到和谐和共同利益时，他是错误的。对于康芒斯来说，日常生活的本质是因为缺乏而造成的冲突，而那些缺乏不是通过互惠的讨价还价，而是通过谈判和斗争而调停的。最终，那些斗争——其中的许多从地方水平或者是国家的立法机关开始——多数需要在法庭上了结。确实，许多争论到达了最高法院。从本质上讲，就是在这里——在最高法院——“争论最终消失了”。也就是说，最高法院(事实上所有的法庭)必须要选择一个赢家——用康芒斯的话语来说，就是“选择一个价值”。从本质上来说，法庭必须面向未来，并且决定哪个可能的未来看起来会被更好地认可。毕竟，所有斗争都是关于未来的。法庭的成员必须要设想一个他们认为有说服力的未来，并且按照这个未来裁定摆在他们面前的争论。康芒斯知道，法庭不是按照法则——法律教条——行动的，因为在每个特殊的争论中，永恒并且普遍的原理将不可避免地失效。法庭按照现在看起来更有说服力的理由来做决定。这样做，法庭就不可避免地在“选择一个价值”。康芒斯将这称为“合理的价值判断”(reasonable valuing)。

从本质上来说，康芒斯认可杜威的观点和实用主义者的理论。从本质上来说，美国经验中将产权的概念神圣化的传统，在其认识论上是存在缺陷的。如果我们采用溯因法，我们就会从一个令人惊讶的事实开始，即最高法院在一个裁决土地使用的案例中好像是要“保护”产权，而在另一个案例中，又好像是要“反对”保护产权。这怎么可能呢？产权不是清楚并且稳定，在争论发生时只是等着被发现的吗？能动的实用主义者从要求我们想象一个可能使那些似乎不一致的决定得到解释的假说开始，那就是：

观察到令人惊讶的事实 C；
但是，如果 A 是正确的，C 将是理所当然的；
因此，有理由怀疑 A 是正确的。

如果 A 是正确的，A 的内容必须是什么才能使不一致的 C 成为理所当然的？A 唯一可能的内容（假设或者假说）并不是等着被法庭发现的产权的内容，财产权是法庭在相冲突的财产主张之间做出的艰难选择。本质上，法庭聆听相冲突的财产权主张，并且必须按照事实决定哪一个主张看起来更有说服力。因此，这里的问题就变成了哪一方可以集合最好的理由来使得法庭在争论中向着它。我们看到，产权不是因为它们是产权而得到保护。实际上，得到法庭保护的安排和情形就通过这个保护变成了产权。

溯因主义者不会认为这些案例复杂。他们将把它们复杂的性质作为研究产权理论的起点。也就是说，这些案例是需要解释（一个理由）的结果。对于那些看起来很不同的判决，最高法院似乎有合理的解释。理解美国历史上产权概念的唯一方法是要理解产权是对一些安排和情形的祝福，当不同层次的法律考量尘埃落定之后，这些安排和情形将被认为是值得国家保护的。这个命题可以从能动的实用主义者的逻辑中产生。注意，产权不是不证自明的东西，在特定的法律斗争发生之前，它的本质是无法通过直觉或内省搞清楚的。实际上，产权的概念是在法庭解决相互排斥的权利主张的时候产生的——创造的。也就是说，产权不是预先存在并等着在特定的法律混战中被发现的“本质”。事实上，产权产生于解决争论的过程中，这些争论开始于呈现在法庭面前的相互冲突的财产主张。美国的司法系统的目的不是发现预先的产权是什么。事实上，在相互冲突和排斥的权利主张提出之前，法庭提供一个必要的论坛。当更有说服力的权利主张被决定之后，法庭将为那个结果提出一个法令。我们看到，产权是被制造，而不是被发现的。

承认这一点是遵循“权利”这个概念的意义的必然结果。拥有权利意味着你被授予了一种能力，可以藉此说服国家的强制权力来帮助你反对其他人相反的主张。权利使得个人可以招募国家的令人惊奇的力量作为特殊的同盟。国家对于权利的承认（法庭是国家行动链条上的最后仲裁者）并不意味着国家的被动支持。实际上，这种承认给予了国家承认其“权利”地位的那些个人主动的帮助。也就是说，对于那些已经得到权利的人，国家已经准备好了随时为其服务。我们说，通过表明在集体行动的帮助下个人可以做什么，权利扩展了个人的能力（Bromley，1989；Macpherson，1973；Commons，1924）。

注意，当你想在某个餐馆吃饭或是想上某所大学的时候，拥有公民权利意味着国家将给予你帮助。在遵从法庭限制性法令的情况下，不管他们个人如何看待你的需求的合理性（公正性），联邦政府官员已经准备好了为这些行为提供帮助。你拥有权利，国家就是你的同盟，当你说你拥有权利时，这是必要条件。其他人——如餐馆的主人，他因为你在他的餐馆里用餐的想法而不高兴，或如大学的校方，它不想让你进大学——在警察行动的威胁下（警察行动本身就可能是法庭——或者如果有必要的话，被国家军队——所强迫的）有义务遵从国家的意愿。

我们也必须理解，财产不是一样东西，而是一样价值。当一个人购买了一块土地（用美国流行的说法，“一份财产”）的时候，这个人需要的不是物质的东西，而是对利益流的控制，这些利益流来自于延伸到未来的安排和情形。这就是为什么人们为了得到不同的利益流（对所有权所产生的新的利益流的“所有”）而花钱（一种利益流）的原因。注意，新的利益流的数量决定于与之相关的法律参数。佩恩公司能够建高楼，还是只能建平房？沼泽在一年中有六个月被水淹了，如果是这样，地方法令是否会因为一些高回报的用途而允许它被排干呢？得到新的利益流的价格就是未来从“拥有”的东西中得到的净收入的折现值。这就是为什么财产是价值而不是东西的原因（Bromley，1991；Macpherson，1973，1978）。并且，当然，我们将两个概念——财产和权利——放在一起来理解，这涉及把权威授予现在被称为“所有者”的个人这件事。

而这个权威是国家给予的,它许诺,国家心甘情愿地强迫所有那些属于"非持有者"的个体,让他们接受被约束的义务。

我先前坚持认为,法庭从呈现在它面前的争斗中创造产权。这种产生过程与法庭从相互冲突的权利主张中发现产权的说法是对立的。这个关于创造的观点意味着什么呢?这里我参考了路易斯·梅纳德的《形而上俱乐部》(Menand, 2001),这本书涉及美国实用主义哲学的起因。创造实用主义的主要人物包括威廉·詹姆斯,约翰·杜威,奥利弗·温德尔·霍姆斯(Oliver Wendell Holmes)和查尔斯·桑德斯·皮尔斯。当然,霍姆斯是美国最知名的法律理论家之一。梅纳德写道:"是霍姆斯作为哲学家的才智使得我们看到法律没有本质的方面。"(Menand 2001, p. 339)。这里,"本质的方面"指的是什么呢?

在哲学里,本质是一件东西的存在或力量,是它必要的内部关系或者功能。本质就是一件东西(包括一个概念)能为我们或能对我们做的事。对于洛克来说,本质是一件东西成为它本身的原因;对于康德来说,本质是属于一件东西存在的主要的内部法则;对于皮尔斯来说,本质是关于存在的哲学中可以理解的元素(Runes, 1983, p. 112)。确实,皮尔斯坚持认为,认知受限于存在的可能性。就像我们前面看到的一样,"通过考虑那些可能令人信服的有现实意义的结果,我们构想出我们所设想的目的。然后,我们关于这些结果的设想就是我们整个目的的设想。"(Peirce, 1934, p. 1)。

在讨论霍姆斯和他著名的著作《习惯法》的时候,梅纳德注意到这本书——1880年霍姆斯在哈佛法学院12次演讲稿的汇编——试图描绘并解释法律教条的演进。更重要的是,它的主要目的是解释霍姆斯在1870年的第一篇法律回顾文章中做出的评论:"首先裁定案件,然后决定原理,这是习惯法的一个优点。"(Menand, 2001, p. 339)这里似乎存在一个矛盾:如果不是法律原理决定案件,那会是什么呢?霍姆斯对于这个矛盾的回答为他后来的法律学说提供了基础。梅纳德以下面的形式传达了霍姆斯的观点:

每个案件都是呈现给法庭的一个特例。它立刻成为各种需求争夺的中心。一个需求是找到对这个案件的公正判决；另一个需求是保持与过去相似案件的结果一致性；还有一个需求是从许多类似案件中归纳出对社会整体最有益的结果——这个结果将传递最有用的行为信息。尽管没有得到清楚的承认，法庭希望保证结果与法官的政治策略相适应，希望利用这个案例改变合法的教条，使它与社会标准和情形的改变更加一致，希望惩罚坏人，宽恕好人，并且将成本从无力支付它们的一方（比如说事故的受害者）重新转移到能支付它们的一方（比如说厂商和保险公司）。

但是，在这整个无法预测的境遇之上——所有这些境遇在某个案件诉诸法庭之前都已经处在变动之中——是一个唯一的形而上要求。这个要求就是不让其他低层次的任何一个要求以牺牲其他要求为代价决定一个案件。一个在直觉上看起来是公正的、但却肯定与法律先例不一致的结果是不可为的；一个在形式上与先例一致，但在表面上看起来却是不公平的结果也一样。(Menand, 2001, p. 339)

梅纳德继续写道：

许多年以后，当霍姆斯已经在最高法院的时候，他常常在会议上邀请他的同事说出他们喜欢的法律原理，而他将闭着眼睛使用它们来裁决手上的案件……当鹅没有骨头时，任何人都可以切开它。(Menand, 2001, p. 340)

看起来，能动的实用主义与美国司法的核心思想是一致的，并且，能动的实用主义提供了一个考虑和理解集体控制的政府制度变迁的方法。产权争论中的挑战在于建立信念，说明最具说服力的财产利益位于何处。最有说服力的利益主张规定哪些情况下最适合做的事情，而真理是对我们安定下来的思考的特殊祝福。

结语

我们中的大多数认为产权是不常受到侵犯并且比较稳定的一类制度，一部分人甚至把产权想象成构成个人自由和一个有效的市场经济的基础。确实，自打东欧经济体衰落之后，所有的经济问题看起来都是“不安全的产权”造成的。这种讨论混淆了两种情形，一种是通过稳定和有效的法律提供交易安全，另一种是把产权当作所有交易持久不变的基础。但是，任何法律关系不会改变的经济是在结构上被固化的经济，在时间充足的情况下，这样的经济将扼杀那些促使市场经济适应于变化的环境的东西，这就是当现存的日常规则和实体对已经变化了的民族国家的目的不再有帮助时促使制度变化的能力。并且，就像我们已经在这里看到的，当法庭面对一个新的复杂事实，意识到现存的财产关系不能很好地为未来服务时，产权就会发生变化。所以，突然之间，看起来应该允许这类在通常情况下对改变最具抵抗力的制度存在一定的延展性——一定的弹性。

能动的实用主义者告诉我们，美国经验（当然还有其他地方）中的法庭为之努力的问题与个人所面对的问题相同：当面对惊讶和怀疑的时候，我们利用创造性的想象来帮助我们挑选未来。拉塞尔・哈丁建议说：“当一个有新内容的案件发生时，法官在习惯法中所做的实际上是建立一个指导未来行动者的规则，同时就好像这个规则在他们行动时已经确定了一样来对待现在的诉讼。”（Russell Hardin，2003，p. 47）。因受理上诉而出名的法官理查德・A. 波斯纳在他的《法律、实用主义和民主》（Posner，2003）一书中讲述了相同的故事。当个人（以及法庭上的法官们）设想未来可能或者应该展现成什么样时，他们将把他们的判决落脚在现在看起来更值得支持的、占据多数的景象上。他们将向他们自己以及法庭上争论双方给出支持这个一致景象的理由。他们将留下法律记录，这些记录将成为他们关于假定的更好的未来的想法的基础。明天又将出现一个新的争论，经济随之发生变化。

第十三章　能动的实用主义者与经济规制

均衡经济学，因为它出名的福利经济学含义，很容易被转化为现存经济安排的辩解文，而且它常常被如此转化。

——弗兰克·哈恩：《一些调整问题》(1970)

经济和政体

经济学中一个常用的编写原理，是认为存在可确认且可分离的、被称为经济的东西。与这个理解相一致的相关观点是把另一部分称为政治。这个划分所反映的现代大学的学科分类与对现代民族国家的这种二元论的认识不无关系。当然，在学术上，经济学和政治学的理论曾经从思想上和结构上都是有联系的。但是当经济学变成“分析性”并且是由方法驱动时，人们感到需要区分经济“科学”和仅仅是“艺术”的管理学和政治学。经济学变得与严格的理性选择的模型为伴，而管理学和政治学仍然是与利益集团、政客间的互相吹捧、权力以及政府和社会的目的互相竞争的场面有关。

至少福利经济学家是赞成这样的划分的，他们在 20 世纪下半叶获得了经济学的支配地位。因为这样的划分，出现了关于市场失灵和政府失灵的言论，也出现了一系列旨在对下列情况给出判断的努力，确切地说，就是什么时候对本该分离的经济进行所谓的政府干预将会提高或是阻碍社会福利或效率。这种二元论在关于环境规制的文献里表现得更为清楚。对于主流的环境经济学家来说，特别是在公共财政中的分支(它们常常采用的标准概念包括扭曲、无谓损失以及效率、再分配和稳定性的神圣三位一体)，这种二元论的世界观是很根本的。但它是否具有一致性呢？

环境规制

市场失灵的概念是环境政策经济学分析中一个主要的隐喻。环境污染是外部性的一个例子，它在很长时间内被认为是市场失灵的本质。也就是说，在制度所设置的现状下(统称为“市场”)，个人或单位的原子式选择被认为将造成以下结果——烟尘、有毒气体、沾满杀虫剂的水果，以及地下水、噪音、排入河流的化学品，它们损害(强加多余的成本于)其他人。这些外溢性被认为描述了市场失灵。但是，当然，福利经济学家将坚持说，除非能够说明改正这些损失所带来的好处超过了改正制度设置现状(外部性)的成本，否则它就不能被自动地称为市场失灵。这个逻辑是可归因于哈罗德·德姆塞茨(Demsetz, 1967)和罗纳德·科斯(Coase, 1960)的工作。按照这样的观点，如果这样做的收益超过了必要的改变成本，关于环境外溢效应的产权将变得更加清晰。如果收益不能超过成本，那么制度设置不改变将是有效的(“最优的”)。尽管受害者可能会被烟尘、有毒气体或者排入河流的化学品所伤害，这些伤害一定比改变现存规制(制度)的必要成本要小，而现存的规制是允许这些污染物排放的。

就像标准的帕累托主义经济学家所说的那样，经济利益(或者价值)是由有多少人愿意为它支付所决定的。如果清洁的水或者空气(或者一片受保护的湿地)不能够找到足够多的人认为它们是有价值的而且愿意为它们支付成本，那么，不改变空气或者水污染的状况(或者让湿地被排干而给那些“进步的”东西让路)就是社会最优的。接下来将会有人声称，在这些情况下，不存在市场失灵，因为改变的成本超过了改变的收益。在环境经济学的术语中，以将不需要内化的成本转移给其他人的方式干涉其他人(污染或者将湿地变为停车场)被认为是帕累托无关的外部性。但是，当面对不能吃的鱼、不能喝的水、不适合呼吸的空气、不能享受的夕阳时，人们不会因为发现这些损失是帕累托无关的而感到愉快。

这里我们看到了与“市场失灵”有关的环境经济学分支中的占支配地位的演绎法范例。如果在外部性受害者的压力下，为了解除其他人受环境伤害的苦难这一目的，政府改变现存的制度安排（由于贴上了“市场”这个标签，它们获得了语言上的特权），那么那些改变（因为“规则”或者“政府干预”的标签而在语言上受到歧视）必须要通过成本-收益检验。在应用经济学领域中，成本-收益分析是对新的环境政策的合理性（社会最优化）的无可争辩的检验，许多经济学家都致力于它的广泛（以及必需的）使用（Arrow *et al.*，1996；Palmer，Oates，and Portney，1995；Pearce，1997）。

这里显然的问题是，这些经济问题（空气和水污染、水鸟栖息地的破坏、温室气体的排放和有毒废物等）将不可避免地引起公民对解决办法的要求。大多数的环境经济学家都对政治过程中的要求表示怀疑；确实，它们中的许多人会因为过度的环境规制而责怪环保组织。那些要求更清洁环境的人是想通过立法机关搭上政治过程的便车（新的制度安排促进了环境的改善），这样他们就可以不付费而获利。毕竟，如果可以搭上其他人政治主动性的便车，那么，那些支持减少污染的人就不需要为那些污染者停止对水和空气的污染付费，也能够获得更清洁的环境。这些经济学家认为，如果我们允许这种搭便车情况发生，那么社会将会有“太好”的环境质量——水和空气将会太清洁，鱼肉中将会有太少的化学残留物，也将有太多公顷的土地用于野生动物和水生动物的栖息地。这场抱怨中没有解决的问题是，为了改变那些引起痛苦的讨厌行为，为什么那些为污染所害的人的需要付费。为什么付费不是反向的？也就是说，为什么污染者不会因为污染了空气或者水而给污染的受害者付费？实用主义者将建议说，我们应该慎重考虑政策提议。一旦我们知道某些活动对其他人是有害的，那么仅仅用历史事实作为让它们继续下去的理由，实用主义者是不会被说服的。实用主义者促使我们要求并且清楚地表达继续的理由。

在许多环境经济学家间，我们常常听见这样的说法：当德姆塞茨-科斯条件不满足时，改变制度将会给社会带来损害。也就是说，经济学家认为制度改变的收益不会超过这种改变的成本，然而，那些永远关心下一届选举的有预谋的政客们将同意来自环境游说者的请求。在这个观察中，因为效率条件没有得到满足，制度的改变不可能是社会所偏好的。并且，许多经济学家显然没有认识到制度改变的正净收益对于社会进步既不是必要的，也不是充分的，相反，他们为政治对经济的干预倍感悲哀（Bromley，1990；Mishan，1980；Vatn，2005；Vatn and Bromley，1994，1997）。我们看到，这个世界在连接处被切开了：一面是“经济”，而另一面是“政治”。

这种看法不仅仅来自于对福利理论不一致性的无知。这种有缺点的方法是基于可能被我们称之为政治经济学的一个奇怪版本的。特别地，环境经济学家会抱怨说，如果环境问题在没有证明政策改变的收益会超过政策改变的成本的情况下被解决了的话，那么这就是政治干预理性经济选择的一个过分的例子(Palmer，Oates，and Portney，1995)。但是，这难道一点也不奇怪吗？作为一种政治体系，民主的吸引力之一就是它应该会对公民的要求和愿望做出反应。经济必须总是被理解为贯穿于并且决定于流行的政治标准和过程。毕竟，经济的本质和范围(市场的作用场所)是社会的组成部分。市场经济本身不是结果，而仅仅是达到其他目的的工具。从这里我们可以推论，如果经济计算主导着民主社会里的集体选择，那么，我们可以很容易地裁掉大量昂贵的民主机构——立法机构、选举和司法机构——并且把公共政策交给由少数经济顾问和一个巨大的工作班子组成的委员会。这种情况没有在任何一个民主社会中发生。这就暗示了，与出现在政治过程中更加昂贵的成本相比，在民主社会中公民是如何看待帕累托主义经济学家的计算和福利描述的。

显然,如果公共策略掌握在独裁者手中,那么我们就有担心的必要。但是,这里所讨论的过程在逻辑上不能被称为是独裁的、消息不灵通的、匆忙的或者其他东西,这些东西被公开指责公共政策的人用来暗指政治对“好的”帕累托主义经济的胜利。所有公共政策都伴随着广泛的讨论、公共评论所造成的长时间延期、人们对制度安排的了解和反应的拖延、来自执行部门的专家验证、来自工业以及公共卫生组织的研究结果以及没完没了的立法机关的争吵(是的,也有一个或两个说客左右着决定)。即便如此,我们也常看到环境经济学家展开他们简单的演绎模型来“证明”,如果结果与他们所坚持的不一致的话,那么对环境问题的政治上的解决方案就是不合理的。

《环境经济学和环境管理杂志》(*Journal of Environmental Economics and Management*)庆祝 25 周年的专辑反映了这个想法。这个专辑的目的是创建一个“本专业的政策报告卡”。在一篇主要的文章里我们看到:

> 环境经济从根本上来说是一个政策导向的学科,其目的是提高利用环境资源的效率。环境资源因为其开放的性质,在私人市场下不可能被有效地分配。这意味着需要政府政策来保证环境的有效利用……这篇文章的目的是讨论研究者是否已经改进了环境管理者做出有效决策所需要的工具。特别地,这些决策被分为两类:(1)如何建立目标和标准;(2)如何实现确定的环境目标……效率要求这些目标(或者标准)能够平衡收益和成本,同时实现它们的花费最少……无论经济学家是否愿意,询问他们是否能够提供使政策制定者做出有效决策的工具,都是合适的。(Cropper, 2000, pp. 328—329)

看来,一些环境经济学家还没有听说效率计算作为一致性政策向导所具有的致命的循环性质。或者,也许效率计算对于这个经济学分支是如此的基本和有帮助，所以不把效率当作“真理标准”将破坏它的生范冲动的可靠性。当然，在前面的引文中还有一个值得钦佩的前提——倘若政策制定者“愿意并且能够”做出所谓的“有效决策”。换句话说，环境经济学家有许多合适的工具来神化合适的（有效的）环境政策。唯一令人烦恼的问题是，缺乏愿意并且能够聆听的决策者。

只是，环境经济学的真理标准如何才能被用来促进“环境资源的有效利用”呢？印度德里市的水质如何呢？一项研究确凿地告诉我们，它将尝试估计清理恒河的社会收益，显然，除非发现清理这条因淤塞而变成了“露天下水道”的河流的收益超过它的成本，政府不应该采取任何行动（Markandya and Murty, 2004）。在估计清理这条河流的“社会收益”估计中，环境的市场价值和非市场价值都被用到了。“这里估计的收益包括使用者和非使用者的得益、居住在河边的贫困居民的健康收益以及农业收益等。”（Markandya and Murty, 2004, p. 61）。即使不包括捕鱼业的收益，在高达10%的社会折现率和15%的内部回报率下，清理恒河也将会得到正的当前社会净收益（Markandya and Murty, 2004, p. 61）。这个项目的大部分“收益”的计算基础，是一年的时间内因为饮用被高度污染的河水后而不舒服或生病造成的工人的工资损失。

到此，有人也许会认为，既然这条河使得穷人生病从而不能从事必要的工作，如果德里的穷人损失的工资足够“合理化”清洁河流的投资，那么就可以找到似乎合理的理由来进行清洁，而不需要广泛（并且昂贵的）研究。但是，如果这条淤塞的河流的唯一受害者是德里的那些本来就没有任何工作的人，那么关于“环境资源的有效利用”，我们还能得到什么结论呢？也就是说，如果这条“露天下水道”的伤害（环境经济学家者称之为“损害”）只落在那些因为长期生病而不被雇用从而没有工资的人身上，那么我们能得到什么结论呢？突然间，从清洁恒河得到的社会“收益”看起来可能是很少的。于是看起来——至少对于帕累托经济学家来说——恒河保持被污染的状态才是最优的。

我们还可以思考另一项也在德里所做的研究。这项研究想要“给印度德里市的水污染带来的健康损害进行估价”。特别地，我们被告知：

> 通过采用健康生产函数的方法，本研究对城市家庭的健康损害进行了客观估价。为了估计由于受到污染的水供给而造成的损失，我们以消费者行为效用最大化的理论为基础，发展了一个估计家庭患病概率的模型，得到了一个家庭患病预期概率的估计。这个估计用在患病数据之后，可以得到对治疗损失和因患病带来的工资损失的估计，从而得到对患病总成本的测量。（Dasgupta, 2004, p. 83）

有人可能会因为第一句中的形容词而感到奇怪，这个形容词让读者注意到我们将要获得对健康损害的一个“客观”估价。然而，健康损害的一个“主观”估价是什么确切的样子呢？同样成问题的是，这里要获得所有人口患病的货币成本，得到了这个成本，我们就可以知道“由水污染造成的损害的客观估价了”（Dasgupta, 2004, p. 100）。然后作者向我们保证，这些成本可以被解释为“被调查人群接受补偿的（最小）意愿。患病的成本包括两部分，治疗成本和因为生病而缺席工作造成的工资损失。”（Dasgupta, 2004, pp. 100—101）

上述两个研究的要点——其中的许多部分最近都写进了环境经济学的教科书——都是要发现环境资源是否正在被使用，用克罗帕（Cropper）的话来说，就是环境资源是否得到有效的利用。当然，一个相关的问题，是查明逐步降低德里市的居民唯一的饮水资源的毒害程度是否是“有效率”的。如果发现避免分布广泛的患病和发病的成本以某种形式超过了工资形式的“损失”——这种工资损失在城市经济中是非常低的——那么，“效率”的逻辑就向我们显示，不“值得”去矫正由此引起的公共健康问题——但这些问题在经过深思熟虑的考察之后就会发现是相当严重的。环境经济学家会真的认为这个“逻辑”是有说服力的吗?

《经济学展望杂志》(*Journal of Economic Perspectives*)1995 年秋季号的一组文章对这个更大的问题进行了讨论。在一篇关于环境规制和企业竞争的文章中,迈克尔·波特(Michael Porter)和克拉斯·范·德·林德(Claas van der Linde)写道:

> 有关环境竞争力的争论是在一个错误的框架下进行的。生态和经济之间发生不可避免的竞争的观念来自于一个静态的环境规制观点,在这个观点中,技术、产品、生产过程和消费者需求都是固定的。在这个静态的世界里,企业已经做出了它们成本最小化的选择,环境规制不可避免地提高了它们的成本并且将会减少国内企业在全球市场上的市场份额……但是……新的国际竞争是动态的形式,以创新为基础……有国际竞争力的企业不是那些投入最便宜或者规模最大的企业,而是那些有能力提高并且不断创新的企业……在这篇文章中,我们将说明制定恰当的环境标准可以促进创新,而创新可以部分甚至全部补偿环境标准带来的成本。这些“创新补偿”……不但可以降低遵守环境规制带来的净成本,甚至也可以带来相对于无须遵守同样规制的外国企业的绝对优势,因为减少污染常常与提高使用资源的生产效率同时发生,创新补偿普遍存在。简而言之,企业实际上可能受益于精心策划的、比其他国家的竞争者所面对的更加严格(或者实行得更早)的环境规制。通过刺激创新,严格的环境规制实际上可能会加强竞争。(Porter and van der Linde, 1995, pp. 97—98)

“严格的环境规制实际上会加强竞争力”,这就是所谓的波特假说。这个假说遭到了大多数环境经济学家的深刻怀疑。确实,在同时刊登的另一篇文章中,一些环境经济学家否定了波特假说,认为它“太过分”

了(Palmer, Oates, and Portney, 1995, p. 119)。这些经济学家认为,波特和范·德·林德在确定环境规制是否有利于公共利益的时候抛弃了传统的成本-收益分析,他们因此感到震惊。他们对波特假说的攻击采取了两种方式,一是求助于(有缺陷的)演绎分析,另一是环境经济学家关于环境政策应该如何决定的通常的价值判断。

那些攻击波特假说的经济学家建立了一个关于竞争性企业的简单静态模型,并用这个天真的模型去“证明”(他们的词汇)“以激励为基础的环境规制导致了遵守规制的企业的利润下降”(Palmer, Oates, and Portney, 1995, p. 122)。这些作者承认他们的模型是静态的,因此无法解决研发决策中的内在不确定性。但是,奇怪的是他们看起来并没有注意到他们天真的模型也没有把技术的改变看作是内生的,这在环境政策领域是一个严重的错误。他们也承认他们的模型正是被波特和范·德·林德所批评的那种静态模型。然而,他们认为他们的静态模型提供了“有关这个问题的有用的切入点”(Palmer, Oates, and Portney, 1995, p. 122)。我们看到,这些模型是“切入点”,但它们也“证明”了作者想要证明的结论。通过这种方式,经济学家似乎考虑了所有可能的情况。如果没有人注意到模型中的缺陷,不久它就将成为权威的证明。如果有人挑战这个模型,这些作者将很快退回来辩解说:“这只是一个切入点。”或者,这个模型会被认为是传达了有用的“程式化事实”(stylized facts)。

这里讨论的静态(演绎式)模型描述了将研发支出看作是外生时,一个利润最大化的企业在竞争行业中的经营情况。它描述了一个简单的竞争性企业为给定并且不变的生产过程选择一定的减排水平。通过支付排污税或者同意增加减排花费,企业可以满足新的环境规制。在静态模型里,企业选择利润最大化条件下的减排水平,此时减排的边际成本与排污税相等。由于这个模型规定厂商不能自由地选择减排的研发支出,所以减排一定会使利润减少。这个演绎推理给帕尔默、奥茨和波特尼提供了理由,宣布他们已经“证明”了波特假说的缺陷。但是,只要技术是不变的，结论就当然不可能是其他的样子。这些作者自信地得出结论：

> 因此，在这个有关减排技术创新的模型中，环境规制严格度的增加明确地使得排污企业的情形变坏。如果一种减排技术在之前是不值得投资的，那么，即使一个企业可以投资并且采用一个新的、更有效的减排技术，它的利润也不可能在环境标准提高之后有所增加。（Palmer，Oates，and Portney，1995，p. 125）

注意，这些作者没有说："在真实世界里，环境规制严格度的增加明确地使得排污企业的情形变坏。"而是说："在这个……模型里，环境规制严格度的增加明确地使得排污企业的情形变坏。"奇怪的是，这里没人有兴趣决定这个静态模型是否符合它假定模拟的世界——一个由3M、Dow、Ciba-Geigy、Monsanto 等企业构成的世界。确实，这些作者反对建立一个可能导致波特假说的模型，并评估使得假说看似合理所需要的假设。他们的简单静态模型是他们公开指责波特假说"太过分"的充分基础。也许，他们希望相信波特假说根本就是不可能的，并且只需一点努力建立一个模型就能验证他们的成见？

我们看到，因为在没有规则的情况下，对于企业来说不"值得"去为降低污染而投资，所以一旦引入规则，对企业来说就一定是有损害的；因此，规则一定会损害企业并且降低它们的竞争力。这些作者很满意地通过他们的静态模型观察到，"我们对于这个结论的一般性应用没有丝毫怀疑"（p. 127），并且他们接着提到了商务部经济分析局环境经济处对美国降低污染和其他控制污染的支出的估计。除了环境规制的成本很高的观察以外，他们最后也承认："目前还不能确定环境规制是否正在损害美国企业的竞争力。"（p. 130）有趣的是，关于严格的环境规制是否损害了美国经济的国际竞争力的不确定性，还反映在强烈批评波特假说的其他研究者的研究中（Jaffe *et al.*，1995）。人们不禁要问，这些人为什么要对波特假说如此大动干戈?

从经济学家总是以对收益和成本的计算为基础获得有关公共政策的知识的角度来看,波特假说是因为不遵从关于这些知识的"被接受的传统"而被它的批评者强烈拒绝的。演绎法很容易变成证明一个公共政策研究方法正当性的标准途径。这些作者宣称,只有证明改善环境的经济收益大于改善的成本,环境规制才能被认为是正当的。注意,在立法机构和行政机关中对于制定新的环境标准的讨论,显然不是决定更清洁环境的收益和成本的合法途径。对于波特的批评者,只有将收益和成本货币化才算得上证据。也就是说,只有当某项研究获得对更清洁环境的总体支付意愿,从而确定更清洁环境的收益的时候,我们才获得了可信的证据。

这个研究的思路中令人奇怪的一点是,很少有人有兴趣去决定公民忍受污染环境所必须得到的补偿。但是,这个问题是怎样向公民提出的当然很重要。通常,基于支付愿意所得到的对改善环境的"收益"的估计,比对继续拒绝改善环境所需要的补偿的估计要少三到十倍(Vatn and Bromley, 1994)。我们看到,很多人可能想知道,为什么他们应该为减轻污染而付费。这里的问题涉及假定的政策判断赖以为基础的权利结构(Bromley, 1995)。假设公民有环境净化的权利,那么为净化环境而付费就变得很奇怪了;相反,为继续容忍糟糕的环境质量而得到补偿看起来更加恰当。我们看到,与立法和行政机构的考量相比,一个既背负沉重价值负担,又是在理论上天真的经验途径被认为是正确行为的指导。对于那些忠实的演绎主义者,他们的理论解释提供了有说服力的正当理由。

尽管经济学家们坚持认为他们的工作没有被他们的价值标准所影响,波特的批评者在说明应该怎样进行环境决策时仍然是很固执的。应用经济学家通过计算社会收益和成本来决定环境政策,有趣的是,许多经济学家不认为这是一个带有价值判断的途径。对于赞成这种途径的环境经济学家来说,坚持我们理论结构中的内在价值——两个帕累托主义的价值判断——就相当于要求社会也认可它是有效且值得广泛赞同的。但是，就像米山(Mishan, 1980)提醒的那样，如果没有道德上的一致同意，这个观点仍然仅仅是环境经济学家的一个主张，不能要求比其他人的主张更多的关注。所有这些主张都仅仅是价值判断——规范性命题——并且必须被看作是价值判断。

溯因推理

让我们通过能动的实用主义者的棱镜来看这个问题。在这个例子中，我们从两个，而不是一个令人惊讶的事实开始。第一个惊讶来自于波特假说：

> S_1：严格的环境规制实际上会提高竞争力。

这明显会令环境经济学家感到奇怪，因为他们倾向于相信并建立天真的模型来“证明”，规制会损害企业的成本结构，因此抑制了竞争。第二个惊讶是：

> S_2：美国长期实行严格的环境规制，1992 年其成本估计达到了 1 020 亿美元。尽管如此，美国经济仍然是世界上最有竞争力的经济之一。

尽管这里奇怪的是，发现第二个“惊讶”的作者之一也是强烈攻击第一个“惊讶”的作者，但是能够激励实用主义者的惊讶是这两个陈述表明了非常相同的看法(主张)。这里发生了什么？一些环境经济学家是否感到，攻击规制义不容辞——这是学科预先安排的——而在同时又参与了那些不能证明规制对经济有害的经验研究呢？

实用主义者将建立下面的溯因三段论：

令人惊讶的事实C被观察到了；
但是如果A是真实，C将是理所当然的；
因此，有理由怀疑A是真实的。

这里，令人惊讶的事实（C）是规制可以提高竞争力（S_1）和多年的严格环境规制——以及遵守规制的“大量成本”——似乎并没有损害美国的竞争力（S_2）。上面三段论中A的内容必须是什么，才能使得C是理所当然的呢？我们要提出一些关于A的组成部分的假设（假说），接受这些假设将使得C看起来既是合理又是可预期的——也就是说，不是令人惊讶的。A的内容恰恰在波特和范·德·林德的引文中可以找到。特别地，污染企业的所有者和管理者显然知道对于污染的社会态度发生了改变；也就是说，他们生活在一个动态的社会背景中，并且在动态的市场背景中经营生意。因此，他们观察未来，并且作为聪明的生物，他们尝试阐明关于未来他们将要面对的选择集的创造性想象。如果他们是机警的，他们肯定会想到政府会出台对一些污染物的新的环境规制。尽管不能确定哪一个未来会实现，但是他们当然理解，降低污染的技术比那些觉得迈克尔·波特和他的假说“太过分”的演绎主义者所建立的天真模型更复杂。事实上，所有者和管理者非常理解技术既是动态的也是内生的。即将来临的规制的威胁会引起对技术变化的讨论，而且尤其可以肯定的是，对较早使用新技术所带来的优势的讨论会更激烈。一点也不奇怪，这些关于技术的讨论正好是我们从基础微观经济学中所预期的那一类，也就是说，企业节约使用那些需要付费的东西，同时忽略那些免费的东西。只要企业可以任意地把废物排放到附近的河流中去，管理者还用得着烦心去为排污而苦恼吗？

只有当这个自由机会看起来不可靠并且有威胁时，与其相关的成本才需要管理者的详细考察，然后，这个企业可能突然意识到它现在生产产品的“处方”可能会造成相当的损失。当然，一种成本结构下的浪费和另一种成本结构下的浪费是不同的。也许它们使用了太多的某项投入？也许在新的（也是有威胁的）废物排放定价情形中，它们没有做到投入的最小成本组合？这些讨论促使它们对这个处方的研究、计划和重新设计。当重新设计完成后，了解到企业可以在减少相当多成本的情况下继续生产产品时，我们不应该感到惊讶。毕竟，企业从技术展架上挑选新的生产方法和设备，而这个技术展架不是静态的，而总是在改变着的。就是说，我们可以期望新的技术给企业提供一个比现存（老的）技术更具优势的成本。剩下的故事是显然的。最初的采用者行动的快一些，他们得到最新的技术，没有人会奇怪在本行业中他们将拥有比落后者更有优势的成本。是将要到来的规制造成了成本优势吗？或者是将要到来的规制给所有者和管理者提供了足够的理由来对他们的运行实体进行一个有效的诊断？能动的实用主义者邀请我们从后面一个假设开始思考。

结语

我们看到许多环境经济学家被他们的演绎模型所限制，在这些模型中关于解释的过分努力让它们扭曲成对这些模型及其引申的真理主张的合理化演算。他们是否只是在为他们的天真模型辩护？或者他们正在做更多的事情？他们是否正在为一个特殊的二元世界观——这个世界观要求社会在知道它想要什么之前必须向经济学家请教——进行辩护？实用主义者会告诉我们，他们两件事都在做，且他们这样做时并没有理解他们被他们的认识论束缚到了何种地步。

显然，正如内生的增长理论所显示的，当新的研究者加入到波特假说的争论中时，知识的进步就发生了。确实，这已经开始了，并且其结果动摇了那些被波特假说深深“震惊”的研究者的静态演绎方法（Alpay，Buccola，and Kerkvliet，2002；Altman，2001；Gabel and Sinclair-Desgagné，1998；Mohr，2002）。由此开始，新的假设（解释）和模型将会出现，它们将与下面的事实相一致：尽管长期实行严格的环境规制——1992 年其成本据说达到 1 020 亿美元——美国经济仍然是世界上最有竞争力的经济之一(Jaffe *et al.*, 1995)。

正如我们所知道的,只有当忠诚的演绎主义者最终被说服,他们简单的模型——不是他们研究数据——是有缺陷的,他们才会从理论上重新进行考虑。这就是这里提到的两个惊讶之间有趣的不一致的基础。与第二个惊讶相联系的数据提供了第一个惊讶似乎合理的证据。但是因为这里的自动反应是怀疑波特假说背后的模型,批评者陷入了自相矛盾的境地。对他们的二元世界观(以及处于这个世界观中心地位的天真模型)的积极辩护,让他们无法意识到他们自身的矛盾。当然,放弃在特定知识集合——模型和世界观——中建立的既得位置从来都不是容易的。引用德国物理学家马克斯・普朗克(Max Planck)的话,就是:"一个重要的科学发现很少是通过逐渐地战胜并扭转它的反对者而获得认同的:索尔(Saul)变成保尔(Paul)这样的事很少发生。真正发生的,是它的反对者逐渐死去,而新的一代从一开始就熟悉了它的观点。"(Planck, 1936)在本质上,普朗克是在暗示,科学的进步就是从一个葬礼到另一个葬礼的过程。

第十四章　充分理由

信念并不是让我们行动一次，而是让我们进入一种状态，在这种状态里，当特定情景发生时，我们将以某种特定的方式行动。怀疑所具备的这种有效的影响不是最少的，它鼓励我们去追问，直到怀疑消失。

——查尔斯·桑德斯·皮尔斯：《科学哲学文集》(1957)

用头脑思考

本书的目的是要建立一个关于经济制度和制度变迁理论的一般性框架。我想提供一个论述，或一个描述，来表达个人和集体是如何就日常规则和财产关系的性质与结构达成决策的。而这些日常规则和财产关系将会限制、解放并且扩展能动选择和行动的范围。这个论述包括概念、关系和权利，它们一起组成了有关经济制度的选择和行动的理论。这里提供的方法将允许我们来决策，一个因为反对福利经济学的最优化描述而经常遭到批评的学术途径是否确实存在一个特定的逻辑。讲清楚我们的行动理论，将使我们能够评估在失去了福利经济学家的指导之后，我们的行动是否真的会陷入错误。

因此，这里的任务是提供一个关于在大多数民主的市场经济中，公共政策是如何形成的描述。如果这个描述被认为是合理的，那么我就已经提供了一个公共政策的理论，并且因此也提供了一个经济制度演化的理论。注意，这将不是一个关于集体选择和制度变迁应该如何形成的标准理论。它是描述性的，因为它提供的概念和关系是在实用主义理论的精神基础上，对制度变迁是如何展开的这个问题所提出的一个表达。注意,我并没有假定我将提出一个制度变迁"实际上"如何展开的论述。事实上,我想要提供一个集体行动表现的舞台。我们可能把这当作是一个真理主张或者一个代表我的观点的断言——我的确定信念。我不能说这个论述构成了共识信念。这个祝福必须等待其他学者的判断。

在往前走之前,我必须花些时间讨论一下"什么构成一个理论"的问题。这是必要的,因为在经济学中,关于什么将构成一个理论,我们的思维非常有限制性。确实,当谈到"理论"时,经济学家们通常会立刻进入对他们模型的讨论。一个模型不是一个理论。一个模型是结构上独立的分析工具,它的意义完全在于它内在的有效性。模型可能会,也可能不会与他们想要反映的社会现实相一致。另一方面,一个理论是概念和关系的集合,这些概念和关系提供了一个思考和理解特定利益关联的一个看似合理的结构。如果某人有了关于一个法国大革命的理论,那么,这就意味着他可以提出特定的概念、关联和逻辑推论,它们将提供这个事件的合理解释——理由。

理论的用处是什么呢?一个理论提供了对过去或现在事件的合理解释的可能性,并且提供对未来——甚至过去事件合理预测的可能性。我们怎么知道我们有了一个好的理论呢?如果一个理论可以经受住学科内部对它的概念、关系的性质、推论(解释和预测)的挑战的话,它就是一个好的理论。哲学家威廉·休厄尔(William Whewell)坚持说,一个理论在建立之初,在能够被认为是一个确定信念的合理经验方法之前,必须通过各种检验。这些检验包括:预测、一致性和连贯性(Whewell, 1858)。

注意,理论这个术语现在是——并且已经一般地变成了——对一个或多个相关假说的简略称呼,这些假说看似说明一个特定的事件或境况。确实,如果我们把解释和预测看作是一组关于特定事件的假说,那么似乎会更好一些。对于预测来说,一个理论的假说必须能够预测目前不得不发生的事件;或者,假说必须能够预测发生在过去但至今未知的事件。在后一种情况下，当我们去更仔细地观察过去，看看是否被预测的事件真的发生了，预测也就被检验了。一致性意味着一个理论的假说必须能够解释和决策与假说的构成不同的案例。连贯性意味着理论的假说随着时间应该变得更连贯。对休厄尔来说，在对那些假说没有特别修改的情况下，我们可以把它们扩展到“综合”（结合）一组新的现象时，连贯性就体现出来了。通过赋予一个“超级”概念，综合把一些经验常态结合在一起，并通过这个概念，把这些经验常态以一个更一般的规律表达出来。

所以，当我说我能试着给出一个公共政策——制度变迁——的理论时，意味着我要寻找一个论述，它将允许我提供一个解释某个决策为什么并且是怎样出现的假说。如果我是成功的，我可能会获得对政策过程的理解。这个理论也应该允许假说对过去或者未来政策的特定方面（并不是特定政策本身）的预测。这个理论应该允许对其他政策动因的推论，并且，这些推论的显著性将随着时间而增加。注意，不像许多生范经济学的工作，我没有提供一个关于公共政策应该如何进行的理论。除非个人和团体学着以生范经济学家坚持的方法来决策事情，那么，我在这里也没有兴趣去说明怎样的世界将会是一个更美好的世界，或更理性的世界。这样的带着偏见的论述已经足够多了，并且人们已经认识到它们是有内在缺陷的（Akerlof and Dickens，1982；Brock and Colander，2000；Hahn，1970）。在这些标准文献中缺乏的，是对个人在现实中如何决策“现在最应该是什么”的描述。实用主义以及它在心理学上的基础在这里提供了洞见。实用主义强调问题的解决以及寻求和给出理由。你为什么会确信教育券会对公立学校以及学校里的学生有所帮助？你为什么确信空气现在清洁到了“无效率”的地步？你为什么确信童工对印度和其他发展中国家来说是有益的（先不管是否有益于童工本身）？你为什么确信全球化和自由贸易会对卢旺达有益？你为什么确信污染的受害者为了从他们现在忍受的损失中解放出来而应该支付污染者？你为什么确信一块湿地的“价值”，是通过个人表明他们将愿意支付多少以阻止湿地的破坏而显示出来的呢？为什么除非德里的穷人由于疾病而损失的工资超过了清洁河流的成本，否则他们只能喝不安全的水呢？

对制度变迁理论的寻求被帕累托主义经济学中普遍存在的演绎偏差所妨碍了。具有讽刺意义的是，对制度变迁内生化的寻求成了使制度变迁变成机械决策过程的努力，而没有通过寻求和理解理由而让它具备可解释性。就像个人选择的标准经济学故事一样，内生化制度变迁的思想只是一个努力，它想要从所有行动角色中去除活动中的人类意志。在公认的故事中，如果制度的变化是有效率的，那么它就会发生——机械般地发生（North and Thomas，1970，1971，1973）。并且，如果制度没有改变，那么它们不改变就是有效率的（Demsetz，1967）。或者，对这个故事进行微小的改变，也就是，如果制度没有改变，并且演绎主义者的逻辑能够说明这些抵御改变的制度是低效的（“仅仅是再分配”），那么我们就必须寻找为什么这些有害的低效率得以持续的理由（Olson，1996）。并且，这里标准的“解释”是，不正当的政治组织阻止了能让经济走上有效轨道（生产可能性边界）的制度改变（North，1990）。这些故事看起来是描述性的：毕竟，不正当的政治力量阻止国家获得奥尔森所谓的“经济潜力”，有谁会希望国家掌握在它们手中呢？但是它们也有一个生范性的部分：如果制度的改变是有效率的，那么制度就应该被改变；如果制度的改变是无效率的，那么制度就不应该被改变。这个制度变迁的理论是同义反复，并且迄今它的规范性前提假设仍然牢牢地吸引了许多经济学家。那些设法创造这个“理论”的人只要想到它，就会感到高兴，但是因为它的假说在实证面前是脆弱的，所以它还不是一个理论。更进一步，在经济模型中使得制度变迁内生化的途径有着致命的缺陷，即内生化把事件带入一个结构上的机械关系，这必然排除任何实际选择的可能性。内生化只是另一个表达“没有任何选择余地”的词而已。

公共政策是限制、解放和扩展的个人行动中的集体行动。公共政策通过改变个人的选择域——行动的领域，改变了一个经济的制度基础。如果我们能够阐明个人和由个人组成的团体是如何决策现在什么是更应该做的，我们将提高对制度变迁的理解。什么理由能算作是对重新定义个人行动领域的集体行动的解释呢？现在的方法不能提供对制度变迁的理解，因为它把制度改变嵌入到同样机械的选择理论中去，即便这种方法意在解释个人的选择。因为我们有用这些模型来理解和解释个人选择方面已经失败了的证据，所以，当同样的模型被用来解释集体行动如何导致新的制度安排以失败告终的时候，我们不会感到惊讶。这里转而提供的认知使我们放弃逻辑实证主义的机制，并且指导我们寻找——并且清楚表达——构成实用主义核心的理由。有趣的是，最近经济学上承认了复杂性的深刻作用，这也就支持了实用主义者研究制度改变的方法(Brock and Colander, 2000)。毕竟，如果经济均衡是一个方便的假定，如果帕累托最优是一个未知的状态，并且，如果未来因为无法克服的信息问题而变得混沌，那么，机械的福利主义生范描述代表的只是一厢情愿的想象，而不是合理的论述(Hahn, 1970)。

能动的实用主义：一个崭新的理论

实用主义要求个人展示他们现在的信念背后的目的和理由。并且，当答案是坚持一个特定信念的理由是因为它是真理时，实用主义者将不会感到惊讶，因为他很快就会发现另一个声音，以同样坚定的语气说，相反的观点是真理。实用主义者可以遇到许多对他们的"真的"信念十分确信的人。显然，不是所有"真的"信念都是真理。但是，看起来许多个人都乐意并且精力充沛地坚持他们的信念才是真正的真理。与确定的真理相比，看起来似乎有更多确定的人。尼采说过，确信真理比确信谎言更危险。尽管实证主义者可能会认为，这就是为什么我们需要"好的科学"来区分真理和可疑的观点，实用主义者也会询问，谁来裁定这场特定的比赛？并且，当一个科学学科——一个认知共同体——

异口同声地坚持某个特定信念的真实性和有利性时,实用主义者将询问,那些被广泛接受的科学真理(共识信念)是否构成了价值信念? 也就是说,这些共识论断对更广泛的可能感兴趣的听众和易受影响的个体来说,是否能够被证明是正确? 实用主义者倾向于坚持说,每个特定的信念都有充分理由。毕竟,一个信念是行动的发射台。你是否真的准备好了按照你的信念来行动? 现在你是否准备好了带你的孩子离开郊区的(私立)精英学校,回到深受贫困和绝望困扰的城市中心,让他们(和你)直接体验教育券所保证的有益并且愉快的效果? 或者,你的信念只够鼓励你去命令其他人应该怎样为他们所处的不幸世界而奋斗,但是还不足以保证你我这些享受着与那些糟糕学校的愉快隔绝的人们改变自己的行为? 对于实用主义者来说,信念是我们准备依其而行动的东西。你是否准备好了按照你的信念行动呢?

这里的途径就是能动的实用主义。我在这里使用"能动的"这个形容词,为的是强调这里关注的是行动中的人类意志——展望未来,努力解决那个未来应该怎样展开的复杂问题。机械的帕累托真理只裁决什么是社会所偏好的,所以这不是它的一个合理的领域。它是一个清楚地表达理由的领域——对于一个可能的结果,存在多种想象的理由;对于一个可能的途径,也存在多种想象的理由。能动的实用主义者认为,当我们思考未来之后,我们就知道我们希望未来如何展开,并且在与同等地位的其他人的对话过程中,设法确定关于现在什么看起来是更应该做的信念。我们必须向其他人证明我们的确定信念是正确的,这样他们就可能理解我们的理由,并且因此认识到我们的确定信念对他们来说是相关和有价值的。因此,集体行动既为一个信念的最可能的理由所断定和激励,也以特定行动的最可能的理由为目的。我这里重复一下这个新理论的核心组成部分。

概念

溯因法:从原因(或者理由)到效果的推理。从与已观察到的事情非常不同的事实存在推断，根据已知的法则，这些事实必然导致一些观察到的事情。溯因法是解释效果的。

信念：它是我们准备据以行动的东西。

集体行动：是社会实体的配给交易，这些社会实体的目的是重新定义现行实体的制度结构。对于一个民族国家来说，这就是公共政策的本质。

创造性想象：我们对想象的可行行动的结果的想象。

怀疑：激发思想寻找确定信念的刺激物。

认知前提：似乎可以证明某个与能动性前提有关的特定行动是正确的确定信念。

表达：对印象人为生成的(创造的)的效果——我们的印象的构成物，因此也是我们给自己或他人讲述我们的特定立场的基础。

目的因：为了使未来的某个特定的行动现在看起来合理的一个未来的结果。

确定信念：思考的目的。

印象：合理的理解，它从惊讶或怀疑开始，并且构成现时思想的原料。

制度：习俗、日常规则和财产关系(权利)，它定义个人在现行实体(即民族国家，尽管不必定是)中的选择域。

工具性评估：对某个信念为达到特定结果的有效性的承认。

前瞻意志：行动中的人类意志，展望未来，决策未来应该如何展开。

公共政策：集体行动对个人行动的限制、解放和扩展。

配给交易：对个人行动的集体控制，赋予“合理的”日常规则和财产关系(制度)新的意义并颁行之。

充分理由：给予我们确定信念的思想，而这些确定信念又为行动提供理由。

惊讶：思想的启发物(见怀疑)。

价值信念：能够向最广泛的具备思考和推理能力的个体证明的共

识信念。

能动前提：一个对目的的申明，对怀疑和惊讶的似乎合理的反应。

共识信念：一个由个体组成的团体（通常是一个专业学科）的确定性思考，以此产生关于特定领域的存在的信念。

关系

对于这些穿插在一组构建关系中的概念，我们能说些什么呢？就像我们在前面章节中看到的，我们的立场由构建的印象和出现在我们经验中的表达所组成。在这个阶段出现的怀疑和惊讶立刻产生了不安。不安是思考的动力，而思考的唯一目的是确定信念。为什么那个人会对我感到愤怒？为什么我没有接到她的宴会邀请？为什么太空船会在重新进入大气层时分裂？为什么我的狗会无精打采？溯因法是个推理过程，它使得从结果到原因或理由的推理更加容易。当我们听取了共识信念并且发现它对我们来说已经是合理的时候，我们就把它当作是价值信念。有了价值信念在手，我们可以评估未来的行动。不幸的是，当怀疑和惊讶激励了我们的同时，迷惑也会伴随而来，因为我们以前从来没有这样做过——我们从来没有遇到不得不对这些特定惊讶或怀疑做出反应的时候（否则我们立刻就将知道去想什么或者去做什么）。当我们考虑那些我们以前从来没有做过的事情时，我们必须依靠那些将成为我们行动的能动前提和认知前提的原料的故事；就是说，我们发起创造性想象。本质上来说，通过创造我们看起来能够拥有（得到）的东西，我们在确定信念的过程中采取了工具性评估策略。这个思考过程是行动的人类意志，考虑未来，想象我们希望未来如何为我们展现。这是服务于人类行动的前瞻意志。我们选择的行动过程就变成了未来特定想象结果的理由。溯因法给予我们结果的理由。那个理由是我们行动的目的因，为的是我们现在行动的一个未来结果。我们获得了充分理由。

当我们从个体行动转移到共同行动时，我们观察到同样的过程，但是现在有必要将许多不同个体的想象协调一致。毕竟，公共政策是集体行动对个人行动的限制、解放和扩展。集体行动是对新的经济政策进行思考、规划和执行的媒介。这个集体行动的过程可以被认为是一种类型的配给交易。

合理的推论

溯因法解放了经济学家，使得他们可以提出关于制度变迁的命题，这些命题组成了有关被考察的制度变迁的合理的真实论述。自私的官僚和政客的主张，或是与经济效率有关的寓言式表述都不可能构成这样的论述。利己主义是普遍存在的，所以它不可能成为制度变迁的理由——除非它被一个"理论"施了魔法，说制度变迁向着那些有钱有势的人。由于这个原因，这样的"理论"的循环特征就是很显然的了。同样，因为经济效率仅仅是个假设的概念，它不可能在逻辑上成为制度变迁的指导原则；如果说对经济效率的追求是制度变迁的理由，就等于犯了目的论的错误。但是，在制度变迁的演绎法中还存在着更严重的缺陷。提出经济效率的追求是制度变迁的理由，让经济学家陷入了对证实的徒劳无功的追求中，而当对证实变得不可能时，经济学家不是开始挑战经济学的二分法解释模式，而是指责政治家做出了"错误的"事情。

理解制度变迁的需要促使我们首先理解个人和团体是如何考虑行动的。我建议个人在寻求新的（修订的）信念时采用溯因法。我也建议，这个新的信念在认识论的基础上与现存的制度设置联系起来。这个联系提供了一个"理论"，它给予现存结果、其可能合理的解释（原因）以及行动和结果可能怎样被新的制度修改的解释。这里，科学的信念是首要的。但是，除非与它们所指向的对象的观点产生共鸣，科学家提出这些关于什么是"正确的"或者"错误的"真理主张的影响力是有限的。为了让我们这些普通人改变主意，共识信念是必要的，但还不够充分。只有当我们面对价值信念时，我们才会改变主意。毕竟，我们当中有谁会按照他们不相信的信念来行动呢？有谁会希望按照"错误"的信念来行动呢？

对特定行动(决策)的合理理由的描述立刻把我们带到创造性想象这个概念上来。因为所有关于未来行动的动议都意味着对大多数——如果不是全部——决策成员而言陌生的新情景，因此就必须创造关于可能的未来的想象。这些创造性想象构成了——实际上，告知了——那些正在考虑特定行动的个体的能动前提。这些能动前提构成想象中渴望得到的结果，这些结果则构成了当下特定决策的目的。但是回忆一下，创造性想象必须被带到对现在和可能的未来的表达这个舞台上，因为正是基于这个表达，创造性想象才得到——或者失去——必要的传递。

我们现在的工作，是在新的创造性想象和那些被击败的想象之间建立妥协和赞同。我们怎样对待选中的路径？这就需要工具性评估的介入——它的作用是让我们喜爱(偏好)我们的选择，让它在工具意义上看起来成为慎思终结之后的必然之物——因为它将“给予我们需要的东西”。或者，就像威廉·詹姆斯所说的，这个解答有“现金价值”。经典制度主义者会把这看作对真理的实用评估。同时代的能动主义者会认为真理是一个集体判断的事情，它将特定的概念性和经验性主张转变为共识信念。也就是说，我们用真理这个术语来形容现在看起来似乎应该被相信的东西。

这看起来与个人和集体对现在更应该做什么的决断有关。这里的关键是，当特定的团体做出特定的决策的时候——并且向更大的社团证明这些决策是正确的——能够肯定地说，他们的慎思已经给予了他们价值信念。并且，就像先前所注意到的一样，这个信念是我们赖以行动的参照。换句话说，为了改变特定的经济结果，决策团体最终找到了最后的理由来改变特定的制度安排，并且，它已经准备好了在其他依然怀疑的人面前为他们的理由辩护，并证明他们的理由是正确的。这个辩护将是关于渴望的未来结果的交谈，为的是证明现在的行动看起来是最适合做的事情。注意，这个辩护一定不仅需要未来特定的结果，也需要最可能导致那些结果的特定方法。

我们可以通过一个思考实验来理解这最后一步的特定含义。考虑罗伯特·欧文(Robert Owen)最终说服英国议会的例子。英国议会当然不是工业界的敌人,但却在欧文的说服下通过了几个改善工厂里的妇女和孩子待遇的法律,这些法律在很长一段时间内遭到工业界领袖的强烈反对。什么因素可以解释欧文的成功呢?什么理由在这里可能是有意义的呢?像欧文和他的改革者突然拥有了比他们对手更多的"力量"这样的标准解释,是否让问题变得更清晰了呢?我认为不是这样的。事实上,能动的实用主义认为,这些改革者最终被接受的原因是,欧文提供了更好的让这些法律突然看起来是更正确的理由。注意这里的细微之处。我没有说通过这些法律突然变得正确了;我也不认为大多数的英国议员的道德责任感在一天内突然觉醒了。相反,我坚持认为一个精神的和认知的转变在一段时间内发生了,并且那些支持改革的人最终掌握了更有说服力的理由,为对原先那些工厂管理制度的改革进行了有力的辩护。就像约瑟夫·拉兹所说的,思考不是发现我们想要什么的过程,而是考虑有最充足理由想要什么的过程(Raz,1997)。如果我选择躺在吊床上,而不是在我的花园里除草,我显然会为此创造出理由来。此时,最好是相信我有更充分的理由来选择吊床而不是去除草。除了是对由其他理由产生的必然行动的合理化,这里哪里有"效用"的位置呢?

在罗伯特·欧文和英国议会的例子中,忠实的演绎主义者可能会执著于为什么"权利"在定义上的转变,是在那时而不是20年前发生这样的问题。或者,演绎主义者会要求给出欧文和他的改革者没有贿赂关键议员的证明。或者,我的记述中没有包括一些其他可能的"解释"。对于这些反对意见我只能同意,但很快补充说,好的理论常常是启发可检验的假说。能动的实用主义——因为它是以寻求并且给出理由为基础的——提供许多达到一组可检验假说的路径。

我们看到,通过能动的实用主义理解制度和制度变迁没有对假说关上大门，它也没有预先判断制度变迁总是为了效率或者只是重新分配。能动的实用主义仅仅要求学术界以开放和可行的认识论来处理制度和制度变迁的研究。考虑对某个意外事件的解释结构。回忆一下，我们按照下面的步骤进行：

> 观察到令人惊讶的事实C；
> 但是，如果A是正确的，C将是理所当然的；
> 因此，有理由怀疑A是正确的。

假设那个令人惊讶的事实C是世界卫生组织突然宣布，它现在将迫使各国政府解除对DDT的禁令。这个奇怪的举动说明医学专家和世界卫生组织的官员突然得到了新的确定信念。我们会因为这项宣布而惊讶，是因为迄今为止世界卫生组织一直是DDT禁令的积极拥护者。我们需要对这个意外结果做出解释，以此来动员各国政府重新定义国家法律并且重新建立与DDT的使用相关的限制和开放的结构。我们现在需要确定A的要素，使得C的发生变成可预料的（合理的）事情。A似乎合理的要素可能包括：

- 新的流行病研究表明，疟疾对上百万穷人突然变成了一个非常严重的威胁；
- 新的研究表明，之前占支配地位的关于DDT和鸟蛋及其孵化的关系的认知前提是错误的；
- 新的研究表明，白头鹫和其他鸟类的死亡是由大气层中普遍存在的氯氟化合物引起的，为了阻止大气臭氧层的破坏，这些化合物最近被禁止了；
- 世界卫生组织的领导发生了变化，从挪威的前首相变成了孟加拉国的一个活跃的非政府组织的前领导人，此人认为非政府组织已经在与贫穷国家儿童疟疾的斗争中走到了最前列；
- 有证据表明，DDT的生产者已经开始了积极的信息宣传和游

> 说攻势，以使公众怀疑现存的与 DDT 残余物以及白头鹫和其他鸟类生存有关的共识信念和价值信念。

我们看到，对世界卫生组织的新的官方立场的解释有多个要素。能动的实用主义者要求我们找到支持世界卫生组织新的确定信念的理由，而解释性的假说提供了一个寻找充分理由的似乎合理的开端。注意，这里的问题不一定是证明某个特定的假说是正确的。这里的任务实际上是为世界卫生组织确定信念的明显改变寻找合理的理由或解释。

当然，能动的实用主义提醒我们，不能只关注世界卫生组织，因为这个制度变迁过程的下一步是世界卫生组织将迫使各国政府改变它们与 DDT 使用有关的法律（制度）。这里我们又要遇到寻求并且给出理由的情景；也就是说，世界卫生组织的官员需要花费时间和经济资源来为他们的新信念给出合理的理由，并且向其他仍然相信 DDT 和鸟类有关的旧信念的人证明这个新的信念是正确的。注意，这个溯因法的过程将从集中于世界卫生组织官员向不同政府证明新的信念是正确的这个问题重新开始。不难想象，这个证明在下述地方将会更容易些（更迅速些）：那些有上百万穷人生活在充满沼泽的低地的国家，国家环境组织缺乏能力或者根本就不存在的国家，以及那些世界卫生组织有长期建设性和帮助性互动项目的国家。

注意，把假说（合理的猜想）带回到它们的必要基础的过程，会把我们引入溯因或演绎的下一个环节。也就是说，如果一个假说要具备解释力，那么我们就必须继续“深入挖掘”，调查它存在的必要条件在现在的环境设置中是否得到满足。我们进入到新的“如果—然后”链条中寻找特定的假设继续存在——或者必须被抛弃——的证据。

注意，这个过程必然使我们进入到预测的领域。如果一个特定的假说在没有关于其他背景和环境的清楚证据的情况下不能继续存在，那么这里我们就拥有了提供过去情况预测的基础——并可以对其进行检验。或者，我们拥有对未来可预期事件的预测。注意，这些活动包括借助假说的推论，照亮了我们通往解释的路。

连贯性意味着一个理论的假说必须随着时间变得更连贯。在对假说没有特别修改的情况下，我们把它们扩展来“综合”（结合）一组新的现象时，连贯性就得到体现。通过赋予一个“超级”概念，综合把一些经验常态结合在一起，并通过这个概念，把这些经验常态以一个更一般的规律表达出来。

结语

一个关于制度变迁的可信的理论，首先要求承认个体因为在此时此刻掌握了最有说服力的理由而采取特定的行动。这个过程合并了能动前提和认知前提，在这个过程中我们通过掌握想象中我们能得到的（拥有的）来与我们的愿望取得联系。愿望不是某些不能实现的抽象或梦一样的尝试。相反，它是对创造性想象的合理构建，这些创造性想象是得到它们的可行性的宣示和支持。从这个对可能未来的建构领域，我们考虑为什么这些可能的未来或多或少对我们有意义的各种理由，并常常为它辩护。我们推论出我们相信将会拥有的东西，并以此为基础考虑什么是我们的愿望。我们可能想要所有重要的东西——一栋法国南部的别墅、一部宾利轿车、一个安静的邻居以及当一个乐团提琴手去成就一番事业等等——但是这些愿望对于我们大部分人来说，都是白日梦，不是可行的行动计划。我们可以正确地把它们看作是偶然的愿望。

但是，我们置于民主市场经济中的日常生活并不是关于偶然的愿望的。相反，它是关于处理怀疑和惊讶、印象和表达以及普遍存在的能够或不能够取悦于我们的行动和结果的。当我们对结果感到不满意时，我们通过民主的组织和过程寻找解脱。这常常是单调无趣的，也可能是充满争议的。但是，寻找解脱的过程常常迫使争论的各方创造关于什么构成了解脱的想象。更重要的是，我们被迫面对什么构成合理的解脱的现实。接受“合理的”这个形容词使得我们作为单独的个体，或者决策团体的成员，直接接触对真理的实用性评估，即，什么东西比我们现在所拥有的更美好？什么东西将把我们转移到一个合意的方向上？我们的转移需要花费什么？这样做值得吗？其他人会追求什么呢？

我们——实用主义者会指出——是在寻找新的信念。一旦我们有了这些信念，我们就完全准备好了按照它们来行动。这就是事情的全部。

参考文献

Adler, Matthew D., and Eric A. Posner (eds.). 2001. *Cost-Benefit Analysis: Legal, Economic and Philosophical Perspectives*. Chicago: University of Chicago Press.

Akerlof, George, and William T. Dickens. 1982. "The Economic Consequences of Cognitive Dissonance." *American Economic Review* 72(3): 307—319.

Allen, Julia C., and Douglas F. Barnes. 1985. "The Causes of Deforestation in Developing Countries." *Annals of the Association of American Geographers* 75(2):163—184.

Alpay, E., Steven Buccola, and Joe Kerkvliet. 2002. "Productivity Growth and Environmental Regulation in Mexican and U.S. Food Manufacturing." *American Journal of Agricultural Economics* 84(4):887—901.

Altman, Morris. 2001. "When Green Isn't Mean: Economic Theory and the Heuristics of the Impacts of Environmental Regulations on Competitiveness and Opportunity Cost." *Ecological Economics* 36(1):31—44.

Arrow, Kenneth J., Maureen J. Cropper, George C. Eads, Robert W. Hahn, Lester B. Lave, Roger G. Noll, Paul R. Portney, Milton Russell, Richard Schmalensee, V. Kerry Smith, and Robert N. Stavins. 1996. "Is There a Role for Benefit-Cost Analysis in Environmental, Health, and Safety Regulation?" *Science* 272:(12 April)221—222.

Ascher, William. 1999. *Why Governments Waste Natural Resources*. Baltimore: Johns Hopkins University Press.

Barbier, E. T., J. C. Burgess, and A. Markandya. 1991. "The Economics of Tropical Deforestation." *Ambio* 20(2):55—58.

Bator, Francis M. 1958. "The Anatomy of Market Failure." *Quarterly Journal of Economics* 72:351—379.

Baumol, William J. 1972. "On Taxation and the Control of Externalities." *American Economic Review* 62:307—322.

Baumol, William J., and Wallace E. Oates. 1988. *The Theory of Environmental Policy*. Cambridge: Cambridge University Press.

Bazelon, Coleman, and Kent Smetters. 1999. "Discounting inside the Washington, D. C. Beltway." *Journal of Economic Perspectives* 13(4):213—228.

Becker, Lawrence C. 1977. *Property Rights*. London: Routledge and Kegan Paul. Bernstein, Richard. 1983. *Beyond Objectivism and Relativism: Science, Hermeneutics, and Praxis*. Philadelphia: University of Pennsylvania Press.

Besley, Timothy. 1995. "Property Rights and Investment Incentives: Theory and Evidence from Ghana." *Journal of Political Economy* 103(5):903—937.

Blackorby, Charles, and David Donaldson. 1990. "A Review Article: The Case against the Use of the Sum of Compensating Variations in Cost-Benefit Analysis." *Canadian Economics Journal* 3(August):471—494.

Boadway, Robin W. 1974. "The Welfare Foundations of Cost-Benefit Analysis." *Economic Journal* 84:926—939.

——. 1976. "Integrating Equity and Efficiency in Applied Welfare Economics." *Quarterly Journal of Economics* 90:541—556.

Boadway, Robin W., and Neil Bruce. 1984. *Welfare Economics*. Oxford: Blackwell.

Bowles, Samuel. 1998. "Endogenous Preferences: The Cultural Consequences of Markets and Other Economic Institutions." *Journal of Economic Literature* 36 (March):75—111.

Brandom, Robert B. 1994. *Making It Explicit: Reasoning, Representing, and Discursive Commitment*. Cambridge, MA: Harvard University Press.

——. 2000. *Articulating Reasons*. Cambridge, MA: Harvard University

Press.

Broberg，Gunnar. 1992. *Carl Linnaeus*. Stockholm：Swedish Institute.

Brock，William A.，and David Colander. 2000. "Complexity and Policy." In David Colander (ed.)，*The Complexity Vision and the Teaching of Economics*，pp. 73—96. Cheltenham：Edward Elgar.

Bromley，Daniel W. 1989. *Economic Interests and Institutions*：*The Conceptual Foundations of Public Policy*. Oxford：Blackwell.

——. 1990. "The Ideology of Efficiency：Searching for a Theory of Policy Analysis." *Journal of Environmental Economics and Management* 19：86—107.

——. 1991. *Environment and Economy*：*Property Rights and Public Policy*. Oxford：Blackwell.

——. 1993. "Regulatory Takings：Coherent Concept or Logical Contradiction?" 17 *Vermont Law Review* (3)：647—682.

——. 1995. "Property Rights and Natural Resource Damage Assessment." *Ecological Economics* 14：129—135.

——. 1997. "Rethinking Markets." *American Journal of Agricultural Economics* 79(5)：1383—1393.

——. 1998. "Expectations，Incentives，and Performance in America's Schools." *Daedalus* 127(4)：41—66.

——. 2004. "Property Rights：Locke，Kant，Peirce and the Logic of Volitional Pragmatism." In Harvey M. Jacobs (ed.)，*Private Property in the 21st* Century，pp. 19—30. Cheltenham：Edward Elgar.

Bromley，Daniel W.，and Jouni Paavola (eds). 2002. *Economics*，*Ethics*，*and Environmental Policy*：*Contested Choices*. Oxford：Blackwell.

Buchanan，James M. 1972. "Politics，Property，and the Law：An Alternative Interpretation of *Miller et al. v. Schoene*." *Journal of Law and Economics* (October) 15：439—452.

Buchanan，James M.，and W. C. Stubblebine. 1962. "Externality." *Eco-*

nomica 29(November):371—384.

Burrows, Paul. 1980. *The Economic Theory of Pollution Control*. Cambridge, MA: MIT Press.

Checkland, S. G. 1964. *The Rise of Industrial Society in England: 1815—1885*. London: Longmans.

Chipman, John S., and James C. Moore. 1978. "The New Welfare Economics: 1939—1974." *International Economic Review* 19(3):547—584.

Christman, John. 1994. *The Myth of Property*. Oxford: Oxford University Press.

Coase, Ronald. 1937. "The Nature of the Firm." *Economica* 4:386—405.

——. 1960. "The Problem of Social Cost." *Journal of Law and Economics* 3:1—44.

Coate, Stephen. 2000. "An Efficiency Approach to the Evaluation of Policy Changes." *The Economic Journal* (April) 110:437—455.

Cohen, Morris R., and Ernest Nagel. 1934. *An Introduction to Logic and Scientific Method*. New York: Harcourt and Brace.

Commons, John R. 1924. *Legal Foundations of Capitalism*. London: Macmillan.

——. 1931. "Institutional Economics." *American Economic Review* 21 (December):648—657.

——. 1934. *Institutional Economics: Its Place in Political Economy*. London: Macmillan.

Cooter, Robert, and Peter Rappoport. 1984. "Were the Ordinalists Wrong about Welfare Economics?" *Journal of Economic Literature* 22 (June): 507—530.

Cropper, Maureen L. 2000. "Has Economic Research Answered the Needs of Environmental Policy?" *Journal of Environmental Economics and Management* 39(3):328—350.

Dahlman, Carl J. 1979. "The Problem of Externality." *Journal of Law and*

Economics 22 (April):141—62.

Damasio, Antonio. 1999. *The Feeling of What Happens*. New York: Harcourt Brace.

Dasgupta, Purnamita. 2004. "Valuing Health Damages from Water Pollution in Urban Delhi, India: A Health Production Function Approach." *Environment and Development Economics* 9:83—106.

Davidson, Donald. 1963. "Actions, Reasons, and Causes." *Journal of Philosophy* 60(23):685—700.

Deacon, Robert T. 1994. "Deforestation and the Rule of Law in a Cross-Section of Countries." *Land Economics* 70(4):414—430.

——. 1995. "Assessing the Relationship between Government Policy and Deforestation." *Journal of Environmental Economics and Management* 28(1):1—18.

Deacon, Robert T., and Paul Murphy. 1997. "The Structure of an Environmental Transaction: The Debt-for-Nature Swap." *Land Economics* 73 (1):1—24.

Demsetz, Harold. 1967. "Toward a Theory of Property Rights." *American Economic Review* (May) 57:347—359.

Dewey, John. 1916. *Democracy and Education*. New York: Macmillan.

Diamond, Peter A., and Jerry A. Hausman. 1994. "Contingent Valuation: Is Some Number Better than No Number?" *Journal of Economic Perspectives* 8(4):45—64.

Ducasse, C. J. 1925. "Explanation, Mechanism, and Teleology." *Journal of Philosophy* 22:150—155.

Ellickson, Robert C. 1991. *Order without Law: How Neighbors Settle Disputes*, Cambridge, MA: Harvard University Press.

Epstein, Richard. 1985. *Takings*. Cambridge, MA: Harvard University Press.

Feder, Gershon, and David Feeny. 1991. "Land Tenure and Property

Rights: Theory and Implications for Development Policy." *World Bank Economic Review* 5(1):135—153.

Field, Alexander J. 1979. "On the Explanation of Rules Using Rational Choice Models." *Journal of Economic Issues* (March) 13:49—72.

——. 1981. "The Problem with Neoclassical Institutional Economics: A Critique with Special Reference to the North/Thomas Model of Pre-1500 Europe." *Explorations in Economic History* 18:174—198.

Fish, Stanley. 1989. *Doing What Comes Naturally*. Oxford: Clarendon Press.

Fisher, Anthony C. 1990. *Resource and Environmental Economics*. Cambridge: Cambridge University Press.

Gabel, H. Landis, and Bernard Sinclair-Desgagné. 1998. "The Firm, Its Routines and the Environment." In Tom Tietenberg and Henk Folmer (eds.), *The International Yearbook of Environmental Economics: 1998—1999*, chap. 3. Cheltenham: Edward Elgar.

George, Henry. 1955[1905]. *Progress and Poverty*. New York: Doubleday, Page.

Gillroy, John Martin. 1992. "The Ethical Poverty of Cost-Benefit Methods: Autonomy, Efficiency, and Public Policy Choice." *Policy Science* 25:83—102.

Gorman, William M. 1955. "The Intransitivity of Certain Criteria Used in Welfare Economics." *Oxford Economic Papers*, n. s., 7(1):25—35.

Graaff, J. de V. 1957. *Theoretical Welfare Economics*. Cambridge: Cambridge University Press.

Hahn, Frank H. 1970. "Some Adjustment Problems." *Econometrica* 38 (January):1—17.

Hallowell, A. Irving. 1943. "The Nature and Function of Property as a Social Institution." *Journal of Legal and Political Sociology* (April) 1:115—138.

Hands, D. Wade. 2001. *Reflection without Rules: Economic Methodology and Contemporary Science Theory*. Cambridge: Cambridge University Press.

Hardin, Russell. 2003. *Indeterminacy and Society*. Princeton: Princeton University Press.

Hartwick, J. M. , and Nancy D. Oleweiler. 1986. *The Economics of Natural Resource Use*. New York: HarperCollins.

Hausman, Daniel M. 2001. "Explanation and Diagnosis in Economics." *Revue Internationale de Philosophie* 217:11—26.

Hausman, D. M. , and M. S. McPherson. 1996. *Economic Analysis and Moral Philosophy*. Cambridge: Cambridge University Press.

Hayek, F. 1960. *The Constitution of Liberty*. London: Routledge and Kegan Paul.

Hodgson, Geoffrey. 1988. *Economics and Institutions*. Cambridge: Polity Press.

——. 1998. "The Approach of Institutional Economics." *Journal of Economic Literature* 36(March):166—192.

Hoebel, E. Adamson. 1942. "Fundamental Legal Concepts as Applied in the Study of Primitive Law." 51 *Yale Law Journal* 951—966.

Hohfeld, Wesley N. 1913. "Some Fundamental Legal Conceptions as Applied in Judicial Reasoning." 23 *Yale Law Journal* 16—59.

——. 1917. "Fundamental Legal Conceptions as Applied in Judicial Reasoning." 26 *Yale Law Journal* 710—770.

Hoover, Kevin D. 1994. "Pragmatism, Pragmaticism, and Economic Method." In Roger Backhouse (ed.), *Contemporary Issues in Economic Methodology*, pp. 286—315. London: Routledge.

Hulswit, Menno. 2002. *From Cause to Causation: A Peircean Perspective*. Dordrecht: Kluwer.

Jaffe, Adam B. , S. R. Peterson, Paul R. Portney, and Robert N. Stavins.

1995. “Environmental Regulations and the Competitiveness of U. S. Manufacturing: What Does the Evidence Tell Us?” *Journal of Economic Literature* 33 (March): 132—163.

James, William. 1907. *Pragmatism.* New York: World Publishing.

Joas, Hans. 1993. *Pragmatism and Social Theory.* Chicago: University of Chicago Press.

——. 1997. *The Creativity of Action.* Chicago: University of Chicago Press.

——. 2000. *The Genesis of Values.* Chicago: University of Chicago Press.

Kahneman, Daniel, and Amos Tversky. 1979. “Prospect Theory: An Analysis of Decision under Risk.” *Econometrica* 47:263—291.

Kaimowitz, David, and Arild Angelsen. 1998. *Economic Models of Tropical Deforestation.* Bogor, Indonesia: Center for International Forestry Research.

Kelman, Steve. 2002. Review of Matthew D. Adler, and Eric. A. Posner (eds.), *Cost-Benefit Analysis: Legal, Economic and Philosophical Perspectives* (Chicago: University of Chicago Press, 2001). *Journal of Economic Literature* 60 (December):1241—1242.

Krueckeberg, Donald A. 1999. “Private Property in Africa: Creation Stories of Economy, State, and Culture.” *Journal of Planning Education and Research* 19 (Winter):176—182.

Kuhn, Thomas S. 1989. “Objectivity, Value Judgment, and Theory Choice.” In B. A. Brody and R. E. Grandy (eds.), *Readings in the Philosophy of Science*, pp. 356—68. Englewood Cliffs, NJ: Prentice-Hall.

Lancaster, Kelvin J. 1966. “A New Approach to Consumer Theory.” *Journal of Political Economy* 74(2):132—157.

Lawson, Tony. 1997. *Economics and Reality.* London: Routledge.

Lewin, Shira B. 1996. “Economics and Psychology: Lessons for Our Own Day from the Early Twentieth Century.” *Journal of Economic Perspectives* 34 (September): 1293—1323.

Little, I. M. D. 1949. "A Reformulation of the Theory of Consumer's Behaviour." *Oxford Economic Papers* 1:90—102.

——. 1950. *A Critique of Welfare Economics*. London: Oxford University Press.

McCloskey, Donald. 1983. "The Rhetoric of Economics." *Journal of Economic Literature* 21:481—517.

Macpherson, C. B. 1973. *Democratic Theory: Essays in Retrieval*. Oxford: Clarendon Press.

Macpherson, C. B. 1978. *Property: Mainstream and Critical Positions*. Toronto: University of Toronto Press.

Mäler, Karl-Göran. 1974. *Environmental Economics: A Theoretical Inquiry*. Baltimore: Johns Hopkins University Press.

Markandya, Anil, and M. N. Murty. 2004. "Cost-Benefit Analysis of Cleaning the Ganges: Some Emerging Environmental and Development Issues." *Environment and Development Economics* 9:61—81.

Menand, Louis. 2001. *The Metaphysical Club*. New York: Farrar, Straus, and Giroux.

Mishan, E. J. 1969. *Welfare Economics: An Assessment*. Amsterdam: North-Holland.

——. 1971. "The Postwar Literature on Externalities: An Interpretive Essay." *Journal of Economic Literature* 9:1—28.

——. 1980. "How Valid Are Economic Evaluations of Allocative Changes?" *Journal of Economic Issues* 14 (March): 143—161.

Mohr, Robert D. 2002. "Technical Change, External Economies, and the Porter Hypothesis." *Journal of Environmental Economics and Management* 43(1):158—168.

Nelson, Richard R., and Bhaven N. Sampat. 2001. "Making Sense of Economic Institutions as a Factor Shaping Economic Performance." *Journal of Economic Behavior and Organization* 44:31—54.

Nietzsche, Friedrich. 1966. *Beyond Good and Evil: Prelude to a philosophy of the Future*. New York: Random House.

——. 1984. *Human, All Too Human: A Book for Free Spirits*. Lincoln: University of Nebraska Press.

North, Douglass C. 1990. *Institutions, Institutional Change and Economic Performance*. Cambridge: Cambridge University Press.

North, Douglass C., and Robert P. Thomas. 1970. "An Economic Theory of the Growth of the Western World." *Economic History Review* 23(1): 1—17.

——. 1971. "The Rise and Fall of the Manorial System: A Theoretical Model." *Journal of Economic History* 31:777—803.

——. 1973. *The Rise of the Western World: A New Economic History*. Cambridge: Cambridge University Press.

Northrop, F. S. C. 1967. *The Logic of the Sciences and the Humanities*. New York: Meridian Books.

Olson, Mancur, Jr. 1965. *The Logic of Collective Action*. Cambridge, MA: Harvard University Press.

——. 1996. "Big Bills Left on the Sidewalk: Why Some Nations Are Rich, and Others Poor." *Journal of Economic Perspectives* 10 (Spring): 3—24.

Palmer, Karen, Wallace Oates, and Paul R. Portney. 1995. "Tightening Environmental Standards: The Benefit-Cost or the No-Cost Paradigm?" *Journal of Economic Perspectives* 9 (Fall):119—132.

Pearce, David W., 1997. "Benefit-Cost Analysis, Environment, and Health in the Developed and Developing World." *Environment and Development Economics* 2:210—214.

Pearce, David W., and R. Kerry Turner. 1990. *Economics of Natural Resources and the Environment*. Baltimore: Johns Hopkins University Press.

Peirce, Charles Sanders. 1877[1997]. "The Fixation of Belief." In Louis Menand (ed.), *Pragmatism*, pp. 7—25. New York: Vintage Books.

——. 1878[1997]. "How to Make Our ideas Clear." In Louis Menand (ed.), *Pragmatism*. New York: Vintage Books.

——. 1934. *Collected Papers*. Vol. 5. Cambridge, MA: Harvard University Press.

——. 1957. *Essays in the Philosophy of Science*. Ed. Vincent Tomas. New York: Liberal Arts Press.

Planck, Max. 1936. *The Philosophy of Physics*. New York: Norton. Accessed at http://hypertextbook.com/physics/modern/planck/.

Porter, Michael E., and Claas van der Linde. 1995. "Toward a New Conception of the Environment-Competitiveness Relationship." *Journal of Economic Perspectives* (Fall) 9:97—118.

Posner, Richard A. 2003. *Law, Pragmatism, and Democracy*. Cambridge, MA: Harvard University Press.

Rabin, Matthew. 1998. "Psychology and Economics." *Journal of Economic Literature* (March) 36:11—46.

Ramstad, Yngve. 1990. "The Institutionalism of John R. Commons: Theoretical Foundations of a Volitional Economics." In Warren Samuels (ed.), *Research in the History of Economic Thought and Methodology*, pp. 53—104. Boston: JAI Press.

——. 2001. "John R. Commons' Reasonable Value and the Problem of Just Price." *Journal of Economic Issues* 35(2):253—277.

Raz, Joseph. 1997. "Incommensurability and Agency." In Ruth Chang (ed.), *Incommensurability, Incomparability, and Practical Reason*, pp. 110—28. Cambridge, MA: Harvard University Press.

Reder, Melvin W. 1982. "Chicago Economics: Permanence and Change." *Journal of Economic Literature* 35:1—38.

Renouvier, Charles. 1859. *Essais de critique générale: Deuxième essai: L'homme*. Paris: Ladrange.

Robbins, Lionel. 1932. *An Essay on the Nature and Significance of*

Economic Science. London: Macmillan.

Romer, Paul M. 1994. "The Origins of Endogenous Growth." *Journal of Economic Perspectives* 8 (1):3—22.

Rorty, Richard. 1979. *Philosophy and the Mirror of Nature*. Princeton: Princeton University Press.

——. 1982. *Consequences of Pragmatism*. Minneapolis: University of Minnesota Press.

——. 1999. *Philosophy and Social Hope*. London: Penguin Books.

Rosenberg, Alexander. 1995. *Philosophy of Social Science*. Boulder, CO: Westview Press.

Runes, D. D. 1983. *Dictionary of Philosophy*. Savage, MD: Littlefield, Adams.

Russell, Bertrand. 1945. *A History of Western Philosophy*. New York: Simon and Schuster.

Samuels, Warren J. 1971. "The Interrelations between Legal and Economic Processes." *Journal of Law and Economics* 14 (October): 435—450.

——. 1974. "The Coase Theorem and the Study of Law and Economics." *Natural Resources Journal* 14 (January):1—33.

——. 1989. "The Legal-Economic Nexus." 57 *George Washington Law Review* (6):1556—1578.

Samuelson, Paul A. 1950. "Evaluation of Real National Income." *Oxford Economic Papers*, n. s., 2(1):1—29.

Sanchez, Nicolas, and Jeffrey B. Nugent. 2000. "Fence Laws vs. Herd Laws: A Nineteenth-Century Kansas Paradox." *Land Economics* 76(4): 518—533.

Sandler, Todd. 1993. "Tropical Deforestation: Markets and Market Failures." *Land Economics* 69(3):225—233.

Satz, Debra, and John Ferejohn. 1994. "Rational Choice and Social Theory." *Journal of Philosophy* 91(2):71—87.

Schmid, A. Allan. 1978. *Property, Power and Public Choice*. New York: Praeger.

——. 1986. "Neo-Institutional Economic Theory: Issues of Landlord and Tenant Law." In Terence Daintith and Gunther Teubner (eds.), *Contract and Organization: Legal Analysis in the light of Economic and Social Theory*, pp. 132—141. New York: Walter de Gruyter.

Schumpeter, Joseph. 1961. *The Theory of Economic Development*. New York: Oxford University Press.

Selden, Thomas M., and Daqing Song. 1994. "Environmental Quality and Development: Is There a Kuznets Curve for Air Pollution Emissions?" *Journal of Environmental Economics and Management* 27(2):147—162.

Sen, Amartya. 1977. "Rational Fools: A Critique of the Behavioral Foundations of Economic Theory." *Philosophy and Public Affairs* 6:317—344.

——. 1982. *Choice, Welfare, and Measurement*. Oxford: Backwell.

——. 1993. "Markets and Freedoms: Achievements and Limitations of the Market Mechanism in Promoting Individual Freedoms." *Oxford Economic Papers* 45:519—541.

Shackle, G. L. S. 1961. *Decision, Order and Time in Human Affairs*. Cambridge: Cambridge University Press.

——. 1992. *Epistemics and Economics*. New Brunswick, NJ: Transaction Publishers.

Shapin, Steven. 1994. *A Social History of Truth*. Chicago: University of Chicago Press.

Simon, Herbert A. 1987. "Rationality in Psychology and Economics." In Robin Hogarth and Melvin W. Reder (eds.), *Rational Choice*, pp. 25—40. Chicago: University of Chicago Press.

——. 1991. "Organizations and Markets." *Journal of Economic Perspectives* 5(Spring): 25—44.

Southgate, Douglas, Rodrigo Sierra, and Lawrence Brown. 1991. "The

Causes of Tropical Deforestation in Ecuador: A Statistical Analysis." *World Development* 19(9):1145—1151.

Stiglitz, Joseph E. 2002. *Globalization and Its Discontents*. New York: W. W. Norton.

Stone, Deborah. 1989. "Causal Stories and the Formation of Policy Agendas." *Political Science Quarterly* 104(2):281—300.

Tawney, R. H. 1978. "Property and Creative Work." In C. B. Macpherson (ed.), *Property: Mainstream and Critical Positions*, pp. 135—151. Toronto: University of Toronto Press.

Taylor, Lance. 1997. "The Revival of the Liberal Creed: The IMF and the World Bank in a Globalized Economy." *World Development* 25(2): 145—152.

Tribe, Laurence H. 1972. "Policy Science: Analysis or Ideology?" *Philosophy & Public Affairs* 2(1):66—110.

Tversky, Amos, and Daniel Kahneman. 1987. "Rational Choice and the Framing of Decisions." In Robin Hogarth and Melvin W. Reder (eds.), *Rational Choice*, Chicago: University of Chicago Press.

Uchitelle, Louis. 1999. "A Real-World Economist: Kreuger and the Empiricists Challenge the Theorists." *New York Times*, April 20, C1.

Vatn, Arild. 2005. *Institutions and the Environment*. Cheltenham: Edward Elgar.

Vatn, Arild, and Daniel W. Bromley. 1994. "Choices without Prices without Apologies." *Journal of Environmental Economics and Management* 26(2):129—148.

——. 1997. "Externalities: A Market Model Failure." *Environmental and Resource Economics* 9:135—151.

Veblen, Thorstein. 1898. "Why Is Economics not an Evolutionary Science?" *Quarterly Journal of Economics* 12(4):373—397. Reprinted in Thorstein Veblen, *The Place of Science in Modern Civilization*, pp. 56—81. (New

Brunswick, NJ: Transaction Publishers, 1990).

Vincent, J. R. 1990. "Rent Capture and the Feasibility of Tropical Forest Management." *Land Economics* 66(2):212—223.

Viner, Jacob. 1961. "Hayek on Freedom and Coercion." *Southern Economic Journal* 27:230—236.

von Wright, Georg Henrik. 1971. *Explanation and Understanding*. Ithaca: Cornell University Press.

——. 1983. *Practical Reason*. Ithaca: Cornell University Press.

Whewell, William. 1858. In Edward N. Zalta (ed.), *The Stanford Encyclopedia of Philosophy* (Spring ed.). Accessed at http://plato.stanford.edu/archives/spr2004/entries/whewell/.

Williams, Howard. 1977. "Kant's Concept of Property." *Philosophical Quarterly* 27:32—40.

图书在版编目(CIP)数据

充分理由:能动的实用主义和经济制度的含义/(美)丹尼尔·W.布罗姆利(Daniel W.Bromley)著;简练,杨希,钟宁桦译.—2版.—上海:上海人民出版社,2017

书名原文:Sufficient Reason: volitional pragmatism and the meaning of economic institutions

ISBN 978-7-208-14660-0

Ⅰ.①充… Ⅱ.①丹… ②简… ③杨… ④钟… Ⅲ.①经济制度-研究 Ⅳ.①F014.1

中国版本图书馆CIP数据核字(2017)第174874号

责任编辑 刘林心

封扉设计 人马艺术设计·储平

充分理由

——能动的实用主义和经济制度的含义

[美]丹尼尔·W.布罗姆利 著

简练 杨希 钟宁桦 译

姚洋 校

世纪出版集团

上海人民出版社出版

(200001 上海福建中路193号 www.ewen.co)

世纪出版集团发行中心发行 常熟市新骅印刷有限公司印刷

开本 635×965 1/16 印张 18 插页 4 字数 235,000

2017年8月第2版 2017年8月第1次印刷

ISBN 978-7-208-14660-0/F·2472

定价 58.00元

Sufficient Reason: Volitional Pragmatism and the Meaning of Economic Institutions

by Daniel W. Bromley

Published by arrangement with Princeton University Press

through Bardon Chinese Media Agency

现代政治经济学前沿译丛

充分理由——能动的实用主义和经济制度的含义

[美]丹尼尔·W. 布罗姆利 著
简练、杨希、钟宁桦 译　姚洋 校

同意的计算——立宪民主的逻辑基础

[美]詹姆斯·M. 布坎南　戈登·图洛克 著
陈光金 译

制度与社会冲突　[美]杰克·奈特 著
周伟林 译

实证政治经济学　[美]詹姆斯·E. 阿尔特　肯尼思·A. 谢泼斯 主编
王永钦、薛峰 译

守规的代理人：良政的政治经济学　[英]蒂莫西·贝斯利 著
李明 译　王永钦、薛峰 审校

公共物品的需求与供给　[美]詹姆斯·M. 布坎南 著
马珺 译

转变参与——私人利益与公共行动　[美]艾伯特·O. 赫希曼 著
李增刚 译

特权和寻租的经济学　[美]戈登·图洛克 著
王永钦、丁菊红 译

收入再分配的经济学(第二版)　[美]戈登·图洛克 著
范飞、刘琨 译　陆铭 校

民主的经济理论　[美]安东尼·唐斯 著　姚　洋　邢予青　赖平耀 译
赖平耀 校